KB067231

——————————— 님의 소중한 미래를 위해
이 책을 드립니다.

어려웠던
경제기사가
술술
읽힙니다

세상에서 가장 쉬운 경제기사 독법

어려웠던 경제기사가 술술 읽힙니다

박지수 지음

메이트북스

메이트북스 우리는 책이 독자를 위한 것임을 잊지 않는다.
우리는 독자의 꿈을 사랑하고,
그 꿈이 실현될 수 있는 도구를 세상에 내놓는다.

어려웠던 경제기사가 술술 읽힙니다

초판 1쇄 발행 2019년 9월 10일 | **초판 6쇄 발행** 2023년 12월 10일 | **지은이** 박지수
펴낸곳 (주)원앤원콘텐츠그룹 | **펴낸이** 강현규·정영훈
책임편집 안정연 | **편집** 남수정·최주연 | **디자인** 최선희
마케팅 김형진·이선미·정채훈 | **경영지원** 최향숙
등록번호 제301-2006-001호 | **등록일자** 2013년 5월 24일
주소 04607 서울시 중구 다산로 139 랜더스빌딩 5층 | **전화** (02)2234-7117
팩스 (02)2234-1086 | **홈페이지** www.matebooks.co.kr | **이메일** khg0109@hanmail.net
값 17,000원 | **ISBN** 979-11-6002-249-0 03320

이 도서의 국립중앙도서관 출판시도서목록(CIP)은 e-CIP홈페이지(http://www.nl.go.kr/ecip)에서
이용하실 수 있습니다.(CIP제어번호 : CIP2019032883)

부분들을 단순하게 모아놓은 것이 전체를 이루는 것이 아니라,
부분 속에서 전체가 반복된다.

• 하이젠베르크, 『부분과 전체(Der Teil und das Ganze)』 중에서 •

당신은 경제기사 읽는 법을
몰랐을 뿐입니다!

"작가님, 경제신문을 몇 년째 보고 있는데 솔직히 별로 도움이 안 돼요."

강연이 끝나고 이렇게 이야기하시는 분들을 많이 만났습니다. 꾸준하게 경제신문을 읽으면 무언가 인사이트를 얻고 무언가 해낼 수 있을 거라 기대했겠죠. 그런데 왜 아무 일도 일어나지 않았던 걸까요?

답은 매우 간단합니다. 여러분은 단지 경제기사 읽는 법을 몰랐을 뿐입니다. 저도 물론 처음부터 경제기사를 적극적으로 찾아 술술 읽지는 못했습니다.

사회 초년생 시절 야근이 잦았습니다. 제가 속한 신규사업팀은 항상 실적과 계획을 보고해야 했기 때문입니다. 매출이 좋은 옆 부서는 매일 정시 퇴근인데 사수와 저 그리고 팀장님은 늘 새로운 내용으로 보고서를 채워 나가야 했습니다. 그 당시에는 정시 퇴근을 하는 날이 꼭 생일날 같았습니다.

보고서는 보통 거시경제분석, 산업 동향, 경쟁사 분석 그리고 자아비판이라고 할 수 있는 실적 분석, 향후 계획 순입니다. 팀의 막내였던 저는 앞단의 거시경제와 산업 동향을 담당했는데, 한 줄을 쓰기가 어려울 정도로 경제에 대해선 무지 상태였죠. 인터넷을 뒤져 얻은 정보는 파편적으로 흩어져 있어 무엇이 중요한지도 알 수 없었습니다.

오후 6시면 사업부장석 비서가 늘 신문을 분리수거 휴지통 위에 쌓아놓고 퇴근했습니다. 그걸 보고 속으로 쾌재를 불렀습니다. 신문 중에서 경제신문 2종을 챙겨와 매일 저녁마다 읽기 시작했습니다. 이것이 저와 경제신문의 첫 만남이었습니다.

처음에는 기사 읽는 데 시간이 많이 걸렸습니다. 모든 기사를 다 읽고, 모르는 용어는 일일이 사전을 찾아가며 이해하려고 했기 때문이죠. 하지만 익숙해지니 타이틀만 봐도 기사 속 중요한 문단이 보이기 시작했습니다. 그렇게 머릿속에 경제가 돌아가는 큰 그림이 그려지고 나니 보고서 쓰는 시간이 줄어들었습니다.

잉크 냄새와 종이의 감촉을 느끼며 바스락 소리와 함께 신문을 넘길 때마다 상승하는 지적 충만감이 저를 사로잡았습니다. 또 읽은 신문의 양만큼 점점 제 안에 무언가가 축적되고 있음을 느낄 수 있었습니다. 경제신문은 '월급과 자산, 투자는 무엇일까?'라는 제 질문에 친절히 답해주는 선생님이었습니다.

- '비과세 저축이 다 사라져 가는구나. 이제 저축만으로는 어렵겠는걸.'
- '금리가 오르니 주택담보대출이자를 감당하기 힘들어 매물이 늘어나겠구나.'
- '환율이 오르니 수입 자재비용이 올라 물가가 올라가겠구나.'
- '사드 미사일 배치로 중국 관련 산업들이 어려워지겠구나.'

이렇게 경제기사를 읽으며 경제의 큰 흐름을 알 수 있었습니다. 다시 말해 '부분'을 보여주는 경제기사를 읽고 경제 '전체'를 생각할 수 있는 힘을 갖게 되었습니다. 사고의 그릇이 작은 간장종지에서 커다란 욕탕만큼 커지는 느낌도 들었습니다. 어느덧 생활 물가만 알던 평범한 직장인이 몇 백억, 몇 십조 단위의 나라 재정과 환율 변동까지 생각하는 수준으로 발전했습니다.

저는 경제기사를 통해 세상을 배웠습니다. 제가 시행착오를 겪으며 알게 된 '경제기사 독해법'을 이 책에서 알려드리려고 합니다. 아무리 경제기사를 읽어도 무슨 소리인지 모르겠다는 안타까운 경우가 없도록 말이죠. 그래서 세상에 없던 쉬운 경제기사 독법서를 쓰기로 마음을 먹었습니다. 기존의 경제기사 관련 책들이 평면적인 경제기사 비평서 또는 경제상식서였다면, 이 책은 개념과 원리부터 차근차근 하나씩 공부할 수 있는 자기 주도 학습서에 가깝습니다.

경제기사 입문은 이 책 한 권으로 끝낼 수 있도록 하고 싶었습니다. 재테크가 목적이 아닌 학생이나 취업준비생 혹은 경제의 기본을 다지고자 하는 모든 분들에게도 큰 도움이 될 것입니다.

경제기사를 읽는 5단계는 다음과 같습니다.

- 1단계 : 텍스트 읽기
- 2단계 : 의미 해석하기
- 3단계 : 맥락 파악하기
- 4단계 : 비판적 사고
- 5단계 : 활용하기

이처럼 경제기사는 문학작품과는 다르게 읽어야 합니다. 발생한 현상만을 이해하는 것에서 나아가 행간에 숨겨진 뜻과 맥락까지 파악하고 비판적 사고까지 순차적으로 나아가야 합니다.

사람들이 경제기사를 읽을 때 가장 어려워하는 부분은 바로 어려운 용어 때문입니다. 낯선 용어라는 벽에 부딪히면 자신의 무지함을 자책하며 괴로워합니다. 행여나 경제용어의 뜻을 찾았다 해도 기초 경제지식이 없으면 기사 전체의 맥락을 이해할 수가 없습니다. 맥락을 이해하지 못하면 다음 단계인 '비판적 사고하기'와 '활용하기' 단계로 넘어갈 수가 없죠. 그래서 보통 3단계에서 멈춥니다. 그리고 경제기사는 어렵고, 살기는 바쁘다는 이유로 포기합니다.

만약 경제를 모르고 단발성 정보에 의존하기만 하면 어떻게 될까요? 다른 이들에게 의지하게 됩니다. "좋은 정보 없나요? 저는 경제를 전혀 모르니 답을 주세요. 저는 잘 모르니 그냥 제 돈만 좀 불려주세요"와 같은 말을 하게 될 겁니다.

그렇게 얻은 정보가 정답인지 오답인지 모르는 채 바로 투자로 뛰어듭니다. 이건 마치 눈감고 남이 만들어서 손에 쥐어준 대나무총 하나만 가지고 전쟁터에 뛰어든 것이나 마찬가지입니다. 그 결과는 안타깝게도 투자 실패나 사기를 당하는 것으로 끝나는 경우도 많습니다.

요즘같은 저성장 시대에 재테크는 어렵고 막연해서 무엇을 해야 할지 사람들은 잘 모릅니다. 그렇다면 경제기사를 꾸준히 보며 세상을 배우고 내 돈을 스스로 지킬 힘을 길러야 합니다.

누군가는 "경제기사 안 읽어도 사는 데 아무 지장 없어"라고 말할 겁니다. 네, 맞습니다. 그런 사람도 있을 겁니다. 하지만 당신은 오늘도 신용카드로 결제를 하고, 여행을 위해 환전을 하고, 은행 적금에 가입할 겁니다. 그리고 결혼을 하고, 내집을 구하고, 또 옮기게 될 겁니다. 자본주의 세상을 살면서 경제와 담을 쌓는다는 건 깊은 산속에서 혼자 '나는 자연인이다'의 삶을 영위하는 방법뿐입니다.

이 책은 크게 3부로 구성되어 있습니다.

- 1부 : 경제기사 다가가기
- 2부 : 경제상식 알아가기
- 3부 : 경제지표와 경제용어 이해하기

3개의 스텝으로 경제기사를 여러분의 친구로 만들어드리겠습니다. 암기가 아닌 이해로 경제지식을 쌓고 읽기 기술을 익히면 경제기사가 재밌어집니다. 경제기사 읽는 부담을 1/3로 확 줄여드리겠습니다.

준비가 되었다면 이제 시작해봅시다. 여러분도 충분히 해낼 수 있습니다.

박지수

2부 경제상식 알아가기

3부 경제지표와 경제용어 이해하기

4주 완독 플래닝

시작일 _____ 완료일 _____

√	일자	STEP	주제	키워드
	1일차	경제기사 다가서기	경제기사 속성, 경제기사 읽기 방법	사기업, 정보와 광고, 다양한 매체, 종이신문 1면, 코스피, 코스닥, 원화값, 금리, 유가, 금값
	2일차	경제상식 알아가기	금리의 정의	금리 범위, 금리 원리, 금리 계산
	3일차		금리의 종류	기준금리, 명목금리, 실질금리, 표면금리, 실효금리, 고정금리, 변동금리
	4일차		금리 투자, 영향	금리 차, 캐리트레이드, 금리와 물가, 금리와 자산
	5일차		인플레이션, 디플레이션	소비자물가지수, 물가상승, 경기침체
	6일차		한국은행 금융정책	직접조절, 간접조절, 양적완화, 출구전략
	7일차		금융업	리디노미네이션, 직접금융, 간접금융
	8일차		핀테크	단순결제서비스, 해외송금, P2P, 크라우드펀딩
	9일차		금융기관	일반은행, 특수은행, 저축은행, 신용협동기구, 새마을금고, 종합금융회사, 우체국, 보험회사, 증권회사, 자산운용사, 선물회사, 투자자문사
	10일차		금융상품, 신용	예금, 펀드, 주식, ETF, 채권, 선물, 옵션, 파생결합증권, 신용과 경제
	11일차		주식의 의미	주식 시작, 이익 배분, 유상증자, 무상증자
	12일차		공모주 청약법	IPO, 청약증거금 계산, 청약 프로세스
	13일차		주식 선정	PER, ROE, PBR, 영업이익, 영업이익률, 부채비율, 현금흐름표, 배당률, 배당금

√	일자	STEP	주제	키워드
	14일차		주식 거래법	유가증권시장, 코스닥, 코넥스, 시장참여자, 주식거래 프로세스, 공시, 투자의견
	15일차		부동산의 의미	위치고정성, 복제불가성, 재생가능성, 단독주택, 공동주택, 전세, 월세
	16일차		주택청약법	청약제도, 청약통장, 공공분양, 민간분양
	17일차		재건축과 재개발	용적률, 종상향, 기부체납
	18일차	경제상식 알아가기	대출과 부동산 정책	LTV, DTI, DSR, 규제 3인방, 리츠, 부동산펀드
	19일차		무역 유래와 현황	주요 수출품, 수출 위주 경제구조
	20일차		경제규모와 국민생활 수준	GDP(국내총생산), GNI(국민총소득), G20
	21일차		기축통화와 국제수지	기축통화, 경상수지, 자본수지, 적자와 흑자
	22일차		환율, 금리, 물가, 자산	환율원리, 환율과 물가, 환율과 주식, 환율과 부동산
	23일차		지표 읽기 OT	지수, 변동률, 퍼센트 포인트, 그래프
	24일차	경제지표와 경제용어 이해하기	9가지 경제지표	통화지표, 금리지표, 증권지표, 경기지표, 재정지표, 국민계정, 부동산지표
	25일차		숫자감 키우기	쉼표, 환산, 비교, 추이, 커닝페이퍼
	26일차		경제용어 암기법	한자, 영어, 동물, 사람, 예문으로 이해
	27일차		경제기사 실전 독해	사실과 의견, 경험과 융합, 맥락, 안목
	28일차	습관화	60일 경제기사 일독	1일 10개 기사 읽기

1부
경제기사 다가가기

경제기사를 한 번도 안 읽은 분 없죠? 그러나 꾸준히 읽는 분들은 정말 찾기 힘듭니다. 지금껏 내려놓고 있었던 경제기사를 우리 다시 챙겨보기로 해요. 읽을까 말까 고민중이라면 읽는 편이 낫잖아요. '왜, 어떻게, 무엇', 이 3가지를 중심으로 경제기사 읽기를 차근차근 시작해보도록 하겠습니다. 경제기사를 읽는 것이 재밌으면 습관이 됩니다. 이제 곧 매일 새로운 경제기사로 아침을 열 수 있을 거예요.

1장

경제기사를
일반인들이
읽는 이유

사람에 따라 경제기사를 읽어야 하는 이유와 중요도가 다릅니다. 학교 동아리 활동이나 경제과목 공부를 위해, 대입 수능, 취업준비, 면접, 교양, 재테크를 위한 수단 등등입니다. 이렇게 경제기사를 읽는 것의 다양한 목적에 대해 재정의해보겠습니다.

　나의 목표점이 어딘 줄 알면 경제기사를 읽는 게 재밌어집니다. 재미가 있으면 오래 꾸준히 읽을 수 있죠. 물론 처음에는 초급 단계에서 시작하지만 궁극적으로는 중급을 지나 고급 단계인 재테크를 위한 수단까지 가야 합니다. 우리는 누구나 경제적으로 여유 있는 삶을 꿈꾸니까요. 차근차근 경제기사 읽기 단계를 달성해가면서 재미를 찾기 바랍니다.

초급 단계 : 경제상식을 넓히기 위해

학업이나 교양을 위한 분들이 목표로 하는 단계입니다. 학교 수업이나 NIE(newspaper in education) 동아리 활동을 위해서, 또는 어떻게 세상이 돌아가는지 알고 사람들과의 대화를 이어가기 위해서 경제기사를 읽는 수준입니다.

거시경제 위주로 읽고 본인의 경험과 사회 현상을 반추해 생각하면 되기 때문에 부담이 없습니다. 이런 경우에는 증권면이나 산업면, 금융면보다 종합면 위주로 읽으며, 어려운 용어는 패스해도 좋습니다. 학생들의 경우, 교과서에서 배운 경제원리를 실제 기사를 통해 접해볼 수 있는 기회이며 상식의 폭을 넓힐 수 있다는 장점이 있죠.

교양으로 경제기사를 읽으면 아는 척하기 좋고, 논쟁에서 밀리지 않으며, 세상이 돌아가는 흐름을 놓치지 않을 수 있습니다. 이것도 모르고 살아가는 사람들이 많기 때문에 경제기사에 관심을 가지는 건 바람직한 일입니다.

중급 단계 : 다양한 상식과 복합적 사고로 면접 준비

취업이나 시험을 준비하는 분들이 목표로 하는 단계입니다. 기사를 정독하고 입체적으로 생각해 면접에 적절히 대응할 수 있는 것이 목표입니다.

'누가 쓴 기사인가, 어느 시점에 어떤 목적으로 발행된 내용인가, 이 기사를 통해 이익을 얻게 되는 자는 누구이며 누가 활용할 수 있는 기사인가, 이 글은 정보인가 해설인가' 등 질문을 계속 던지면서 읽어내려 가야 합니다. 또한 예전 기사와 지금 기사가 상충하는 점은 없는지 파악해야 하고, 같은 날짜의 동일 신문에서도 기자에 따라 다르게 경제상황을 해석하기 때문에 본인만의 관점을 가지고 일관된 시선으로 볼 수 있어야 합니다.

전문가들로 구성된 신문사 필진들이 어떤 시각으로 현상을 해석하는지 보려면 칼럼은 필수로 읽어야 합니다. 보통 기사가 나온 다음 날에 관련 칼럼이 나오기 때문에 칼럼을 반드시 읽어봐야 혹시 내가 놓친 부분은 없는지 재확인이 가능하겠죠.

또한 한국경제와 세계 이슈에 대해 생각해볼 수 있습니다. 단순하게 경제기사를 주입받는 단계가 아니기 때문에 현재의 쟁점과 본인의 견해를 표현할 수 있습니다. 경제흐름을 파악하고 무엇이 옳고 어떤 방향으로 가는 게 좋은지, 아니면 어떻게 가게 될지 예측해보는 것도 이 단계에서 가능합니다. 즉 자신만의 안목을 완성해나가는 단계입니다.

고급 단계 : 결론을 도출함으로써 행동하기 위해

비로소 경제기사를 재테크에 적용시키는 단계입니다. 경제를 알아야 잘 먹고 잘 살 수 있다고 흔히 이야기합니다. 경제는 삶의 곳곳에 영향을 미치기 때문에 돌아가는 메커니즘만 이해해도 효용성이 높은 분야입니다.

그러나 막상 텍스트로 접하는 경제기사는 딴 나라 이야기 같죠. 큰 경제의 흐름에서 꼭지를 잡아 해석하고 적용해본다는 것이 쉽게 와닿지 않을 거예요.

예를 들어 미국의 애플사가 아이폰 판매보다는 콘텐츠 구독 서비스 형태로 사업 방향을 확대한다고 발표했습니다. 이에 애플의 이익을 걱정한 다수의 투자자가 애플 주식을 매도했습니다. 그러나 '소유' 경제에서 '공유' 경제로 간다는 시대적 흐름을 알고 있고, 디즈니와 넷플릭스가 콘텐츠 사업을 확장하고 있다는 것을 고려했다면, 오히려 애플 저가 매수의 기회로 해석하고 행동했을 것입니다.

이렇듯 각자가 목표로 하는 수준에서 경제기사를 읽으며 성과를 얻을 수 있다면 경제기사만큼 쓸모 있는 것도 없습니다. 이 3단계 중에서 여러분의 경제기사 목표점은 어디입니까?

2장

경제기사,
너의 속성을
내가 안다

어떤 공부를 시작하든지 그 과목의 속성을 찾으면 쉽게 접근할 수 있습니다. "경제기사는 너무 정치적이야" "신문에 보도된 내용과 반대로만 하면 돼" 등의 말만 믿고 경제기사를 그냥 무시해버린다면 어떤 결과가 나올까요? 결국 몰라서 좋은 기회를 놓치거나 큰 손해를 입을 수도 있겠죠. 경제기사도 속성을 먼저 알고 접근한다면 기사의 논리에 휘둘리지 않고 본인만의 생각을 정립해나갈 수 있습니다.

그래서 여기에서는 경제기사의 대표적인 속성을 8가지로 명쾌하게 정리했습니다. 경제기사를 이해하기 위한 중요한 내용이니 반드시 기억하기 바랍니다.

경제신문사는 이윤을 추구하는 사기업입니다

경제신문사는 기획재정부나 한국은행처럼 공공의 이익을 목적으로 경제지를 발간하는 곳이 아닙니다. 경제신문사는 사기업으로 기사를 쓰고 돈을 버는 것이 주요 목적입니다.

신문사의 수익 구조를 살펴보면 이해가 쉽습니다. 신문사 수익 구조는 광고수입 59.9%, 부가사업 및 기타 수익 22.3%, 종이신문 판매 수익 12.4%, 인터넷상 콘텐츠 판매 수익 5.4%입니다. 매출 구성에서 광고 수입이 차지하는 비중이 약 60%로 가장 높게 나타났습니다(출처 : 2018년 신문산업 실태조사, 한국언론진흥재단).

그렇기 때문에 광고주를 의식하지 않을 수 없습니다. 대체적으로 신문에 대기업 소식이나 CEO 인터뷰가 자주 등장하는 이유도 이 때문입니다. 그래서 최대한 객관적으로 기사를 보고 팩트를 체크할 줄 아는 안목이 필요합니다.

대중의 관심을 끌기 좋은 제목과 내용이 많습니다

인터넷 기사의 클릭 기준은 헤드라인이고, 가판대 신문도 어떤 헤드라인을 1면에 썼느냐에 따라 판매량이 좌우되니 기사의 제목이 매출에 절대적 영향력을 가지고 있습니다. 그래서 자극적인 이슈의 기사들은 클릭수가 높고, 상위 기사에 랭킹됩니다.

기사 내용도 대중들이 원하는 방향으로 흘러갑니다. 부동산 상승기에는 대부분 기사도 지금 집 사지 않으면 안 될 것 같이 말하고, 부동산 하락기에는 절대 집 사면 안 될 것 같은 기사가 쏟아집니다. 그래서 기사는 가끔 지나치게 긍정적이거나 비관적입니다. 이때 중심을 가져야 이런 기사에 휩쓸리지 않고 실제를 볼 수 있겠죠?

기사화된 내용은 이미 한 발 늦습니다

기사는 일차적으로 수집한 가설이나 첩보, 소문을 분석하고 검증한 구체적인 사실을 기반으로 합니다. 들리는 소문만으로 기사를 작성했다가 아닐 경우, 정정 보도 또는 사과문을 올리는 등 사태가 심각해지기 때문입니다.

예를 들어 기업에서 어느 사업을 철수하기로 했다고 합시다. 그렇다면 그 조직은 타 부서로 인력 이동이 있을 것이기에 그 회사 사람들은 이미 다 알고 있습니다. 그 소문을 들은 기자가 취재를 합니다. 그러다 보면 기사는 과거의 내용일 수 있습니다. 기사가 틀린 것이 아니라 시기적으로 늦었다는 것입니다. 그래서 주식 고수들은 "소문에 사고 뉴스에 팔아라"고 말합니다.

그렇지만 경제기사 내용이 한 발 늦다고 해서 무시하면 안 됩니다. 경제기사를 통해 꾸준히 경제흐름을 좇고 있으면 미래를 예측할 수 있는 수준이 반드시 될 수 있습니다.

기사라고 100% 정확하지는 않습니다

전문 기자라고 해도 새롭게 맡은 분야일 경우 잘 모르기 때문에 실수하기도 합니다. 또한 시간에 쫓기듯 쓰다가 기사를 내보내기도 하겠죠. 그러니 본질적인 문제를 모른 채 한쪽 말만 듣고 기사화한다거나 지하철 노선을 잘못 표기하기도 합니다.

신문 하단 광고는 말할 것도 없습니다. 상가 분양 광고는 확정되지 않은 개발 소식과 수익률, 계약률을 과장해서 쓰는 것이 대부분입니다. '지하철 역 예정지. 임대율 100%, 임대수익 10년간 9% 보장' 문구가 적힌 지면 광고를 자주 접할 수 있습니다. 이런 광고를 보고 조급한 마음에 덜컥 몇 채씩 계약을 하는 분들이 실제로 있습니다.

기사나 광고를 100% 다 믿지 않아야 합니다. 특히 투자를 하겠다면 반드시 스스로 검증 작업을 거쳐야 합니다.

때마다 반복되는 시즌성 기사가 있습니다

혹시 기사가 매년 패턴을 가지고 반복되고 있다는 사실을 눈치채셨나요? 연초에는 증권사 센터장의 장밋빛 주가 전망, 계절이 바뀔 때는 패션 유행 기사, 여름에는 여행지와 CEO 독서 목록, 명절에는 고속도로 체증과 해외여행으로 공항이 북적인다는 기사, 연말에는 산업별 시상과 연말정산 관련 기사가 지면을 채

웁니다. 보통 증권사와 관련 업계가 직접 작성한 보도자료에 근거한 기사입니다.

기자와 독자 모두 머리를 식히기 위해 지면을 채우는 시즌성 기사는 참고만 해도 좋습니다. 설마 저런 기사에 혹해서 투자를 결정하거나 우리나라 경기를 판단하시는 분은 없겠죠?

누군가의 이익을 위한 기사도 있습니다

아파트 분양 관련 기사는 대부분 건설사 의뢰로 상세히 기사화됩니다. 그래야 기사를 보고 몰랐던 사람들도 청약을 넣을 수 있겠죠. 그러니 객관적 내용보다는 해당 아파트 위주로 기사가 작성되는 경향이 있습니다. 주식이나 펀드를 권하는 기사 역시 운용사 임원이나 애널리스트가 작성하는 경우가 많고, 은행업 전문가들은 펀드나 예금 판매를 권하는 칼럼을 씁니다.

그래서 사실과 광고를 구분하는 눈을 가지고 기사를 읽어야 합니다. 전문가가 쓴 글이니 무조건 맞을 거라는 착각에서 벗어나 스스로 비판적 사고 능력을 길러야 합니다.

경제의 답은 하나가 아닙니다

어제 다르고 오늘 다른 것이 국제 정세입니다. 미국은 자국 산업을 보호하겠다는 이유로 중국 상품에 고관세율을 적용했습니다. 이에 따라 2018년 하반기 중국 증시는 급격히 떨어지고 영영 회복되지 않을 듯했습니다. 그러나 2019년 초 중국과 미국은 화해 무드로 돌아섰고, 다시 6월에 미국은 '고관세율 부과' 카드를 내면서 또 사이가 틀어지죠. 그리고 2019년 8월 현재 미국은 중국을 환율 조작국으로 지정하고, 중국은 이에 맞서 희토류를 무기로 꺼내려 합니다.

그때그때마다 전망을 내놓던 경제리포트들도 갈팡질팡하기는 마찬가지입니다. 즉 전문가도 틀릴 수 있다는 것입니다. 경제를 제대로 예측한다는 건 거의 불가능한 일이 아닐까요?

이렇듯 예측한 대로 반드시 맞는 것도 아니고, 학습된 경제예측도 현재 경제상황에는 들어맞지 않을 수도 있습니다. 10년 주기로 경기가 순환한다는 설이 대표적인 예입니다.

경제를 제대로 이해하기 위해서는 동전의 양면처럼 경제지식을 바탕으로 각 변수들이 어떻게 작용하는지 스스로 생각해볼 수 있어야 합니다. 경제기사는 이러한 인과관계를 보여주는 길라잡이 역할을 해줄 뿐입니다.

그럼에도 경제기사만 한 게 없습니다

그럼에도 불구하고 경제를 보는 눈을 키우기에는 경제기사만 한 게 없습니다. 늘 새로운 소식을 전달하는 것은 기자의 일이고, 경제기사를 읽은 후 비판적으로 수렴하는 것은 독자의 몫입니다.

열심히 일하고 더 좋은 기사를 쓰기 위해 고군분투하는 기자와 효율적으로 기사를 전달해주기 위해 애쓰는 편집자들이 많이 있습니다. 그렇기 때문에 지금껏 언론이 발전해왔으며 우리는 더 많은 정보를 얻을 수 있는 것이죠.

우리가 잠든 사이에 윤전기가 쉴새없이 돌아가고, 그렇게 만들어진 신문은 새벽을 깨우며 아침을 열어줍니다. '오늘은 또 어떤 소식이 있을까' 설레는 마음으로 경제기사를 맞이해보세요.

이 책을 펼치고 여기까지 읽는 데 아마 10분도 채 걸리지 않았을 것입니다. 하지만 미처 깨닫지 못했던 경제기사의 속성을 알게 되었고, 심지어 이렇게 간단하다니 놀랐을 수도 있으리라 봅니다. 경제기사, 너란 애를 이제 알았으니 한 발 더 나아가서 친해져볼까요?

3장

경제기사,
무엇으로 어떻게
읽을까?

경제기사를 반드시 종이신문으로 읽을 필요는 없습니다. 이미 우리나라 종이신문 구독률은 현저히 떨어진 상태이고, 아침마다 신문을 배달하며 공부했다는 눈물겨운 수험기도 이제 찾아볼 수 없습니다.

반드시 경제신문을 구독하지 않아도 됩니다. 동아일보나 중앙일보, 조선일보 같은 종합신문의 경제면을 보는 것도 괜찮습니다. 종이신문, 그것도 경제신문을 봐야 한다는 압박에서 벗어나도 된다는 거죠. 본인의 편리에 따라 어떤 식으로 경제기사를 접해도 괜찮으니 자유롭게 선택하세요.

다양한 매체로 진화한 경제기사

요즘은 책도 오디오북이나 인터넷 구독 서비스로 읽는 경우가 많기 때문에 온라인에서의 삶은 거스를 수 없는 시대적 방향입니다. 스마트폰이나 PC로 경제기사를 봐도 좋습니다. 언제든지 쉽게 접근할 수 있고, 개인 밴드나 SNS, 메모장 등에 바로 스크랩할 수 있다는 점에서는 괜찮은 매체입니다.

심지어 무료입니다. 불필요한 광고창이 옆에 따라오기는 하지만 그 정도는 익숙하게 넘길 수 있습니다.

매일 기사를 보기가 바쁘다면 주간지를 추천합니다. 주간지의 장점은 1주일 동안의 경제상황들을 정리해볼 수 있고, 기획 기사가 많아 생각할 거리를 많이 던져준다는 것이죠. 들고 다니기 가볍고, 펼쳤을 때 공간을 차지하는 비중이 적어 지하철 안에서 읽어도 부담 없습니다. 주간지를 지하철 매점에서 하나씩 사서 봐도 좋고, 연간 구독하는 방법도 있습니다.

뭐든 그냥 읽어보세요. 아무거나 읽어도 안 읽는 것보다는 훨씬 낫답니다.

그럼에도 종이신문을 고수하는 이유

오래도록 신문을 봐오던 사람들은 종이신문을 고수합니다. 특히 회사의 임원이거나 부자들은 대부분 종이신문을 봅니다. 부자가 되고 싶다면 부자의 행동을 따라 하라는 말이 있죠? 분리수거의 불편함과 구독 비용을 감수하고서도 그들이 종이신문으로 기사를 읽는 이유가 무엇일까요?

첫째, 종이신문을 읽으면 확증편향에서 벗어날 수 있습니다. 확증편향이란 자기가 보고 싶은 것만 보고 믿고 싶은 것만 믿는 현상을 말합니다. 이러한 편향성은 정보를 수집하는 단계에서부터 나옵니다. 그렇기 때문에 '가짜 뉴스'와 '카더라'가 난무하는 인터넷 세상 속에서 자신과 비슷한 성향의 정보만 골라서 보면 '인식의 편식'이 더욱 심해집니다. 그래서 다른 사람의 의견을 무시하고, 말꼬리를 잡고, 논쟁을 벌이는 댓글 전쟁이 일어나기도 합니다. 심지어 제일 첫 댓글은 다른 사람들도 편향된 쪽으로 이끄는 역할을 하기도 하죠. 그래서 첫 댓글이 긍정적이면 계속 좋은 댓글이, 부정적이면 계속 나쁜 댓글이 달리는 이유도 그러합니다.

둘째, 한눈에 주요 기사를 파악할 수 있습니다. 신문사 편집국에서는 기사의 경중에 따라 위치와 면적을 결정합니다. 보통 1면 종합에 주요 기사를 3~4개 요약으로 넣고, 뒷면에 상세 기사가 따르는 순이죠. 종이신문을 보면 확실히 새로운 소식, 중요한 소식을 알아보기 좋습니다. 연예인의 신변잡기적 내용이나 자극적인 제목으로 유인하는 기사에 시간을 낭비하지 않아도 되죠.

셋째, 온전히 내 것으로 기사를 소유할 수 있습니다. 형광펜으로 줄을 긋고, 플러스펜으로 옆에다 메모도 할 수 있습니다. 중요한 기사는 가위질해 따로 스크랩할 수도 있고요. 신문 한 부에 1천 원도 안 하잖아요. 생수 한 병 값으로 재테크라는 화분에 물을 주는 것과 마찬가지의 효과를 얻을 수 있습니다.

어떤 신문이 좋냐고요? 제주도 화산물도 좋고, 해양 심층수나 지리산 암반수도 괜찮습니다. 내 재테크 화분에 물이 필요한 것이기에 기준 등급 이상이라면 미묘한 성분의 차는 크게 좌우하지 않습니다. 어떤 경제신문도 그들만의 논조가 있고, 광고주의 눈치를 안 볼 수 없으며, 어이없는 광고를 실을 수밖에 없는 상황도 있기 때문입니다. 진실과 거짓을 구분하는 눈은 스스로가 기르면 됩니다.

넷째, 매일 배달된 신문을 보며 읽기를 강요받을 수 있습니다. 그래서 취업준비생이나 중고등학생이라면 종이신문을 받는 것을 추천합니다. 매일 쌓여가는 신문으로부터 심리적 압박을 받겠죠? 무언가 단기적 목표를 성취하기 위해서라면 강제성이 필요합니다. 국제 정세와 산업 동향, 기업과 경쟁사 현황을 지속적으로 읽다보면 맥락이 보일 것이고, 면접시 당황하지 않고 대응할 능력을 키울 수 있을 것입니다.

아울러 중고등학생에게 신문은 국어의 화법, 작문, 문법, 독서, 문학을 모두 포함하는 글들로 가득 차 있습니다. 게다가 매일 새롭고 신선한 내용들이죠. 경제공부와 더불어 문장 독해력도 기르고, 작문을 위한 콘텐츠도 듬뿍 가져갈 수 있답니다.

경제기사 읽기, 비법은 바로 이거죠!

어렵다고 느껴지는 경제기사를 잘 읽을 수 있는 기술을 알려드릴게요. 지면의 절반을 채울 분량이거나 처음부터 끝까지 숫자로 뒤덮인 기사라도 물러서지 마세요. 다음과 같이 차례대로 따라 하다보면 금세 고수가 될 수 있답니다.

첫째, '제목, 부제목, 리드'를 가장 중요하게 봅니다. 보통 기사는 결론이 두괄식으로 나와 있는 역피라미드 형식입니다. 그래서 전체를 대표하는 제목(headline), 본문 전체를 요약해주는 부제목(subhead), 본문의 가장 첫 시작 문단인 리드(lead)에 모든 내용을 추려놓죠. 이 세 부분만 읽으면 전체적으로 어떤 내용일지 짐작할 수 있습니다. 이렇게 생각하면 쉽습니다. 배가 가고자 하는 방향으로 조정하는 키 같은 역할을 제목, 부제목, 리드가 하고 있는 것입니다.

어떻게 보면 경제기사는 굉장히 친절한 단문의 예일 수 있어요. 위의 3가지로 본문(body)의 방향을 미리 파악한 뒤 읽을 수 있는 구조입니다. 본문에는 상세한 내용과 전문가의 의견이 뒤따라 나오고, 말미에서 다른 의견도 있을 수 있다는 점을 언급하며 마무리 짓습니다.

그래서 바쁠 때는 경제기사의 제목, 부제목, 리드만 읽고 넘어가도 무방합니다. 우리가 읽는 경제기사에서 식스 센스급 반전은 거의 없으니까요.

둘째, 형광펜이나 플러스펜으로 단락의 주요 문장과 단어를 체크합니다. 각자의 손맛에 맞는 펜을 하나 고른 뒤 꾸준히 그 제품만 쓰는 것도 괜찮은 방법입니다. 만약 스마트폰으로 기사를 보고 있다면 '화면 캡처 후 그리기' 기능을 적극 활용해보세요. 그러면 내용을 기억하기도 쉽고, 나중에 다시 봐도 훌륭한 자료가 되어 있을 겁니다.

셋째, 단락별 내용을 그림으로 옮겨봅니다. 텍스트로 적힌 기사를 눈에 확 들어오게 도식으로 그려보는 방법입니다. 신문 여백에 그려도 괜찮고, 따로 노트를 사용해 그려도 좋습니다. 글이 눈에 잘 안 들어오는 경제기사 초보자에게 추천하는 방법입니다. 동그라미, 화살표, 별표 등을 활용해 본인만의 도식을 만들면 됩니다.

방법은 아주 간단합니다. 소주제를 담고 있는 문단마다 네모를 그립니다. 화살표로 다음 문단과 연결합니다. 각 문단의 키워드를 네모 안에 적어 넣습니다. 핵심 사항은 별표로, 경제기사에 자주 등장하는 숫자의 증가 또는 감소는 ↑, ↓ 등으로 대강 요약해봅니다. 상하위 개념과 교집합은 벤다이어그램을 활용해서 따로 적어보는 연습도 필요합니다. 이렇게 굵직굵직하게 순서도를 그리고 따라가다 보면 어느덧 눈으로도 쉽게 읽을 수 있게 될 겁니다.

넷째, 모르는 경제용어는 일단 넘어갑니다. 경제기사를 읽을 때 가독성이 떨어지는 가장 큰 이유는 아마 용어 때문일 것입니다. 읽다가 중간에 멈추고 또 읽다가 멈추면 흐름이 끊어져서 '내가 뭘 읽고 있었더라' 싶습니다. 그럴 때는 과감하게 패스하고 남은 기사를 읽어 내려가야 합니다. 쭉 읽은 후에 다시 몰랐던 용어를 찾아보면 되는 거죠. 마치 일단 100미터 달리기를 끝내놓고 벗겨진 신발을 찾으러 가는 것과 비슷합니다.

다행히 요즘 경제기사에는 친절하게도 새로운 용어가 나오면 각주를 달아 설명해주고 있습니다. 그때그때 새롭게 접하는 경제용어들에 대해 호기심을 가져보세요. 용어에 익숙해지면 경제기사를 읽는 데 자신감이 한층 솟을 겁니다.

다섯째, 본인만의 Top10 기사를 꼽아 읽습니다. 모든 기사를 읽을 필요는 없습니다. 원래 단편소설집도 목차를 보고서 읽고 싶은 단편부터 먼저 읽고, 잡채도 고기 먼저 먹는 것 아닌가요? 기사마다 중요도가 다르고, 어쩌면 지면을 채우기 위해 실린 반복성 기사도 많기 때문에 바쁘다면 다 읽지 않아도 무관합니다. 모든 것을 다 알기 위해 애쓰지 말고, 내가 가장 좋아하고 중요하다고 생각하는 것들만 읽도록 합니다. 예를 들어 증권면, 부동산면, 국제면 등으로 본인 성향 위주로 하나만 선택하는 것이죠. 한 부분이라도 꾸준히 읽고 흐름을 파악하다 보면 자연스럽게 전체로 확장시킬 수 있을 겁니다.

여섯째, 세상을 향한 열린 호기심으로 읽습니다. 경제는 생물입니다. 그래서 매일매일이 다르죠. 미국 소비자물가지수가 나빠서 곧 경제침체가 올 것같이 이야기했지만 오히려 주가지수는 오르고 금리는 동결하겠다는 기사가 나옵니다. 여러 가지 복합적인 이유로 경제는 돌아가기 때문에 세상에 대한 호기심을 가지고 경제를 살피는 것은 매우 중요합니다.

꾸준히 경제기사를 보는 사람들은 세상을 보는 눈이 따뜻하고 긍정적입니다. 위기가 있으면 기회도 온다는 것을 알기 때문이죠. 그들은 정제된 경제지식으로 현상을 파악하고, 유연한 자세로 위기에 대처합니다. '이거 큰일 났구나'라고 생각할 정도의 경제이슈도 꾸준히 경제기사를 읽는 사람들에게는 별일 아닌 일로 넘어갈 수 있습니다. 일희일비하지 말고 평온한 마음으로 경제기사를 즐겨보면 어떨까요?

결국에는 습관입니다

"습관은 일종의 잠재의식의 체질개선이라고 합니다. 이 잠재의식은 끊임없이 '평안과 안전'을 추구하죠. 내 두뇌는 편안해하고, 그대로 유지하고 싶다는 사인을 자꾸 보냅니다. 습관을 만든다는 것은 바로 이 무의식 중 '평안과 안전'의 싸움입니다."

이 글은 미우라 쇼마의 책 『습관의 시작』에 나오는 내용입니다. 경제기사를 읽는 것도, 스크랩을 하는 것도 모두 습관입니다. 경제기사를 읽기도 힘든데 어떻게 스크랩까지 하냐고 묻고 싶죠? 경제기사를 스크랩하는 것은 본인만의 데이터베이스를 구축하는 것과 마찬가지입니다. 좀 번거롭고 힘들더라도 잘 모아두면 나중에 반드시 큰 도움이 됩니다.

가장 고전적인 방법은 가위로 신문지면을 오려 바인더에 끼워 두거나 공책에 풀로 붙이는 방법이죠. 아마 경제공부를 하겠다고 생각한 사람은 누구나 한 번쯤은 해봤을 거예요. 지금은 인터넷으로 기사를 읽으면서 전달 기능을 이용해 본인만의 SNS 저장 공간에 옮겨두는 방법이 있습니다. 어떤 방식이든 괜찮습니다. 꾸준히 자신만의 경제기사 데이터를 만드는 습관을 들인다는 것이 중요하죠.

자신만의 데이터를 쌓아나가는 것은 경제기사 읽기의 즐거움을 키울 뿐만 아니라, 자기 것으로 만드는 확실한 방법이라 할 수 있습니다. 스스로 정리하고 되새기는 과정에서 그 내용을 다시 한 번 확실히 공부할 수 있으니까요. 꾸준하게 하는 것만큼 무서운 게 없고, 성실함은 때로 상황을 돌파하는 힘이 되기도 하거든요.

이렇게 꾸준히 하다 보면 어느새 경제를 보는 안목이 높아져 있을 겁니다. 그렇다면 얼마나 매일 지속해야 습관이 생기는 것일까요?

결론부터 말하자면 개개인마다 다릅니다. 어떠한 상태와 환경에서 얼마나 노력하는가에 따라 습관이 형성되는 시기는 모두 다르다는 연구 결과가 있습니다. 그래도 통상 60일 동안 반복적으로 하다보면 습관이 생긴다는 의견이 많습니다. 딱 두 달만 매일 아침, 일정한 시간에 경제기사를 읽어볼까요?

4장

너무나도 중요한
신문 1면과
숫자 6가지

정말 바쁠 때는 신문 읽을 시간도 없다고요? 그렇다면 신문 1면과 6가지 숫자만 읽어도 됩니다.

그날의 신문에서 가장 핵심만 보여주는 곳이 바로 신문 1면이고 주요 시세표이기 때문이죠. 눈으로 훑듯이 읽고 지나가도 어느 정도는 감을 잡을 수 있답니다.

6가지 숫자는 전날의 마감한 주요 지수와 값들의 표기입니다. 물론 큰 폭으로 변동이 있으면 기사화되어 따로 상세히 알려주기 때문에 걱정하지 마세요.

신문 1면이 말해주는 모든 것

신문 1면은 주요 이슈의 축소판입니다. 아침 뉴스에도 각 언론 사별 종합 1면만 비교해 보여주는 코너가 있을 정도로 매우 중요한 부분이죠.

신문 1면은 해당 신문사의 얼굴인 만큼 가장 많은 공을 들일 수밖에 없겠죠? 그날 있었던 모든 사건과 사진들을 추리고 가장 대표하는 기사로 골라 헤드라인을 뽑습니다. 신문의 간판이라고 할 수 있기 때문에 편집자의 고민이 여실히 묻어나는 곳이 바로 1면입니다.

이 1면을 구성하기 위해 전쟁 같은 마감시간을 보내고 윤전기로 원고를 넘기는 순간을 보냅니다. 그만큼 부담도 크고 긴장도 많이 되는 자리가 아닌가 싶습니다.

신문의 1면에 주요 기사가 5~6개 정도 올라옵니다. 좁은 지면에 기사의 중요도 순으로 면적과 위치가 선정되죠. 해설 기사는 3면 이후에 따라 나오기 때문에 반드시 함께 읽어야 다각적으로 이해가 가능합니다. 또한 다음날 후속 보도가 되는 경우도 많습니다. 이렇듯 조각난 기사들을 퍼즐처럼 맞추어 생각을 정리하는 것이 독자의 미션입니다.

반드시 봐야 할 숫자 6가지

투자를 하는 분들이라면 아래 6가지 숫자의 의미가 얼마나 중요한지 알 것입니다. 주요 투자상품인 주식(KOSPI, KOSDAQ), 달러, 금리, 유가, 금 시세가 그 6가지입니다. 매일 주요 시세표라는 이름으로 신문 한쪽 귀퉁이에 간단하게 숫자만 나와 있습니다.

▲ 코스피	1,960.25	(+20.35P)
▲ 코스닥	607.01	(+12.36P)
▲ 원화값	1,208.30원	(+2.70원)
▲ 금리	1.101%	(+0.008%P)
▲ 유가	58.40달러	(+0.20달러)
▼ 금값	58,660원	(-1.320원)

※ 2019년 8월 20일 달러당 원화값, 국고채 3년물 금리, 두바이유 전날 기준, 금 1g 한국거래소 종가

이 값들은 돈의 흐름을 확인하기에 가장 좋은 숫자들입니다. 예를 들어 한국은행에서 '금리인하' 발표만 해도 돈은 달러나 금, 증시로 흡수되고 채권값은 오릅니다. 반대로 금리상승기에는 투자했던 달러, 금, 증시에서 돈이 빠져나와 은행으로 들어가겠죠. 이렇게 돈이 지금 어디에 머무르고 있으며 어느 방향으로 가고 있는지를 확인할 수 있는 지표들이 바로 이 6가지 시세입니다.

그래서 부자들은 이 숫자들만으로도 투자를 결정할 수 있다고 하네요. 우리도 6가지 숫자를 꾸준히 체크하며 숫자를 읽어내는 힘을 키워야겠습니다.

① 코스피

코스피(Korea Composite Stock Price Index)는 종합주가지수를 뜻하는 단어로, 현재는 유가증권시장의 주가지수를 코스피지수라 부릅니다. 코스피지수는 시가총액식 주가지수를 말하는데, 1980년 1월 4일 시가총액을 기준시점으로 현재의 지수를 산출하고 있습니다(기준지수 100). 코스피지수는 '(비교시점의 시가총액/기준시점의 시가총액)×100'으로 계산합니다.

② 코스닥

코스닥(Korea Securities Dealers Automated Quotation)은 코스닥에 등록된 주가의 종합지수를 말합니다. 코스닥 역시 시가총액방식을 택하고 있으며, 1996년 7월 1일 시가총액을 기준시점으로 현재의 지수를 산출하고 있습니다(기준지수 100). 코스닥지수 계산법은 '비교시점의 시가총액/기준시점 시가총액×1000'입니다. 이 공식에서 확인할 수 있듯이 1996년 최초 개장시에는 기준시점과 비교시점의 주가비율에 곱하는 기준단위가 100이었으나, 2004년 1월 26일부터 기준단위를 100에서 1000으로 변경해 산출하고 있습니다.

③ 원화값(환율)

달러당 원화값이 기준입니다. 다른 통화들에 비해 기축통화로서 의미가 크기 때문에 달러만 봅니다. 원달러 환율과 달러당 원화값은 같은 뜻이며, 누구를 기준으로 했느냐의 차이일 뿐입니다. 우리나라 원화와 미국 달러와의 교환 비율로, 환율이 1,198원이라면 1달러를 사기 위해 한국돈 1,198원이 필요하다는 의미입니다. 외화에 대한 원화의 가치, 즉 원화값을 의미합니다.

④ 금리

채권 중 가장 활발히 유통되고 있는 국고채 3년물 금리 시세를 말합니다. 국고채란, 국가가 발행하는 채권 중 하나로 국고(國庫: 나라의 곳간)를 채우는 채권을 뜻합니다. 주로 공공목적으로 필요한 자금을 확보하기 위해 발행되고 있습니다.

경기가 안 좋을 때는 안전한 국고채로 수요가 몰리면서 가격이 오르고 금리는 내려갑니다. 반대로 경기가 회복되면 국고채를 사려는 수요보다는 주식이나 회사채로 자금이 가기 때문에 국고채 금리는 올라갑니다. 채권시장의 목소리인 국고채 금리지표를 보면 경기 상황을 어림해볼 수 있겠죠?

여기에서의 금리는 한국은행이 발표하는 기준금리가 아닌 점에 주의해야 합니다. 한국은행 금융통화위원회에서 결정하는 기준금리는 날마다 바뀌지 않고 연 8회 조정되기 때문에 매일 업데이트되는 주요 시세란에 나올 필요가 없답니다.

⑤ 유가

두바이유의 전날 값입니다. 세계적으로 3대 유종이 있는데 미국서부텍사스원유(WTI ; West Texas Intermediate), 유럽 북해도산 브렌트유, 중동의 두바이유가 그것입니다.

WTI가 가장 고급이고 뉴욕상업거래소(NYMEX)에서 거래됩니다. 브렌트유는 유럽에서 주로 사용하며 런던 ICE선물거래소를 통하죠. 두바이유는 대부분 중동 국영석유회사와 해외 실수요자 간의 장기 공급 계약 형태로 팔려나가는 원유이며, 우리나라가 주로 수입해오는 것도 바로 두바이유입니다.

우리는 유가 변동에 왜 이리 민감해야 할까요? 원유는 국제 무역과 산업의 바탕이기 때문에 물가에 미치는 영향이 크기 때문입니다. 또한 지리적·정치적 이유로 가격 변동이 심하다는 것도 이유라 할 수 있습니다.

⑥ 금값

금 1g에 대한 값을 말하는데, 한국거래소 종가 기준입니다. 우리는 1돈(3.75g)을 생각해 대략 4배 하면 쉽게 환산이 됩니다.

금과 달러는 전통적인 안전자산입니다. 미국이 금리를 인하하면 할수록, 브렉시트로 유럽 경기의 불확실성이 강해질수록 금으로 모이는 수요가 많아집니다. 그래서 금값이 오르는 구조이죠. 만약 미국이 강달러 정책을 내세우며 금리를 인상한다면? 금값은 떨어질 수 있으니 주의해야 한답니다.

2부
경제상식 알아가기

'공부 총량의 법칙'을 들어본 적 있나요? 어떤 분야를 도전하든 나름 일정량의 지식은 머릿속에 넣어야 한다는 어렵고도 고된 과정을 말하죠. 공부할 총량은 그대로이니 먼저 시작한 사람은 나중이 편하고, 그렇지 못한 사람은 늦게 따라 가기 위해 그 시간만큼 더 노력해야 한다는 의미입니다. 그래서 경제기사를 읽기 위해 필요한 핵심 경제상식 31가지를 금리, 금융, 주식, 부동산, 환율, 이렇게 5가지 파트로 나눠 공부해보겠습니다. 아직 늦지 않았어요. 더 부지런히 따라잡으면 되니까요.

1장

경제기사의 50%는 금리가 관통한다

금리만 제대로 알아도 경제기사의 50%를 자동으로 이해할 수 있습니다. 마치 고구마 넝쿨을 하나 잡고 끌어올리면 줄줄이 달려 나오듯, 금리 하나로 풀이할 수 있는 경제기사들이 정말 많습니다. 그래서 금리의 원리를 알고 경제기사를 읽는다면 경제기사 읽기가 훨씬 쉽고 재미있습니다.

　금리의 오르내림에 따라 환율과 부동산, 증시도 함께 움직입니다. 금리가 경제의 정중앙을 관통하고 있다는 증거는 이곳저곳에서 찾을 수 있으니까요. 이러한 금리에 대해 지금부터 완벽하게 하나하나 파헤쳐봅시다.

금리는 돈의 사용료입니다

법정 최고금리 연 24%를 훨씬 초과하는 불법사채가 여전히 활개를 치는 것으로 드러났다. 한국대부금융협회는 지난해 사법당국의 의뢰 (970건)와 소비자 피해신고(792건), 총 1,762건의 불법사채(미등록 대부업) 거래내역을 분석한 결과 연환산 평균 이자율이 353%로 나타났다고 12일 밝혔다. 대부협회에 따르면 사법당국이 의뢰한 970건의 평균 대출금액은 3,923만 원, 평균 거래기간은 110일로 조사됐다. 연환산 평균 이자율은 228%였다.

[아시아경제 2019. 2. 12.]

우리는 살아가면서 여러 가지 이유로 돈을 빌립니다. 제1금융권은 신용조건과 담보 조건이 까다롭기 때문에 돈이 급한 사람은 어쩔 수 없이 제2금융권이나 사채시장으로 가게 됩니다. 문제는 지나치게 고금리로 돈을 빌려준다는 것이죠.

돈을 일정기간 누군가에게 빌려주면 '이자'를 받습니다. 원금에 대한 이자의 비율을 '이자율' 또는 '금리'라고 합니다. 달리 표현해보자면 금리는 돈을 빌리는 데 지불해야 하는 값이기 때문에 '돈의 사용료'라고도 할 수 있습니다. 또한 돈의 사용료는 '누가 돈을 빌려주느냐, 누구에게 돈을 빌려주느냐'에 따라 그야말로 천차만별입니다.

어디까지가 금리의 범위일까요?

은행에 예금을 하는 것은 우리가 은행에 돈을 빌려주는 것이라고 바꿔 말할 수 있습니다. 그렇기 때문에 돈을 빌려주는 대가로 예금이자를 받는 게 당연하죠. 만약 1천만 원을 은행에 맡기면 은행은 가계나 기업에 대출해주고 그들에게 대출이자를 받습니다. 거기서 은행이 중간 수수료를 떼고 나머지를 예금이자로 돌려줍니다. 은행은 대출금리와 예금금리의 차인 예대마진을 통해 수익을 얻기 때문에 대출금리가 예금금리보다 높을 수밖에 없는 구조입니다.

최근 등장하는 인터넷 은행이 높은 예금금리를 제시할 수 있는 이유는 중간 수수료를 최소한으로 책정할 수 있기 때문입니다. 인터넷을 기반으로 운영해 임대료, 인건비, 도서출판비 등을 절감할 수 있기 때문에 가능한 일입니다.

예금 말고 또 어디에 금리 개념을 적용해볼 수 있을까요? 대출 영역인 채권 거래, 사채 거래 등이 있고, 대여 영역으로 물품 대여와 월세에도 이자의 개념을 확장해 생각해볼 수 있습니다.

금리는 움직입니다, 위로 아래로!

금리는 여러 가지 이유로 변동합니다. 금리가 변하는 가장 대표적인 이유는 수요와 공급에 따른 시장 원리입니다. 상품의 가격이 수요와 공급의 원리에 따라 정해지는 것처럼, 돈의 가격인 금리도 같은 원리로 움직입니다. 돈을 빌리려는 수요가 공급보다 많으면 금리는 상승하고, 수요가 줄어들고 빌려주고자 하는 공급이 넘치면 금리는 하락합니다.

그렇다면 어떨 때 돈을 빌리려는 수요가 많아질까요? 경기가 좋으면 기업은 이익 증가를 위해 설비 투자를 늘리고자 돈을 빌리려고 합니다. 가계는 인테리어를 바꾸거나 주택 마련, 자동차 구입 등을 위해 돈을 빌리려고 합니다. 따라서 금리는 점점 올라가게 됩니다.

우리 부모님 세대는 경제성장기였기 때문에 기업이 내수와 수출품 제조를 위한 기반시설 투자가 필요했습니다. 그래서 고리를 줘서라도 저축을 장려했고, 은행은 더 높은 이자를 받으며 기업에 대출을 해줄 수 있었죠. 반대로 경기가 나쁘면 돈을 빌리려는 수요가 줄어들어 금리는 내려갑니다.

이러한 금리의 오름과 내림은 시장에서 자율적으로 일어나지만, 보통 중앙은행인 한국은행에서 물가안정을 위한 통화정책으로 조절하기도 합니다. 즉 한국은행의 기준금리에 따라 기준금리를 시장금리도 함께 움직인다는 뜻입니다. 한국은행은 물가안정을 목표로 기준금리를 정하며 시중의 금리 나침반 역할을 하고 있답니다.

금리를 계산하는 2가지 방법

금리를 계산하는 방법은 단리(單利 ; 홑 단, 이로울 리)와 복리(複利 ; 겹칠 복, 이로울 리)가 있습니다. 단리는 단순히 원금에 대한 이자를 주는 방식이라면, 복리는 '원금+이자'에 다시 이자가 붙는 방식입니다. 복리는 시간을 거듭 제곱하는 지수함수이고, 단리는 시간을 더해서 곱해주는 1차 함수입니다.

복리 만기 금액 = 원금 $\times$ (1 + 연 이자율)^n

단리 만기 금액 = 원금 $\times$ (1 + 연 이자율 $\times$ n)

(n = 연 횟수)

이 계산법에 따르면 이자율이 높으면 높을수록, 기간이 길면 길수록 단리와 복리의 최종값은 크게 차이가 벌어집니다.

복리로 계산하는 것이 예금자 입장에서는 더 좋겠죠. 그러나 지금은 장기저축이나 연금 외에는 거의 찾아볼 수 없습니다. 일반적으로 은행에서 표기하는 이자율은 단리를 말합니다. 그래서 개인이 자금을 복리처럼 굴리고 싶을 때는 스스로 복리시스템을 갖춰야 합니다. 예금을 만기에 목돈으로 찾았을 때 약간의 돈을 추가해 원금과 이자의 끝자리를 0으로 맞춰 재이체하는 방법이 그것이죠.

금리의 다양한 이름들

10일 금융투자협회 채권정보센터에 따르면 국고채 3년물 금리는 지난 7일 기준 연 1.537%를 기록했다. 지난달 31일 연 1.587%로 연중 최저점 기록을 경신한 3년물 금리는 5거래일 동안 하루도 빠짐없이 하락하며 연저점을 갈아치우고 있다. 국고채 3년물 금리가 연 1.5%대로 떨어진 것은 2016년 11월 11일(1.508%) 이후 2년 5개월 만이다. 1년물과 5년물 금리도 각각 연 1.595%, 연 1.565%로 연저점을 찍었다. 10년물 이상 장기물 금리도 하락세다. 국고채금리 하락 여파에 회사채, CD금리도 하향 곡선을 그렸다. 연초 2.270%였던 회사채 3년물(AA-) 금리는 2.0%대로 떨어지며 올해 들어 가장 낮은 수준에서 움직이고 있다.

[파이낸셜뉴스 2019. 6. 10.]

채권시장에서 가장 중요하게 보는 지표가 바로 국고채 3년물 금리입니다. 국고채 3년물 금리는 보통 기준금리보다 10~20bp 높아야 하는데, 지금은 오히려 더 낮죠. 이 말은 앞으로 기준금리가 더 떨어질 것임을 의미합니다.

금리도 목적과 계산법, 사용기관에 따라 다양한 이름이 있습니다. 대부분 한자어로 되어 있어 복잡해 보이지만 원리를 알면 쉽게 이해할 수 있습니다.

기준금리와 시장금리, 명목금리와 실질금리, 표면금리와 실효금리, 고정금리와 변동금리 그리고 콜금리, 국고채금리, CD, CP, 코픽스, 이렇게 경제기사에 자주 등장하는 13개 금리에 대해 풀어보겠습니다.

기준금리와 시장금리

기준금리는 한국은행이 물가안정을 목표로 관리하는 정책금리입니다. 시장금리는 시장에서 기준금리, 자금 수급상황, 금융상품 발행자 신용도에 영향을 받아 자연스럽게 정해지는 금리를 의미하죠.

한국은행은 금융기관과 환매조건부증권(RP)매매, 자금조정예금 및 대출 등의 거래를 할 때 기준금리를 적용합니다. 즉 일반은행이 중앙은행인 한국은행에서 돈을 빌릴 때 적용되는 대출금리가 바로 기준금리인 것입니다.

이렇게 결정된 기준금리는 초단기금리인 콜금리에 즉시 영향을 미치고, 장단기 시장금리, 예금금리 및 대출금리 등의 변동으로 이어져 궁극적으로는 실물경제활동에 영향을 미칩니다. 이렇듯 금리에 따라 시장금리가 연동해 움직이니 한국은행의 기준금리가 대표적인 금리라고 할 수 있죠.

금융통화위원회는 물가 동향, 국내외 경제상황, 금융시장 여건 등을 종합적으로 고려해 3배수 달(3월, 6월, 9월, 12월)을 제외한 여덟 번의 달(1월, 2월, 4월, 5월, 7월, 8월, 10월, 11월)에 기준금리를 결정하고 있습니다.

기준금리의 방향과 변동 관련 기사는 경제 전반에 파급력이 크므로 경제기사를 읽을 때 놓치면 안 됩니다.

명목금리와 실질금리

경제기사를 읽다 보면 경상과 불변, 명목과 실질이라는 단어를 자주 접할 수 있습니다. 명목금리, 실질금리, 명목임금, 실질임금, 명목국민소득, 실질국민소득, 경상가격, 불변가격, 건설기성(불변), 건설수주(경상) 등이 그것입니다. 단어의 뜻을 먼저 이해하고 넘어가봅시다.

절대 어렵게 생각하지 마세요. '경상'과 '명목'은 물가상승분이 포함된 것이고, '불변'과 '실질'은 물가상승률을 제외했다는 의미입니다. 명목금리는 물가상승에 따른 구매력의 변화를 고려하지 않은 금리이고, 실질금리는 명목금리에서 물가상승률을 뺀 금리입니다.

그래서 예금을 하려고 할 때 실질금리가 얼마인가를 따져봐야 하겠죠? 만약 예금금리와 물가상승률 차이가 별로 없다면 실질금리는 제로인 결과가 초래되기 때문입니다. 은행에 돈을 넣어봐야 이득이 없다면, 사람들은 저축을 하지 않고 부동산이나 주식 등으로 수익률을 얻으려고 하겠죠? 그래서 실질금리가 낮을수록 예금이 인기가 없습니다.

최근 한국은행은 〈2019년 거시경제 전망〉 보고서에서 소비자물가상승률을 1.4%로 발표했습니다. 그렇다면 이자 소득세(15.4%)까지 감안한다면 예금이자는 최소 1.66% 이상이 되어야 합니다. 따라서 돈을 저축하고 투자할 때 적어도 수익률에서 물가상승률, 세금을 제외하고도 이익이 남는지 반드시 계산해볼 필요가 있다는 것을 알 수 있습니다.

표면금리와 실효금리

표면금리는 겉으로 표기된 금리를 말하며, 실효금리는 빌리는 사람이 실제로 부담하는 금리를 뜻합니다. 실효금리는 보통 기업이 대출을 받거나 회사채를 발행할 때 실질적으로 관리하는 금리입니다. 여기에는 보험료, 감정료, 양건예금(은행이 대출금의 일부를 정기예금으로 다시 유치하는 조건으로 들게 하는 예금으로 불공정 대출 관행이다) 등이 포함되어 표면금리보다 높을 수밖에 없습니다.

예를 들어 기업은 표면금리가 10%인 1억 원의 대출을 받았다고 합시다. 이자 1천만 원 외에 기타 비용으로 1천만 원이 들었다고 하면, 기업의 손에 들어온 9천만 원에 대한 총대출금의 표면금리 1천만 원을 계산해 11.1%가 실효금리가 됩니다.

기업이 10%의 표면금리로 1억 원의 회사채를 발행했을 경우에도 계산법은 동일합니다. 증권사에 채권 발행 수수료 외 비용 1천만 원을 지급했을 경우 역시 실효금리는 11.1%가 되니 1.1%p나 실제로 금리를 높게 빌리는 것입니다.

채권에서도 표면금리가 쓰입니다. 채권의 표면에 약속된 이자율을 말하며, 일정 기일마다 발행기관으로부터 이자를 지급받을 수 있습니다. 그러나 채권은 일반적으로 '금리'보다는 '수익률'과

'할인율'이라는 표현을 사용합니다. 채권은 쉽게 설명하자면 사고 팔 수 있도록 만들어진 차용증 개념으로, 이자를 받는 예금이자 차익을 기대할 수 있는 유가증권의 개념입니다.

채권의 수익률을 계산해보도록 하죠. 1억 원짜리 국채를 지금 산 뒤 1년 뒤에 200만 원을 받는 조건이라면 수익률은 2%입니다. 그러나 1년을 다 채우지 못하고 그 채권을 9천만 원에 팔았다면, 그것을 산 사람은 1년 만기시 1억 원과 이자 200만 원을 함께 받을 수 있는 권리를 양도받은 셈이죠. 채권을 양도받은 사람의 수익률은 '200만 원/9천만 원'이기 때문에 수익률은 2.2%이고, 할인율은 10%라고 말합니다.

따라서 채권의 수익률은 채권 가격과 반대로 움직입니다. 즉 채권 가격이 오르면 수익률은 떨어지고, 채권 가격이 떨어지면 할인가로 채권을 구입하는 것이므로 수익률이 올라가는 원리죠. 수익률을 다른 말로 시장금리라고도 부릅니다.

고정금리와 변동금리

주택담보대출을 받을 때 제일 고민하는 부분이 '금리 조건을 고정으로 하느냐, 변동으로 하느냐'입니다. 고정금리는 대출 약정 기간에 시장금리가 변하더라도 이자율은 그대로 유지한다는 의미입니다. 반대로 변동금리는 시장금리에 따라 변동한다는 뜻이죠. 그렇다면 지금이 금리상승기라면 고정금리가 대출받는 입장에서 유리하고, 금리하락기라면 변동금리가 유리하겠죠?

만약 고정금리로 대출을 받았는데, 금리가 자꾸 떨어진다면 어떻게 해야 할까요? 또는 본인이 진급을 해서 연봉이 높아졌을 경우도 생각해봅시다. 이럴 때는 은행에 가서 본인에게 유리한 조건으로 대출을 갈아타는 게 맞습니다. 2019년 6월부터 금리인하요구권이 법제화되었기 때문에 은행은 10영업일 안에 수용 여부와 이유를 답해줘야 합니다. 기대출자에게 이런 사항을 은행에서 친절하게 알려주지는 않으니 스스로 확인해봅시다.

기타 주요 금리

기타 주요 금리로는 콜금리, 국고채, CD금리, CP, 코픽스 등이 있습니다. 살짝 낯설지만 이번 기회에 알아보도록 합시다.

① 콜금리

은행에서 일시적으로 돈이 부족한 경우 자금 여유가 있는 은행에서 돈을 빌려옵니다. 이렇게 금융기관 사이에서 단기자금 거래가 주로 이루어지는 시장에서 형성되는 것을 콜금리라고 부르죠. 예전에는 바로 전화(call)를 해서 돈을 빌렸기 때문에 콜금리라고 불리기 시작했습니다. 영업활동 과정에서 남거나 모자라는 자금을 30일 이내 초단기로 빌려주고 받는 것을 의미하지만, 통상 1일물(overnight)이 대부분입니다.

② 국고채

국고채는 정부가 발행주체인 채권(국채)을 말합니다. 국가가 보증하는 만큼 나라가 망하지 않는 한 떼일 위험이 없기 때문에 다른 채권에 비해 금리가 낮은 편입니다. 보통 1년, 3년, 5년짜리가 있으며, 이 중에서도 3년 만기 국고채는 가장 활발하게 유통되는 채권이며 주요 경제지표로 활용되고 있습니다. 기간이 길수록 위험부담을 안아야 하는 이유로 금리가 높아지지만 그렇지 않을 경우도 있습니다. 향후 경기침체를 예상할 때는 장기금리가 더 낮을 수 있죠. 이는 뒤에 나오는 '장단기금리 차'에서 다시 다루기로 하겠습니다.

③ CD금리

CD(Certificate of Deposit)금리는 양도가 가능한 정기예금증서를 말합니다. 은행은 자금 조달을 위해 CD를 발행하고, 예대마진을 고려해 CD금리에 가산 금리를 더해 다른 대출금리를 정합니다. 투자자는 예금보다 높은 이자를 기대하며 CD를 매입합니다. CD를 사는 이유는 예금자보호 상품이 아니기에 금리가 높고, 만기 전에 돈이 필요하면 다른 사람에게 팔 수 있기 때문입니다.

다시 말해 무기명 잔고증명서이면서 소지인에게 원금 및 약정이자를 지급하는 확정이자 증권입니다. CD금리는 10개 증권사의 보고 수익률 평균값으로 산출하고 있어 실제 거래에 기반을 뒀다고 보기엔 힘듭니다. 2010년 이후 발행량도 줄었고, 2012년

불거진 CD금리 담합 의혹 등으로 신뢰 있는 금리지표의 필요성이 대두되고 있습니다.

④ CP

CP(Commercial Paper)는 신용도가 높은 우량기업이 자금조달을 목적으로 발행하는 무담보 단명 어음입니다. 보통 B등급 이상의 신용등급이면 발행 가능하지만 시장에서는 A등급 이상 기업만 유통되고 있습니다. 고정이율로 발행되는 기업어음과는 달리 금리를 자율 결정한다는 점이 CP가 다른 금리와 차이나는 가장 큰 특징입니다.

⑤ 코픽스

코픽스(COFIX ; Cost of Funds Index)는 2010년 2월 16일 처음 도입된 주택담보대출 연동 기준금리입니다. 그 전에는 CD금리가 주택담보대출의 기준이었으나, 시중 금리를 잘 반영하지 못한다는 이유로 코픽스로 변경되어 지금까지 사용되고 있습니다.

은행연합회가 시중 8개 은행(신한, 국민, KEB하나, 우리, 농협, 기업, SC제일, 한국씨티)의 자금조달 금리인 정기예금과 적금, 상호부금, 주택부금, CD, 환매조건부채권(RP), 표지어음매출, 금융채의 평균 조달 비용을 가중 평균해 산출하는 금리로 매달 15일 발표합니다. 은행은 코픽스에 가산금리을 얹고 개인신용도에 따라 추가 금리를 더해 주택담보대출금리로 활용하고 있습니다.

금리 간 차이로 돈을 번다?

미국 경제방송 CNBC는 "미국 국채 3개월물과 10년물간 금리 차가 0.1%포인트 밑으로 떨어진 것은 2007년 9월 이후 처음"이라며 "이는 글로벌 금융위기 직전에 목격된 장단기금리 차 역전에 가깝다"고 분석했다. 통상 장기채는 자금을 오래 빌려 쓰기 때문에 단기채보다 제시되는 수익률(금리)이 높은 것이 일반적이다. 그러나 투자자들이 향후 경제상황을 부정적으로 볼 때는 장단기금리 차가 줄어들고 심하면 역전 현상도 일어난다. 이 때문에 장단기금리 차 축소나 금리 역전은 리세션의 전조로도 여겨진다.

[매일경제 2019. 3. 22.]

통상 오랜 기간 돈을 빌릴 때 금리를 더 높게 줍니다. 그러나 경기가 후퇴국면(리세션)이라면 나중에 사정이 더 나빠질 테니까 금리가 떨어지겠죠. 심지어는 장단기금리가 역전되기도 합니다. 그래서 장단기금리 차를 경기선행지수로 파악하기도 합니다.

금리는 상품에 따라 다른 값을 가집니다. 일반적으로 단기채권은 금리가 낮고, 장기채권은 금리가 높습니다. 나라별로 경제상황에 따라 기준금리를 다르게 운영하므로 국가별 금리 차도 존재합니다.

경제기사를 꾸준히 읽다보면 이런 금리의 흐름이 눈에 들어오게 마련입니다. 금리 변동 기사는 항상 대문짝하게 보도되거든요. 그러니 금리의 차이를 이해하면 경제순환의 흐름도 이해할수 있고, 돈을 벌 수 있는 기회도 잡을 수 있습니다.

장단기금리 차가 중요한 이유

엄마들이 하던 계모임을 떠올려볼까요? 곗돈을 늦게 타면 탈수록 받는 이자가 큽니다. 오래 기다려야 하는 만큼 곗돈을 떼일수 있다는 위험도 감수해야 하고, 돈을 맡기는 기간이 길어지기때문에 보상도 늘어나는 것이 계의 원리입니다.

역시 예금이나 채권의 경우도 만기가 길수록 이율이 높습니다. 같은 기관에서 발행한 상품이라도 3년 만기 연 수익률이 2.5%라면, 10년 만기의 연 수익률은 3.5%가 되기도 합니다. 기간이 길수록 유동성이 좋기 때문에 유동성(기간) 프리미엄이 붙어 수익률 곡선이 우상향하기 때문이죠.

그러나 상황에 따라 그렇지 못한 경우도 있습니다. 시장금리가 전반적으로 낮아질 것이라는 전망이 우세해지면 수익률 곡선은 우하향하기도 합니다. 바로 장기상품일수록 금리가 낮아 불리해지는 현상인데 이를 금리 역전(逆轉) 현상이라고 부릅니다.

실제 미국에서 2006~2007년 사이에 이러한 현상이 발생했습니다. 이것은 경기침체가 올 수 있다는 일종의 신호였던 셈이고, 2008년 서브프라임 금융위기가 일어났었죠. 2019년 8월에도 미국 국채의 장단기금리 역전 현상이 일부 나타났습니다. 보통 금리 역전이 생긴 후 6~12개월 이내에 경기침체에 돌입할 수 있기 때문에 미국의 연방준비위원회는 지속적으로 금리를 동결시키며 추이를 지켜보고 있는 중입니다.

이처럼 장단기금리 차는 앞으로의 경제를 예측할 수 있는 중요한 지표 중 하나이기 때문에 우리나라도 통계청에서 경기선행지수[구인·구직비율, 재고순환지표, 소비자기대지수, 기계류내수출하지수, 건설수주액(실질), 수출입물가비율, 국제원자재가격지수(역계열), 코스피지수, 장단기금리 차]로 관리하고 있습니다.

미국과 한국의 금리 차

금융은 복잡하고도 세밀한 계산에 의해 움직입니다. 특히 금융산업이 발달한 미국의 경우에는 0.1%라도 수익을 더 내기 위해 전 세계의 모든 금융을 샅샅이 분석하고 있습니다.

만약 미국에 비해 국내 금리가 더 높다면 어떻게 될까요? 우리나라의 채권, 예금, 증권, 부동산 등에 투자하고자 하는 외국 자본이 증가할 것입니다. 그들은 이러한 금리 차를 이용해 시세 차익은 물론 환차익도 기대할 수 있다는 장점이 있기 때문입니다. 그래서 국내로 유입되는 외국인 자본이 많아집니다. 반면 금리가 떨어지면 외국인 자본은 해외로 빠져 나갑니다.

이러한 국가 간 자금의 이동을 캐리 트레이드(carry trade)라고 합니다. 이렇듯 캐리 트레이드는 국가 간 일정 수준 이상의 금리 차가 존재하는 한, 어디서든 나타날 수 있는 일종의 재정거래(arbitrage)입니다.

실제 2018년 하반기 한국(연 1.75%)과 미국(연 2.25~2.5%)의 기준금리가 역전되면서 외국자본이 국내채권과 주식에서 이탈하는 일이 벌어졌습니다. 이는 곧 원화값 약세를 부추겨 환율은 상승했고, 결국 2019년 5월 9일 기획재정부 홍남기 부총리가 "환율은 시장 수요와 공급에 의해 결정되는 게 맞지만 특별한 쏠림 등 이상징후에 대해서는 늘 대비할 태세를 갖추고 있다"고 구두개입을 하기도 했죠.

'엔 캐리 트레이드'라고 들어봤나요?

2000년대 들어서 일본 정부는 경기 부양을 위해 초저금리정책을 펼쳤습니다. 그 결과 제로 금리에 가까운 엔화를 빌려 달러로 바꾼 뒤 금리가 높은 나라에 투자하는 전략이 생겨났었죠. 심지어 일본에서는 평범한 주부들까지 이러한 투자에 나섰기 때문에 '와타나베 부인'이라는 신조어까지 생겨났을 정도였습니다.

그러나 2008년 금융위기 이후 미국이 달러 금리를 떨어뜨리면서 엔화를 달러로 바꿀 필요가 없어졌습니다. 외국인들이 달러 캐리 트레이드에 나섰기 때문에 엔화 트레이드는 급속히 청산할 수밖에 없었습니다. 각국의 투자 자본을 거둬들여 달러를 엔화로 바꾸려는 수요가 높아져 엔고(円高) 현상이 나타나기도 했습니다.

금리가 생활에 미치는 영향

"없어서 못 팔죠. 선착순 1만 명한테 연 5% 금리를 주는 적립식 발행어음은 이틀 만에 다 팔렸어요. 특판 금리 놓친 고객들이 아쉬워하죠." 초대형 투자은행(IB) 발행어음 사업자가 세 곳으로 늘면서 5%대 고금리 특판상품이 속속 나오자 투자할 곳을 찾지 못했던 시중 부동자금이 몰리고 있다. 신규 계좌개설 등 특판 상품 가입 조건이 까다롭지만 벌써 일부 상품은 완판됐다. 8일 금융투자업계에 따르면 지난 3일 발행어음을 출시한 KB증권은 원화 상품 판매 1차 목표였던 5,000억 원을 하루 만에 소진했다. 이어 7일에는 외화 발행어음도 당초 판매 목표치였던 500억 원어치를 모두 팔았다.

[이데일리 2019. 6. 8.]

초대형 증권사가 고객의 돈으로 투자해 만기에 원금과 약정이자를 지급하는 것이 발행어음입니다. 발행어음은 예금자보호가 되지는 않지만 신용도가 높아서 비교적 안전하고 높은 금리가 가능합니다.

금리가 높으면 돈은 은행으로 모이고, 금리가 낮으면 주식이나 부동산으로 몰려갑니다. 이렇듯 금리는 돈의 방향을 결정짓는 역할을 하죠. 또한 소비, 투자, 물가 등 각종 경제활동에 직접적인 영향을 미치기 때문에 경제의 온도계, 바로미터라는 별명이 있기도 합니다. 여기서 금리의 영향력을 소비와 저축 그리고 투자 측면에서 구분해 생각해봅시다.

금리가 오르면 덜 쓰고 더 모으죠

소비는 기본적으로 가계 소득 수준에 따라 좌우됩니다. 월 소득 1천만 원 이상인 집과 3백만 원인 집의 소비 수준은 다를 수밖에 없습니다. 또한 검소하게 사느냐, 풍족하게 사느냐의 개인적 성향에 따라 소비의 모습은 역전될 수도 있겠죠.

그러나 '경기를 탄다'는 표현이 있듯이 금리 변동에 따라 소비의 모습도 차이가 생깁니다. 일반적으로 금리가 오르면 많은 이자를 기대하며 저축을 늘립니다. 즉 돈의 방향이 금융기관으로 몰리게 된다는 의미입니다. 반대로 금리가 올라 이자 부담이 높아졌기 때문에 소비할 여력이 없어지기도 합니다. 이렇게 금리가 오르면 자연스럽게 소비를 줄이게 되고, 반대의 경우에는 소비를 늘리게 되는 현상을 볼 수 있습니다.

금리는 투자와 반대 방향입니다

금리는 투자에도 영향을 미칩니다. 금리가 오르면 대출이자 부담이 늘기 때문에 대출은 자제하고, 이미 받은 대출이라면 서둘러 갚으려고 애쓰겠죠.

기업은 이윤을 추구하는 집단이기 때문에 이자 부담을 늘이면서까지 투자를 늘리지는 않습니다. 개인 역시 금리가 높으면 위험 부담을 안으면서 투자를 하지 않습니다. 부동산 구입도 대출

상환 부담 때문에 조심스럽고, 주식보다는 예금이나 채권 등 안전적이고 환금성이 좋은 쪽으로 자산을 이동시킵니다. 반대로 금리가 내리면 기업과 개인은 적은 이자로 돈을 빌려 적극적으로 투자에 나서게 되겠죠?

그러나 금리인하가 반드시 대출 확대로 이어져 경기부양 효과가 나타나지 않을 수도 있답니다. 이것을 '유동성 함정(Liquidity trap)'이라고 하는데, 금리가 낮아 시중에 현금이 많이 돌아다녀도 생산과 투자, 소비가 일어나지 않는 현상을 말합니다. 마치 함정에 빠진 것처럼 경기가 회복되지 않는 상태이며, 더이상 금리정책이 효과를 내지 못하는 상황을 말합니다.

1990년대 초반부터 시작된 일본의 '잃어버린 30년'이 대표적인 예입니다. 일본은 물가상승률이 마이너스인 극심한 디플레이션 상황에서 물가하락의 기대 심리로 소비와 투자가 위축되고 실물자산 가치가 떨어지면서 대출받았던 금융회사마저 부실화되는 상황을 겪었습니다.

우리나라는 2018년 11월 30일 기준금리를 1.75%로 올린 후 계속 동결하다가 2019년 7월 18일 1.5%로 금리인하를 단행했습니다. 최근 우리나라에 대한 일본의 수출 규제(화이트리스트 제외)에 따른 경기 하방에 대응하기 위해 2019년 하반기 기준금리 인하가 더 빨라질 수도 있을 거라 예상합니다.

금리는 주식과 채권도 움직이게 합니다

　일반적으로 주식은 위험자산에 채권은 안전자산에 속합니다. 위험하더라도 높은 수익률을 기대한다면 주식에, 미래가 불안정하고 이자가 낮더라도 원금 보장이 중요할 때는 채권에 투자하는 게 이런 이유입니다. 그래서 공격적인 투자 성향을 가진 사람에게는 주식형 펀드를 추천하고, 안정적 투자 성향을 가진 사람에게는 채권형 펀드를 추천합니다.

　금리가 매우 낮고 유동성 장세가 좋으면 주식과 채권 모두 호황입니다. 반대로 금리가 지속적으로 오르는 상황이라면 대출받아 주식에 투자하려는 수요는 줄어들 것이고, 예금으로 옮기려는 수요가 늘어나겠죠. 채권 역시 앞으로 더 이자율이 높은 채권이 나오리라는 기대감으로 기존 채권의 수익률은 떨어질 수밖에 없습니다. 그러면 채권의 인기가 떨어지고 채권투자 수요가 예금 쪽으로 올 가능성이 높아집니다.

　물론 단순하게 금리 하나로 주식과 채권을 설명하기는 어렵습니다. 이 둘이 움직이는 원리는 금리 외에도 수급, 환율, 심리, 국제 정세 등도 중요한 변수 작용을 하기 때문입니다. 그래서 전체적으로 경제를 파악할 수 있어야 하겠습니다.

금리와 물가와의 관계

이번 설문조사에서 국민은 살림살이를 꾸리는 데 가장 큰 걱정거리로 '식료품과 외식비 등 물가상승'(30.1%)을 꼽았다. 이어 소득 정체 (16.8%), 취업난(15.7%), 부동산 가격 상승(14.7%) 등이 애로 사항으로 꼽혔다. 소비자물가는 지난해 1.5% 상승했고, 올해 1분기에도 전년 동기 대비 상승률이 0.5%에 그쳤다. 지표상으로 보면 인플레이션이 아니라 오히려 디플레이션을 걱정해야 할 상황이다. 그런데 물가상승 때문에 어려움을 호소하는 국민이 많다는 것은 지표와 체감 물가의 괴리가 그만큼 크다는 것을 의미한다. 그리고 체감 물가가 높은 이유는 국민이 먹고사는 것과 관련된 장바구니 물가가 유독 빠르게 오르고 있기 때문이다. 야채·과일·생선 등 가격을 집계한 신선식품지수는 2016년과 2017년에 6% 이상 올랐고, 지난해에도 3.6% 상승해 전체 물가상승률을 크게 웃돌았다. 외식 물가도 매년 2~3%씩 꾸준히 올라 여러 지출 항목 가운데 상승률이 가장 높다.

[조선일보 2019. 5. 2.]

기준금리를 하락시키는 이유는 유동성을 풍부하게 해서 자연스러운 물가상승을 유도하기 위해서입니다. 그러나 현재 소비물가상승률은 7개월째 0%대에 머물러 있고, 체감물가만 오르고 있다는 것이 문제입니다.

새해가 되면 가장 반갑지 않은 소식이 바로 공공요금 인상입니다. 버스나 지하철, 전기세, 가스비 등 생활에 밀접한 영향을 미치는 것들부터 줄줄이 요금이 오른다는 기사를 볼 수 있습니다. 덩달아 대학 등록금, 학원비에 이어 분식집 라면 값도 줄줄이 오릅니다. 이런 걸 물가가 올랐다고 표현하는데, 물가란 도대체 무엇일까요?

물가지수는 어떤 게 있을까요?

개별 상품들의 가격들을 종합해 한눈에 알아볼 수 있도록 평균 가격을 구하는데, 이렇게 구한 것이 물건의 가격인 '물가'입니다. 그리고 일정 기준에 따라 지수로 표현한 것을 물가지수(price index)라고 합니다.

물가지수는 특정 연도 물가를 기준(100)으로, 어떤 해의 물가를 비교해 이를 수치로 나타낸 것입니다. 기준시점은 5년마다 변경되는데, 현재는 2015년을 기준으로 물가지수를 표시하고 있습니다. 만약 어느 시점의 물가지수가 105라면, 기준시점보다 물가가 5% 상승했다는 것을 의미합니다. 이러한 물가지수는 화폐의 구매력이나 경기 동향을 파악할 수 있는 의미있는 자료로 활용됩니다.

경제기사에서 자주 볼 수 있는 물가지수는 소비자물가지수, 생산자물가지수, 가공단계별 물가지수, 수출입물가지수, 농가판매 및 구입가격지수, 농산물과 석유류 제외 지수, GDP 디플레이터, 이렇게 7가지입니다. 각 지수의 항목과 담당 기관을 구체적으로 알아보겠습니다.

① 소비자물가지수(통계청)

우리가 흔히 말하는 물가지수입니다. 소비 생활에 실제로 구입하는 재화와 서비스의 거래 가격을 조사한 것이며, 일반인뿐만 아니라 통화 정책 운영에 있어서 가장 중요하게 보는 자료이기도 하지요.

② 생산자물가지수(한국은행)

국내에서 생산된 상품과 통신, 운수, 금융, 부동산 등의 서비스가 국내 시장에 출하될 때 1차 단계에서 기업 상호 간에 이루어진 거래가격의 변동을 측정한 것입니다.

③ 가공단계별 물가지수(한국은행)

국내에 공급되는 모든 상품(수입품 포함)을 가공단계별로 구분해 거래가격 동향을 조사한 것으로, 각 단계별 파급 과정을 파악할 수 있습니다. 생산자물가지수의 상품에 수입품까지 포함했으며, 모든 분야의 물가 동향을 살펴볼 수 있는 생산자물가 보조지수 역할을 합니다.

④ 수출입물가지수(한국은행)

수출입 상품에 대한 계약 가격 변동과 교역 조건 변동을 파악한 것으로, 수출입 상품의 가격 변동을 파악하고 그것이 국내 물가에 미치는 영향을 사전에 측정하기 위해 작성합니다.

⑤ 농가판매 가격지수, 농가구입 가격지수 등(통계청)

농가판매 가격지수는 농업경영 활동으로 생산된 농산물 및 축산물 등 72개 품목의 가격지수를 말하고, 농가구입 가격지수는 농업경영활동에 투입된 421개 품목의 지수입니다. 이 외에 농가 교역 조건지수는 농가에서 생산해 판매하는 농산물과 농가에서 구입하는 생활용품이나 농기자재의 가격 상승폭을 비교해 농가의 채산성을 파악하기 위한 물가지수를 말합니다.

⑥ 농산물과 석유류 제외 지수(통계청)

소비자물가지수를 조사하는 품목 460개 중 농산물과 석유류를 제외한 407개 품목의 가격 변동을 집계한 것입니다. 식료품과 에너지처럼 이상기후 또는 석유 파동 등 일시적인 외부 충격에 의해 가격이 급변할 수 있는 물가를 제외하고 보는 지수입니다. 근원 인플레이션(underlying 또는 core inflation)에 가까운 지수라고 할 수도 있습니다.

⑦ GDP 디플레이터(한국은행)

국내에서 생산되는 모든 재화와 서비스 가격을 반영하고 있는 물가지수입니다. 소비자물가지수가 실제 소비자가 자주 구매하는 460개 품목 기준임에 비해, GDP 디플레이터는 광범위하다고 볼 수 있겠죠. 명목 GDP를 실질 GDP로 나누어 얻은 값에 100을 곱해 산출합니다.

우리나라는 수출 위주의 경제구조이기 때문에 석유나 원자재를 포함한 수입물가지수가 오르면 생산자물가지수가 오르고 소비자물가지수도 따라 오르는 경향을 보입니다.

소비자물가지수에 대해 좀더 알아보죠

우리는 지난 30년을 돌아봤을 때 물가가 꾸준히 올랐다고 기억합니다. 사실 물가가 오르기도 했고 내리기도 했으며, 오른 품목도 있고 내린 품목도 있었죠.

물가가 오르는 데는 어떤 이유가 필요할까요? 그 중 가장 대표적인 것이 시중에 유통되는 통화량이 증가하면서 물가가 오르고, 통화량이 감소하면 물가가 안정되거나 떨어진다는 논리입니다. 개인도 월급이 오르거나 보너스를 받아 지갑이 두둑해지면 무언가를 사고 싶은 생각이 들기 마련입니다. 평소에 구입하지 못했던 물건이나 서비스에 대해 구입 의지가 생기므로 소비하려는 수요가 늘어난 셈이죠.

그런데 공급된 물건이 한정된 수량이라면 어떨까요? 가격이 높아도 살 수밖에 없습니다. 어느 정도 물건의 가격이 올라도 용인될 수 있는 수준이 되었기 때문입니다. 그래서 물가가 오르는 거죠.

그러나 모든 물건의 가격이 오르기만 했던 것은 아닙니다. 어떤 물건의 가격은 오르고, 어떤 물건의 가격은 내리기도 했기 때문입니다. 예를 들어 옷값은 해외에서의 생산을 통해 과거에 비해 많이 저렴해졌고, 화장품도 저가 브랜드들의 경쟁을 통해 가격이 많이 낮아졌지요. 반대로 대학 등록금은 많이 올랐고, 아파트 가격도 치솟았습니다. 또는 물가상승률은 낮은데 식재료비는 오르는 현상도 있습니다. 그래서 공식지표인 소비자물가지수 외에도 국민들이 자주 구매하는 생필품이나 신선식품 가격 등의 체감물가를 보완하는 생활물가지수와 신선식품지수를 함께 봅니다.

생활물가지수는 일상생활에서 소비자들이 느끼는 물가 수준을 말합니다. 소비자물가지수로 조사하는 460개 품목 중에는 자주 사용하지 않는 사치품이나 1회성 상품, 서비스도 포함되어 있기 때문에 아무리 가중치를 부여하더라도 괴리감을 느낄 수 있습니다. 그래서 일상생활에서 자주 구매하는 식료품이나 생필품 등을 다시 141종으로 추려내어 산출하는 것이 바로 '생활물가지수'입니다. 월급이 줄더라도 사야 하는 기본 생필품이 주요 대상이며, 이 141종 역시 가중 평균해서 값을 구합니다.

신선식품지수도 살펴볼까요? 가공식품을 제외하고 신선어류나 조개류, 채소, 과일 등 50개 품목으로 구성되어 있습니다. 계절과 수급 차이에 의해 가격 변동이 큰 품목들이라 직접 장을 보는 사람들은 장바구니 물가가 올랐다고 생각할 때가 많이 있습니다. 전반적으로 사람들은 내린 물건 값보다는 오른 물건 값만 생각하는 경향이 있습니다. 그래서 체감물가 또한 훨씬 높게 생각하며, 물가는 늘 오른다고 기억하죠.

한국은행의 숙제인 소비자물가상승률

한국은행 통화정책의 최종 목표는 물가안정입니다. 그렇기 때문에 매월 〈물가안정목표 운영상황 점검〉이라는 보고서를 발표하는데, 원래 한국은행에서 관리하는 물가상승률 목표(전년 동기 대비)는 2.5~3.5%입니다. 그러나 2019년 이후 물가안정 목표 수준은 소비자물가상승률을 2%로 낮췄습니다. 그러나 지난 2018년 12월 1.3%를 끝으로 1월은 1월 0.8%, 2월 0.5%, 3월 0.4%, 4월 0.6%, 5월 0.7%, 6월 0.7%, 7월 0.6%였으며, 2019년 하반기에는 더 하회할 것으로 전망했습니다. 결국 한국은행은 올해 물가상승률 전망치를 1.4%에서 다시 0.7%로 변경했습니다.

지속적으로 물가가 낮아진다는 말은 경기가 침체되었다는 의미입니다. 만들어내는 물건의 양은 동일한데 사고자 하는 수요가 줄어들면 어떤 현상이 일어날까요? 물건을 공급하는 쪽에서는 가격을 낮출 수밖에 없습니다. 그래서 물가가 자꾸 낮아지는 구조입니다.

그렇다면 한국은행이 기준금리를 올려 유동성을 줄이면 되겠죠. 그러나 그것도 국내 정세와 대외 변수를 고려해야 하기 때문에 쉽지 않습니다. 2019년 7월에 한국은행은 오히려 기준금리를 전격 인하했습니다. 일본의 화이트리스트 제외 문제, 미중 무역 분쟁과 반도체 수출 경기 악화 등 대외 요인이 불확실하기 때문에 금리는 또 인하될 가능성이 높아졌습니다.

인플레이션, 디플레이션, 스태그플레이션

극심한 경제난에 시달려온 베네수엘라의 지난해 물가상승률이 13만%
에 달한 것으로 나타났다. 29일(현지시간) AFP통신 등 외신에 따르면 베
네수엘라 중앙은행은 전날 주요 경제지표를 4년 만에 발표했다. 베네수
엘라 정부는 경제상황을 공개하라는 국제사회의 압박에도 2015년 이후
경제지표를 발표하지 않았다. 자료에 따르면 베네수엘라의 지난해 물
가상승률은 13만 60%에 달했다. 세계 최고 수준이다. 베네수엘라의
이전 물가상승률은 2016년 274.4%였으며, 2017년에는 862.6%였
다. 경제지표는 최악이지만 베네수엘라 중앙은행 측은 "국제통화기금
(IMF)이나 경제학자들이 예측한 것보다 훨씬 낮은 수치"라고 밝혔다.
지난해 IMF는 베네수엘라 인플레이션이 137만%에 달할 것으로 추산
했다.

[중앙일보 2019. 5. 29.]

베네수엘라는 국가 주도의 원유 수출 국가입니다. 기타 산업은 거의 성장하지 못해 대부분
수입에 의존하는 경제구조입니다. 그러다가 원유 수출이 줄어 달러가 부족해지자 환율이
폭등하고, 인플레이션 급상승이 일어난 거죠.

인플레이션(inflation)은 물가가 지속적으로 상승하는 현상을
말합니다. 경기가 좋으면 기업은 생산을 늘리기 위해 자재를 더
사고, 가계는 소비를 합니다. 나라경제 전체로 보면 수요가 공급
보다 늘어납니다. 그러면 시장 가격 원칙에 의해 물건의 가격이
오르게 됩니다.

완만한 인플레이션은 자연스러운 현상입니다. 그렇지만 번 돈보다 물가가 더 빨리 오르는 인플레이션은 돈의 가치를 하락시켜 경제에 악영향을 미칩니다.

인플레이션의 득과 실

인플레이션의 원인은 크게 4가지로 볼 수 있습니다. 초과 수요의 발생으로 인해, 생산 비용이나 유통 구조의 복잡화 등의 비용 상승으로 인해, 통화량 증가로 인해, 독과점 기업의 가격인상으로 인해 물가가 상승할 수 있습니다.

인플레이션이 일어나면 금융 자산을 소유한 사람과 채권자, 급여생활자, 연금생활자 등은 불리해집니다. 돈의 가치가 떨어지기 때문이죠. 돈의 가치가 떨어지면 같은 금액으로 살 수 있는 물건의 양이 줄어들기 때문에 인플레이션 초기에는 더 가격이 오르기 전에 사야겠다는 심리로 소비가 늘고 저축이 줄어듭니다. 대출을 받아서라도 부동산이나 금 같은 실물자산으로 투기가 일어나는 현상도 볼 수 있습니다. 그러다가 시간이 좀더 지나면 사람들은 지갑을 닫고 심리적으로 물건을 사지 않으려는 경향이 커집니다. 그래서 다시 경기가 침체되는 악순환에 빠지게 되는 거죠.

또한 인플레이션으로 빈부격차가 벌어지고 근로 의욕이 떨어지는 것도 문제입니다. 부동산은 거품이 생기고, 상대적 박탈감을 느끼는 사람들이 늘어나며, 빈부격차가 커져 사회적 문제가 발생할 수 있습니다. 근로소득보다 자본소득이 훨씬 더 빠르게 성장하는 시기이기 때문에 근로 의욕이 저하되며 경제성장이 어려워집니다.

이러한 인플레이션은 국내 물가상승으로 국민생활을 어렵게 하고, 수출을 위축시키며 수입을 증가하게 만들어 국제수지를 악화시키는 등 대내외적으로 나쁜 영향을 미치게 됩니다. 그렇기 때문에 한국은행은 목표한 인플레이션만큼만 물가가 오를 수 있도록 물가안정 정책을 펼치게 됩니다.

디플레이션은 소리 소문 없이

디플레이션(deflation)은 물가가 계속 떨어지는 경제상태를 일컫는 말입니다. 전반적으로 수요가 공급에 훨씬 미치지 못해 재고가 쌓이고, 실업이 증가해 경제가 침체되는 현상을 말합니다. 즉 인플레이션과 반대되는 현상입니다. 효과도 인플레이션과 반대겠죠?

디플레이션이 오면 주가가 하락하고, 부동산도 하락합니다. 디플레이션일 때는 현금을 가지고 있거나, 채권투자가 유리할 수 있습니다. 오히려 대출을 받으면 이자와 원금 부담이 점점 늘어나기 때문에 좋지 않습니다.

"물가가 떨어지면 좋은 것 아닌가?"라며 의아해할 수 있습니다. 물론 소비자에게는 좋을 수 있습니다. 좋은 상품과 서비스를 할인된 가격으로 구입할 수 있으니 말이죠. 그러나 기술혁신이나 생산성 향상이 아닌, 수요의 감소로 일어난 디플레이션은 공황으로 이어질 수 있기 때문에 위험합니다. 재고가 급증하면 생산을 줄이고, 경기가 나빠지며 자연스럽게 공황상태로 이어졌던 역사가 있었습니다. 바로 1930년대 미국의 '대공황'과 일본의 '잃어버린 30년'이죠. 1929년부터 시작한 미국 대공황 때 물가는 약 27% 하락했고, 실업자는 1천만 명 이상이었습니다. 이는 실로 어마어마한 사건이었습니다.

중요한 것은 디플레이션이 언제 올지 알 수가 없다는 겁니다. 경기 불황이 지속되고 물가가 떨어지고 있다면 이미 디플레이션 상태에 진입한 것으로 봐도 무방합니다. 이때는 수요를 일으켜 정상적인 물가상승이 일어날 수 있도록 해야 합니다. 그러기 위해서는 가계부채와 실업률을 개선해 개인이 돈을 쓸 수 있는 구조로 만들어줘야겠죠. 그래서 디플레이션 때 정부는 재정지출을 늘리고 일자리를 확충하며, 중앙은행은 금리를 내려 시장에 개입합니다.

단점만 모은 스태그플레이션

물가가 오르면 경기가 활성화되고, 물가가 내리면 경기가 침체된다고 했습니다. 그러나 이 중에서 가장 나쁜 것은 물가는 오르지만 경기는 침체인 것입니다. 이러한 상황이 스태그플레이션

(stagflation)입니다. 스태그플레이션은 저성장과 동시에 고물가인 상태를 말합니다.

일반적인 경제이론으로는 스태그플레이션에 대한 이해가 어려울 수 있습니다. 우리가 부대끼는 현실 경제는 답이 하나일 때가 거의 없거든요. 단순하게 이론만으로 해석할 수 없는 다양한 변수들이 있답니다.

원자재물가가 상승하거나 임금인상폭이 높으면 기업의 이윤이 줄어듭니다. 생산자물가가 상승하고 연달아 소비자물가가 오르면 소비·투자 여력이 악화되어 경기는 침체되고 사재기가 유발되어 물가는 더욱 상승하는 효과가 나타납니다.

실제 1970년대 제2차 석유파동으로 전 세계가 물가는 급등하고 국민소득은 감소하는 스태그플레이션을 경험했습니다. 원인은 비용 상승 때문이었죠. 그 당시 석유를 기반으로 하는 모든 산업에서 생산 비용 증가로 가격이 오를 수밖에 없었고, 원가에서 재료가 차지하는 비중이 높다보니 임금을 올려주기 힘든 상황이 되었습니다. 그래서 노동자는 임금은 오르지 않았는데 물가가 올라 소비하기 힘든 구조가 생기니 경기침체의 악순환이 일어나고만 것이죠.

결국 당시 경기는 급속히 나빠지고 기업은 매출이 떨어져 직원을 해고하거나 문을 닫고 말았습니다. 이렇게 물가폭등으로 인한 경기침체인 스태그플레이션으로 국민경제 전체가 큰 고통을 받았습니다.

스태그플레이션을 해결하기 가장 좋은 방법은 기술혁신뿐입니다. 기술혁신으로 인한 생산성 향상은 상품 가격 인하를 가져올 수 있겠죠? 설사 원자재비용이 상승한다 해도 이를 상쇄시킬 수 있는 무기는 오직 혁신뿐이거든요. 혁신을 통해 가격 경쟁력이 있는 상품이 나오면 수요가 늘고 공급도 자연스럽게 늘어나면서 물가안정을 이뤄낼 수 있습니다.

왜 중앙은행의 금융정책이 필요할까요?

미국 중앙은행인 연방준비제도이사회가 약 11년 만에 처음으로 기준금리를 인하했습니다. 미 연준은 이틀간 개최한 연방공개시장위원회, FOMC 정례회의 끝에 통화정책 기준금리인 연방기금금리를 기존 2.25~2.50%에서 2.00~2.25%로 0.25%포인트 내렸습니다. 이번 금리인하는 지난 2008년 말 금융위기 이후 거의 11년 만에 처음입니다. 이번 결정은 미국과 중국의 무역 전쟁과 세계 경기 둔화에 따른 불확실성에 대한 선제 대응으로 풀이됩니다.

[YTN 2019. 8. 1.]

미국은 경기 부양을 위해 2008년 이후 양적완화 정책을 시행했습니다. 다시 2015년 12월부터 출구전략을 쓰며 금리를 상승시켰죠. 2019년 8월에 미국이 금리를 인하한 이유는 경기 침체를 우려했기 때문입니다.

최근 기사에 많이 등장하는 인물이 미국 연방준비제도이사회 제롬파월 의장과 한국은행 이주열 총재가 아닐까 합니다. 두 사람의 공통점은 나라의 통화정책을 책임지는 중앙은행의 장(長)이라는 거죠. 그래서 기준금리 이슈 때마다 기사에 등장합니다.

참고로 미국은 12개 은행으로 구성된 연방준비제도이사회(연준, FRB ; Federal Reserve Banks)가 중앙은행 제도이고, 집행기구인 연방공개시장위원회(FOMC)는 한국은행의 금융통화위원회와 같이 기준금리를 결정하는 곳입니다.

금융정책은 나라 경제를 안정시키는 수단

금융정책이 무엇일까요? 한국은행이 통화량이나 금리를 조절해 물가안정, 경제성장, 국제 수지 균형, 고용 및 금융 안정을 달성하려는 목표로 하는 정책을 말합니다.

비슷한 개념으로 재정정책도 있습니다. 재정정책의 행위자는 정부이며, 방법은 세입과 세출을 조절하는 것입니다. 금융정책과 재정정책 모두 나라 경제를 안정시키는 수단입니다.

'통화량'이란 시중에 유통되고 있는 통화, 즉 돈의 양을 말합니다. 경제가 성장함에 따라, 예금과 대출이 반복됨에 따라 지속적으로 통화량은 늘어나는 게 정상입니다. 하지만 나라의 경제활동 수준보다 더 많은 돈이 시중에 공급되면 경기가 과열되고 물가가 급등하겠죠. 반대로 통화량이 부족하면 경기가 위축되고 물가가 오르며 실업이 증가합니다. 물가상승률이 너무 높거나 낮으면 안 되기 때문에 한국은행은 그 해의 목표 물가상승률을 정합니다. 그리고 목표 수준 내로 운영하죠. 2.5~3.5% 내외로 우상향하는 물가상승은 괜찮은 현상입니다.

1997년 외환위기 이후 물가안정 목표제를 도입하며 '통화량' 중심에서 '금리' 중심으로 금융정책을 바꿔나갔습니다. 금리를 중시한다는 것은 중앙은행이 금융시장의 기대와 반응을 존중하면서 시장친화적 정책을 편다는 의미로 해석할 수 있답니다.

금리를 통해 통화량을 조정함으로써 물가를 안정시키는 원리는 간단합니다. 경기침체시에는 금리를 인하합니다. 자연스럽게 은행에 돈을 예치해두기보다는 적극적인 투자나 소비를 하겠죠? 그렇게 통화량을 증가시킵니다. 그러면 경기가 활성화되고 고용이 증대되는 효과를 기대할 수 있습니다.

반대로 경기과열시에는 금리를 인상시킵니다. 높은 금리에 사람들은 은행에 저축을 더 하고, 이자 부담으로 대출금은 조기 상환하려 할 것입니다. 자연스럽게 소비는 감소하고 투자는 위축됩니다. 다시 경기는 안정되고, 물가도 제자리를 찾아갑니다.

한국은행은 어떻게 금융정책을 펼까요?

좀더 구체적인 방법을 알아볼까요? 한국은행은 직·간접적인 방법으로 통화량을 조절합니다. 직접조절 수단은 행정적으로 은행 여수신금리 규제와 대출규모 통제가 있습니다. 그러나 은행의 자율성을 침해한다는 이유로 거의 사용하지 않습니다. 좀더 부드러운 정책인 간접조절 수단으로는 지급준비율 정책, 재할인율 정책, 공개시장조작 정책 등이 있습니다.

① 직접조절 수단

첫째, 여수신 금리 규제입니다. 시중 은행의 예금이자율, 대출 이자율을 한국은행이 직접 정하거나 상한선을 설정해주는 방식입니다.

둘째, 대출 규모 통제입니다. 은행의 자금 대출 한도를 정해주고 그 범위 내에서만 대출해주도록 하는 제도입니다.

② 간접 조절 수단

첫째, 지급 준비율 정책입니다. 지급 준비금이란, 예금자가 요구할 때를 대비해 언제든지 인출해줄 수 있도록 중앙은행에 예치해두는 돈을 말합니다. 예금액에 대한 지급준비금의 비율이 지급준비율이고, 이것을 인상하면 은행은 현금 보유액이 감소해 대출해줄 수 있는 여력이 떨어지기 때문에 통화량이 감소하는 효과를 볼 수 있습니다. 또한 은행은 보유하고 있는 현금 내에서 은행 마진을 맞춰야 하기 때문에 대출금리를 올릴 수밖에 없습니다. 반대로 지급준비율을 인하해주면 은행은 현금 보유액이 증가하고 금리를 낮춰 대출을 활성화할 수 있으니 통화량이 증가됩니다. 단, 지급준비율 정책은 은행에만 해당되기 때문에 카드, 보험사, 저축은행 등 제2금융권으로 몰리는 풍선효과가 나타날 우려도 있습니다.

둘째, 재할인율 정책입니다. 한국은행과 일반은행간 여수신[여신과 수신의 줄임말로 '준다는 뜻의 여(與)=대출'과 '받는다는 뜻인 수(受)=예금'을 합쳐서 여수신이라고 부른다] 정책 중의 하나입니다.

한국은행은 은행이 기업에게 할인받아 산 어음을 다시 할인가로 구입해 돈을 융통해주기도 합니다. 이것이 바로 재할인율 정책입니다. 한국은행이 재할인율을 인상하면 은행은 차입금이 감소해 통화량이 감소하고, 재할인율을 인하하면 은행은 차입금이 늘어 통화량도 같이 증가하게 됩니다. 지금은 은행이 어음으로 한국은행에 돈을 빌리기보다는 국채나 기타 증권을 담보로 빌리는 경우가 더 많습니다. 그래서 재할인율 정책 대신 여수신 정책이라는 표현을 더 많이 쓰게 되었죠.

셋째, 공개시장 조작정책입니다. 한국은행에서 국공채나 통화안정증권 등을 매입하거나 매각하면서 시장의 통화량을 조절하는 방법입니다. 주로 선진국에서 발달한 정책이지요. 국공채를 매입하면 시중으로 돈이 유통되어 통화량이 증가하게 되며 국채 공급이 줄어들어 국채 가격이 올라가며 시중의 이자율이 떨어집니다. 반대로 국공채를 매각하면 시중의 돈이 줄어들고 국채 공급이 늘어나면서 국채 가격이 떨어지고 시중금리가 올라갑니다.

양적완화 vs. 출구전략

양적완화와 출구전략 모두 통화량 조절을 통한 금리정책을 뜻합니다. 양적완화란 시중의 통화량을 늘리겠다는 뜻으로 소비를 촉진시켜 경기를 부양하겠다는 의지입니다. 출구전략은 양적완화와 상반되는 개념으로 경기침체기에 풀었던 돈을 거둬들이는 것을 의미합니다. 돈을 너무 많이 풀어 과잉 공급으로 인한 인플레이션이 또 다른 부작용으로 되었기 때문이죠.

여기서 말하는 출구는 비상문을 뜻하는데, 좋지 않은 상황에서 벗어나기 위해 나가야 한다는 말로 베트남 전쟁 때 미국 국방부에서 처음 사용했던 말이라고 합니다. 승산 없는 전쟁에서 손실을 최소화하면서 군대를 철수시켜야 하는 상황에 적합한 표현이었죠.

미국의 통화정책에 전 세계는 영향을 받을 수밖에 없는데, 현재 미국은 어떤 정책을 펼치고 있을까요? 2008년 서브프라임 모기지 사태로 글로벌 금융위기에 빠졌던 미국은 2009년부터 3조 달러에 가까운 달러를 찍어내 국채의 형태로 시중에 풀었습니다. '헬리콥터로 돈을 뿌린다'고 표현할 정도로 극단적 양적완화 조치였죠. 당시 금융위기의 원인이 주택담보대출이었기 때문에 돈을 풀어 은행이 대출해줄 수 있는 자금을 풍부하게 만들어 금리를 떨어뜨리려는 목적이었습니다.

그래서 다시 미국의 주택 수요가 살아났고, 주택가격은 안정을 찾았죠. 그리고 미국 국민들은 안정된 삶 속에서 소비를 늘렸고, 실업률도 개선되었습니다. 덕분에 우리나라의 삼성, 현대, LG 등 수출기업들도 영업이익을 초과 달성할 수 있었습니다.

이렇게 양적완화에 성공한 미국은 2017년 3월부터 출구전략을 쓰기로 했습니다. 즉 금리를 올리는 거죠. 3년간 매년 3차례씩 금리를 올리겠다는 전략이었습니다.

2018년 9월 10년 만에 미국의 기준금리는 2%를 넘어섰습니다. 그러나 곧 경기침체 시그널을 읽은 미국 연준은 인내심을 갖겠다며 그 이후로 금리를 동결하고 있었는데, 2019년 7월 31일 (현지 시간) 기준금리를 2.25~2.50%에서 2.00~2.25%로 0.25% 포인트 내렸습니다.

미국의 달러가 바로 기축통화이기 때문에 미국 금리가 전세계 금융시장에 미치는 파급력은 매우 높습니다. 그래서 연준(Fed)의 기준금리 발표는 매우 중요하게 봐야 한답니다.

이것이 궁금하다!

돈을 빌려주고 이자를 받는 게 악한 일일까요?

소설 『베니스의 상인』에서 주인공 안토니오는 친구 바사니오가 포샤에게 청혼할 때 필요한 돈의 빚보증을 서기로 했습니다. 안토니오의 모든 재산은 무역을 나간 선박 위에 있었기 때문에 신용을 담보로 대출을 받았습니다. 그는 베니스에서 신용이 대단히 좋았기 때문에 가능했죠. 대상은 유명한 고리대금업자인 샤일록이었습니다. 샤일록은 정해진 기한 내에 돈을 갚지 못하면 안토니오의 심장 주변 살 1파운드를 배상하게 하는 차용증을 작성하자고 합니다.

우정을 위해서라면 자신의 재산과 생명까지도 바칠 수 있는 사람이 베니스의 상인 안토니오였습니다. 안토니오는 그 제안을 받아들였고, 친구 바사니오는 청혼에 성공했습니다. 항해를 나갔던 선박만 돌아오면 돈을 갚을 수 있을 거라 생각했지만 배는 난파되었고, 안토니오는 계약대로 자신의 살을 내놓아야 하는 처지에 내몰립니다.

차용증서의 조항을 관철하려는 샤일록의 요구대로 재판이 열리게 됩니다. 법학박사로 변장을 하고 들어온 바사니오의 약혼녀 포샤는 차용증의 내용이 법적으로 정당하다고 말하며 증서에 따라 판결을 내린다고 했습니다. 그리고는 샤일록에게 직접 형을 집행하라고 명령하고, 신이 난 샤일록은 칼을 안토니오 가슴으로 가져갑니다.

그때 포샤가 주의사항을 선언합니다. "안토니오의 살을 1파운드 떼어내되 피는 한 방울도 흘리게 해서는 안 됩니다. 만약 피를 흘리게 하면 샤일록 당신은 살인죄로 사형에 처해져야 마땅합니다"라고 말했고, 일순간 법정의 분위기는 반전되며 안토니오는 풀려납니다.

분명 샤일록은 상인이었던 안토니오를 증오했기 때문에 그를 죽이고 싶었겠지요. 그래서 그런 잔인한 차용증을 쓰게 했던 겁니다.

거슬러 올라가자면, 상거래가 시작되던 당시 베니스는 지중해 무역을 통해 상거래가 발흥하던 시점이었고, 상인들이 많이 늘어났습니다. 물건의 거래를 통한 이익은 옳고, 자본의 거래를 통한 이익은 나쁘다는 당시 기독교적 세계관 때문에 유대인이 대부분이었던 대부업은 멸시를 받는 직업이었다고 볼 수 있습니다. 심지어 샤일록은 유대교를 버리고 기독교로 개종하라는 판결까지 받죠.

지금 우리 시대도 그러한가요? 자본 소득으로 이윤을 추구하는 행위는 그때는 틀리고 지금은 맞는 말이겠죠. 오히려 꿈의 직업일 수도 있겠습니다. 단 법적·사회적 규범 내에 들어와 있다면 말이죠.

2장

돈의 흐름인
금융을 알면
돈이 모인다

'돌고 돌아서 돈이라는 이름이 붙은 게 아니냐'는 설이 있습니다. 이렇듯 돈은 사람과 사람 사이에서 계속 흘러 다닙니다. 우리는 이렇게 돈이 흘러 다니는 것을 '금융'이라고 부릅니다.

태어나기 전부터 태아보험을 들고, 백일이나 돌 때 받은 돈으로 예금에 가입합니다. 아이가 유치원에 들어가면 적금통장을 만들어 꾸준히 저축 습관을 길러주기도 하죠. 어른이 되면 월급통장으로 CMA를 만들고, 3종 연금 세트와 주식 및 펀드 등으로 노후를 준비합니다. 인생이 금융으로 시작해서 금융으로 끝난다고 해도 틀린 말이 아닌 것 같죠?

여기에서는 돈의 기능에 대해 알아보고, 돈이 어떤 상호작용을 통해 우리 생활 전반에 영향을 미치는지 알아보고자 합니다.

쓸모가 많은 돈 이야기

'모자 화폐 인물'의 고향인 강원 강릉지역에서 5만 원권 발행 10주년 기념 음악제가 열린다. 오죽헌시립박물관은 오는 22일 5만 원권 화폐 발행 10주년을 기념해 '오죽헌 음악제'를 개최한다고 20일 밝혔다. 국악, 성악, 무용, 밴드, 대중음악 등 다양한 장르의 공연으로 꾸며진 이번 음악제는 신사임당의 혼이 깃든 오죽헌에서 22일 오후 7시30분부터 약 80분간 진행될 예정이다. 강릉에서 태어난 신사임당과 율곡 이이 선생은 각각 5만 원권과 5,000원권 지폐의 초상 인물이다. 165개국에서 통용되는 1,600여 종의 화폐 가운데 모자(母子)가 나란히 화폐 초상에 함께 등장한 경우는 처음이다.

[경향신문 2019. 6. 20.]

화폐에 새겨진 인물은 그 나라의 정치, 경제, 문화 등에 크게 공헌한 사람입니다. 신사임당은 우리나라 여성 최초의 화폐인물이며, 아들인 율곡 이이와 함께 화폐의 주인공으로 등장하는 '모자 화폐인물'이기에 강릉시에서 기념행사를 했습니다.

인류 역사에서 돈을 제외하고는 설명할 수 없는 게 많습니다. 정착생활을 하며 잉여산물이 생겼고, 교역이 성행하고, 계급사회가 시작되었죠. 그렇게 국가가 만들어지고 법과 규칙이 생겨났으며, 교역을 중심으로 도시문화가 번성해 문학과 예술을 꽃피울 수 있었습니다.

돈의 3가지 기능

우리가 살면서 의식하지 않는 돈의 쓰임에 대해 알아보겠습니다. 돈은 크게 3가지 기능을 가지고 있는데 교환의 매개 수단, 가치 척도의 기능, 가치 저장의 기능이죠.

① 교환의 매개 수단

"다 먹고 살자고 하는 일인데." 구석기 시대에는 돈이 필요 없었습니다. 맘모스가 나타나면 합심해서 사냥해 나눠 먹으면 그만이었죠. 그러나 청동 농기구가 생기면서 농사가 발달하고 드디어 '남는 것'이 생겨났습니다. 그것을 서로 바꾸기 시작했는데, 등가 교환을 위해 조개 같은 화폐가 탄생했던 것입니다.

이처럼 자연스럽게 인간의 경제생활에 돈이라는 개념이 생겨난 것이죠. 그 이후부터 정상적인 경제생활을 위해 돈은 반드시 필요하답니다.

② 가치 척도의 기능

돈은 단순히 거래에 쓰이는 도구 외에도 가치를 측정하는 기능을 합니다. '이것보다 저것이 비싸다' '축구 선수의 이적료가 상상 이상이야' 등 물건의 가치를 매기거나 개인의 능력을 가름하는 기준이 되기도 하죠.

통상적으로 흔하고 쉽게 구할 수 있는 것들은 가치가 낮고, 귀한 물건이나 진입장벽이 높은 직업 또는 오랜 경험과 지식 등은 가치가 높다고 할 수 있죠. 그래서 오래된 귀중품이나 세상에 몇 개 없는 진귀한 물건, 가치가 있는 저작권 등은 높은 가격에 거래되고 있습니다.

③ 가치 저장의 기능

"그 집은 돈이 많아." 이럴 때 쓰는 돈은 소득, 순자산 등을 의미하기도 합니다. 이럴 때 돈은 벌어들인 소득을 저장하는 수단이 됩니다. 언제든지 원하는 물건을 구매할 수 있고, 현금 외 주식, 채권, 금, 부동산 등 다른 형태로 전환해 보관하는 것도 가치를 저장하고 있다고 할 수 있습니다.

"젊을 때 벌어놔야 노후가 편하다"는 말처럼, 돈은 저장해둘 수 있으니 나중에 노동이 힘들 때 꺼내 쓸 수 있죠. 이것이 우리가 경제기사를 읽는 이유이기도 합니다.

변화하는 돈의 모습

돈의 모습은 인류 역사와 함께 지속적으로 변화하고 있습니다. 기술 발달로 다양한 간편결제가 발달해서 요즘엔 사람들이 현금을 거의 들고 다니지 않습니다. 스타벅스도 현금 없는 매장을 차차 늘려가는 추세입니다. 그래서 지갑 판매량이 줄고, 카드사 매출도 꺾이고 있다 합니다. QR코드와 번호로 통용되는 세상에서 돈은 어느새 디지털화·모바일화되어 가고 있습니다.

뿐만 아닙니다. 2009년 비트코인이 등장하며 가상화폐 시장도 문을 열었습니다. 가상화폐는 사용자들에게는 매우 유용한 도구입니다. 돈을 은행에서 찾고 환전하고 사용하는 데 따르는 불편함과 비용을 최대한 줄일 수 있죠.

또한 은행 등의 금융회사에서 돈을 빌리고 빌려주는 장부를 관리해야 할 필요도 없습니다. 즉 금융기관의 역할이 없어도 모든 사람들이 온라인에서 장부를 공유해 검증할 수 있어 위변조 우려가 없다는 것이 장점입니다.

다만 가상화폐의 취지는 좋으나 규제의 사각지대에 있기 때문에 나쁜 용도로 사용될 확률이 큽니다. 또한 중앙은행의 금융정책에 포함될 수 없고, 통화로서의 안정성이 떨어져 사람들의 전반적인 지지를 얻지 못하고 있는 실정입니다. 해킹 때문에 금융의 핵심인 '신뢰(Trust)' 및 '보안(Security)'에서 문제가 발생하고 가치의 등락이 심해 한동안 주춤한 상태였습니다. 하지만 가상화폐는 미중 무역 분쟁이 일어나면서 달러를 대체할 안전자산으로 부각되고 있고, 각 기업들이 가상화폐 결제 시스템을 구축한다는 기사들이 다수 보도되면서 다시 주목받고 있습니다.

최근 페이스북은 자체 개발한 가상화폐인 리브라를 통해 글로벌 결제 플랫폼을 구축하겠다고 발표했습니다. 인터넷 상에서 디지털 코인 형태의 가상화폐로 물건을 구매하고, 송금이 가능한 시스템이 생겨나는 거죠. 또한 스타벅스에서도 가상화폐로 결제할 수 있는 날이 얼마 남지 않았다는 소식도 들려옵니다.

만약 가상화폐 역시 문제점을 해결하고 기본적인 화폐의 기준을 충족할 수 있다면 4차산업에서 유용하게 쓰이지 않을까요?

리디노미네이션이 갖는 의미

리디노미네이션(redenomination)은 화폐 단위를 변경하는 것을 말합니다. 보통 100 대 1 또는 1,000 대 1로 조정하는데, 돈의 액수가 줄어든다고 해서 실직적인 자산 가치가 떨어지는 것은 아닙니다.

해외의 여러 나라를 다녀봤을 때 우리나라 화폐 단위가 크다는 것을 느낄 수 있었을 겁니다. 경제협력개발기구(OECD) 회원국 가운데 네 자릿수 화폐 단위를 가진 국가는 대한민국뿐이라고 하죠. 유럽은 3유로에 라테 한 잔을 마실 수 있는데, 우리나라는 4천 원을 내야 합니다. 해외에서 우리나라로 온 관광객들은 이러한 큰 금액에 깜짝 놀라기도 합니다. 이미 우리나라도 일부 커피전문점에서는 메뉴판에 0 세 자리를 빼고 표기하는 경우를 볼 수 있습니다. 예를 들어 4,500원짜리 카페 라테라면 4.5라고 표기하는 거죠.

그래서 이미 여러 나라에서는 경제규모가 커지거나 물가상승으로 화폐가치가 과도하게 떨어졌을 때 리디노미네이션을 실시해왔습니다. 우리나라도 이미 두 차례의 리디노미네이션을 단행한 적이 있습니다. 아주 오래전이라 기억하는 분이 거의 없을 겁니다. 한국전쟁중이던 1953년 2월, 최초로 100원이 1환으로 변경되었습니다. 두 번째로 1962년 6월 박정희 정부 시절, 10환을 1원으로 변경했습니다. 둘 다 군사 정부 시절이라 사회적 합의나 공감 없이 전격 진행되었고, 경제효과는 반감되었습니다.

그 후로도 각 정부 시절마다 화폐 개혁은 논의되었으나 수면 위로는 올라오지 않았습니다. 그런데 최근 2019년 3월 이주열 한국은행 총재가 "리디노미네이션을 논의할 때가 됐다"라고 국회재정위원회에서 언급했다가 그냥 원론적인 말이었다고 해명했습니다.

리디노미네이션은 기대효과만큼 부작용도 있습니다. 국민들은 자산이 축소된 것처럼 느껴 심리적인 상실감을 가질 수도 있고, 자금을 사전에 부동산으로 옮겨 부동산이 폭등할 수도 있습니다. 또한 1,650원짜리 커피는 1.65원이 아닌 2원으로 반올림되어 물가가 오를 수도 있죠.

그래서 리디노미네이션은 사회적 합의가 된 상태에서 이뤄져야 합니다. 단기간에 급진적으로 끝내려 하지 말고 점진적 또는 무기한 기한을 주며 시행되어야 경제가 충격을 덜 받고 제대로 안착할 수 있을 것입니다.

돈의 흐름, 금융과 금융업

우버가 금융업에 관심을 기울이는 이유는 표면적으로 이용 고객과 우
버 드라이버의 편의성 향상이다. 현재 우버는 전 세계적으로 9,300만
명의 이용자를 보유했다. 우버를 이용하면 설정한 신용카드나 충전식
지불 방식인 '우버캐시'를 통해 결제가 가능하다. 우버는 여기서 더 나
아가 자체 금융 결제 서비스를 만들어 우버 고객과 드라이버의 수수료
부담을 줄이고 새로운 금융 생태계를 만들겠다는 계획이다. 이미 보유
한 소비자를 활용해 금융업까지 사업 영역을 넓히겠다는 것이다. 우버
는 이를 위해 이용 고객의 자금을 관리하는 데 도움을 주는 서비스 출
시도 고려중이다. 우버의 이러한 움직임은 아마존의 행보와 비슷하다.
아마존은 저신용자를 위한 신용카드를 출시하는 등 금융업으로 사업
영역을 확장했다.

[조선일보 2019. 6. 13.]

IT기업들은 빠른 결제 편의를 내세우며 충전식 카드를 발급합니다. 이렇게 사전 충전된 돈
들이 모이면 어마어마한 자금이 되겠죠. 그래서 미리 확보된 자금으로 IT기업들이 금융업에
진출한다는 의미입니다.

　금융은 돈(금전)의 융통을 의미합니다. 즉 돈을 빌리고 빌려주
는 모든 행동을 금융이라고 바꿔 말할 수 있죠. 예금 역시 은행에
돈을 빌려주고 통장이라는 차용증을 받는 것과 마찬가지이고, 주
식과 채권 역시 돈을 받을 수 있는 권리증을 거래하는 행위로 역
시 금융에 속합니다.

금융은 경제의 혈액입니다

거시적 측면에서의 금융은 경제의 혈액이라 말할 수 있습니다. 돈의 흐름이 금융이기 때문에 가계·기업·정부의 금융이 원활하게 돌아가야 경제가 제대로 돌아갑니다. 기업은 자기 돈만으로는 사업을 할 수 없어 은행에서 돈을 빌리고, 가계는 은행에 저축하고 이자를 받으며 자산을 늘립니다. 이렇게 금융 거래를 통해 각 경제주체가 이득을 보게 되면 더욱 활발하게 금융이 일어날 수 있게 되는 것이죠.

만약 돈의 혈액이라고 할 수 있는 금융이 막히면 어떤 일이 일어날까요? 사업체가 부도나고 집이 경매에 넘어가며, 재정을 확보할 수 없어 정책을 펼칠 수 없는 등 심각한 사회 문제가 일어날 수 있겠죠. 이렇듯 가계와 기업은 소비와 급여, 가계와 정부는 세금과 복지, 기업과 정부는 세금과 공공투자의 모습으로 금융은 상호 보완적 작용을 하고 있습니다.

금융지식은 돈을 불려주는 필수과목입니다. 그러나 돈을 버는 것과 쓰는 것에만 익숙한 일반인들에게 금융이란 복잡하고 어려운 과목이죠.

금융용어는 법률용어처럼 어렵고, 금융에 등장하는 숫자와 계산법은 수학보다 어렵지 않던가요? 용어만 달달달 외운다거나 수학 공식처럼 대입해서 푼다고 해서 돈이 막 불어나는 것도 아닙니다. 게다가 금융을 많이 알고 있다고 다 부자가 되는 것도 아닙니다. 만약 그랬다면 은행원이나 증권사 직원은 전부 부자가 되었어야죠.

그래서 사람들은 더욱 금융에 대해서는 눈과 귀를 닫는 '금융맹'을 선택합니다. "먹고 살기도 바쁜데 무슨 금융까지 공부하냐"고 반문하곤 하죠. 실제 OECD 회원국을 대상으로 한 '금융지식 이해도 조사'에서 우리나라는 62.2점으로 평균 64.9점보다 다소 낮은 수준으로 나타났습니다(2018년도 기준, 전국의 만18~79세 성인 2,400명 대상).

금융맹을 선택하는 것이 보다 나은 내일을 보장받는 길일까요? 결코 아닙니다. 문맹은 생활을 불편하게 하지만, 금융맹은 생존 자체를 어렵게 한다는 말을 한번 되새겨봐야 하겠습니다.

금융업의 시작

잠깐 역사 이야기를 좀 할까요? 기원전 2000년경 고대 메소포타미아에서는 물품의 거래를 기록하는 점토물표가 성행했습니다. 그것은 곡식이나 동물의 털, 은 같은 물건을 빌리고 적은 장부였죠.

그렇다면 화폐가 먼저일까요, 장부가 먼저일까요? 역사상 최초의 주화는 기원전 600년경 리디아 왕국의 금과 은의 합금 형태로 만든 것이었으니 금융 거래를 위한 장부가 돈보다 먼저 만들어졌습니다. 이는 화폐보다 장부에 담긴 정보가 금융의 본질이고, 인류 역사는 자연스럽게 경제활동의 기록을 중요시했음을 추측할 수 있는 대목이기도 합니다.

그후 고대 바빌론에서 금융업은 좀더 세련된 형태로 발달했습니다. 빚은 양도 가능한 채권 형태가 되었고, 왕궁이나 사원이 은행처럼 점토물표를 발행했습니다. 이자의 개념도 생겨났는데, 가축 무리가 자연 증가한다는 사실에 기인해 보통 20% 정도였다고 합니다. 또한 함무라비 시대 계산법에 따라 장기 대부에는 복리 이자가 부과되었다는 기록이 있다고 합니다.

이러한 거래에는 차입자가 빌려간 물건을 되갚는다는 신용이 전제되어 있습니다. 영어에서 신용을 뜻하는 credit(cred+it)의 어원이 라틴어 '믿음이 간다'는 credo에서 나왔음을 보면 이런 점을 쉽게 알 수 있겠죠? 신용카드를 의미하는 단어인 credit card 역시 카드로 빚을 지고 먼저 물건을 가져간다는 의미에서 금융에 속합니다.

실제 현대 사회의 금융업도 장부 기록에 의한 정보를 통해 이루어집니다. 돈 거래 장부는 안전하게 기록되고 보관되어야 합니다. 이것이 가장 중요합니다. 그래서 금융업은 보수적이고 규제가 많은 편입니다. 그래도 정보통신 발달에 따라 텔레뱅킹에서 인터넷뱅킹으로, 다시 스마트폰으로 금융거래는 넘어가고 있고, 기술혁신으로 더욱 안전하고 편리한 금융거래가 가능해지고 있습니다.

금융업의 종류

최종구 금융위원장은 "올해 하반기에 핀테크 기업을 '글로벌 유니콘 (기업 가치가 1조 원 이상인 신생 기업)'으로 키우는 데 집중하겠다"고 21일 밝혔다. 스몰 라이선스 도입(인가 단위 간소화), 맞춤형 규제 완화, 해외진출 지원 등을 통해 핀테크 중심의 금융혁신 기조를 이어가겠다는 방침이다. 최 위원장은 이날 대구 북구 대구은행 제2본점에서 열린 DGB금융그룹의 'DGB핀테크랩(피움랩) 개소식'에 참석, 이같이 말했다. 핀테크랩은 핀테크 기업의 혁신적인 아이디어가 상용화하기까지 사업성 검토, 법률상담, 자금조달 등을 원스톱으로 지원하는 전담 조직이다. 서울 이외의 지역에서 금융사가 핀테크랩을 운영하는 것은 이번이 처음이다. 최 위원장은 "최근 한 조사에 따르면 올해 국내 핀테크 도입 지수가 67%로, 핀테크 선진국인 영국(71%) 수준이 됐다"며 "이제는 '스케일업(고성장 기업 육성)' 전략을 추진할 시기"라고 말했다.

[문화일보 2019. 6. 21.]

최근 4차산업의 발달로 금융은 IT와 결합해 핀테크(Fin tech) 기업들을 탄생시키고 있습니다. 이에 정부 당국도 적극적인 규제 완화와 육성 지원을 통해 금융혁신을 이룰 수 있도록 돕겠다는 내용을 담은 기사입니다.

금융업이란 여유 자금을 가진 사람들의 돈을 모아 자금이 필요한 사람에게 중개하는 일을 말합니다. 우리는 다양한 경로를 통해 돈을 빌려주거나 빌려 쓰고 있습니다. 단지 은행에서 대출받는 것 외에 어떤 금융업이 있는지 알아보고, 다가오는 4차산업 시대의 핀테크에 대해서도 생각해봅시다.

직접금융 vs. 간접금융

금융은 중개하는 방식에 따라 간접금융과 직접금융으로 나눌 수 있습니다. 간접금융은 금융기관이 주도적으로 자본을 유치하고 대출 영업을 합니다. 따라서 자본공급자는 누가 자신의 돈을 빌려가는지 알 수 없고, 자본수요자도 누구의 돈인지 모르는 채 빌립니다. 대표적으로 은행이 이에 속합니다.

반면에 직접금융은 자본공급자와 자본수요자가 서로 직접 만나며, 금융기관은 중간에서 이어주는 역할만 합니다. 주식과 채권 같은 유가증권이 여기에 속합니다.

예전에는 금융업의 대부분이 간접금융 형태였습니다. 그러나 정보통신이 발달하면서 직접금융으로 넘어오고 있죠. 금융이 훨씬 손쉬워지고 있다는 의미입니다. 현재는 4차산업 혁신에 발맞추어 핀테크(Fin Tech)로 진화하는 중입니다. 그래서 앞으로 가계자금은 저축보다는 투자상품 위주로 운용되고, 기업의 자금조달도 직접금융으로 많이 바뀔 것입니다.

① 간접금융

우리 부모님 세대, 즉 경제 고도성장기에는 간접금융이 유리했습니다. 월급으로 받는 대부분을 예금했고, 은행은 기업에 돈을 빌려주어 산업에 재투자하는 구조였죠. 당시 기업은 설비 투자에 돈이 많이 필요했기 때문에 은행은 높은 금리로 대출을 해줬습니다. 그리고 예금자에게도 높은 이자와 원금을 보호해주는 기능이 있었죠.

그러나 간접금융을 대표하는 은행은 수수료가 높다는 단점이 있습니다. 지점을 유지하는 데 많은 비용이 들어가기 때문이죠. 게다가 지금은 인터넷이 발달해 은행을 찾지 않아도 업무를 볼 수 있습니다. 이에 따라 은행들이 지점 간 통폐합을 하거나 건물 2층으로 옮기는 경우도 자주 볼 수 있습니다.

은행은 예대마진이라는 예금금리와 대출금리 간의 차이를 주된 수익으로 운영합니다. 이젠 은행도 살아남기 위해 단순한 예대마진 외에 다른 사업 방향을 찾을 수밖에 없습니다. 그래서 예금에 투자를 더한 상품을 개발하거나, 방카슈랑스나 펀드 등의 판매를 통해 직접금융의 모습을 병행해가고 있습니다.

② 직접금융

경제성숙기에는 직접금융이 효율적입니다. 그래서 일찍이 금융업이 발달한 미국과 영국의 경우는 직접금융 중심의 기업금융업이 발달했습니다. 이러한 나라의 기업은 외부 자금의 대부분을 대출이 아닌 주식이나 채권, CP등을 발행해 조달하기 때문입니다.

이때 금융기관은 자본 수요자와 공급자 사이에서 단순중개 역할만 합니다. 채권은 기업이 돈을 빌리고 일정한 기간 동안 이자를 지급하다가 만기시 원금을 돌려주는 방식이며, 주식은 상장이나 증자를 통해 자금을 투자받는 것이기에 주주의 권리와 의무를 질 뿐 돈을 갚지는 않습니다. 또한 예금이 아닌 투자이기 때문에 위험에 대한 사전 고지를 받고, 자본공급자가 손해를 보더라도 책임은 금융기관이 지지 않습니다. 그래서 직접금융은 간접금융에 비해 수수료가 낮은 편이죠.

금융산업의 꽃인 핀테크(Fintech)

최근 경제기사에 4차산업과 관련해 핀테크라는 단어가 자주 등장합니다. 금융산업의 꽃이라고도 말하는 핀테크는 과연 무엇일까요?

핀테크(fintech)는 금융(financial)과 기술(technology)을 합성해 만든 말로 송금, 결제, 대출, 보험 등 금융을 진보시키는 기술 또는 서비스를 통틀어 말합니다. 기존 은행 업무도 인터넷뱅킹이나 스마트폰앱을 이용하는 전자금융 서비스가 있었으나 금융서비스 범주 내의 편의를 제공하는 방식이었죠. 따라서 이것은 '전통적 핀테크'로 부를 수 있습니다.

4차산업 시대의 핀테크는 기존의 전통금융시장의 영역을 벗어난 혁신적 서비스를 의미합니다. 지금은 단순결제 서비스, P2P 금융, 크라우드펀딩 등이 있으며, 모바일기업이나 스타트업을 중심으로 활발하게 발전하고 있습니다.

스마트폰으로 뭐든지 할 수 있는 금융 세계가 이미 눈앞에 펼처져 있습니다. 제대로 알고 활용해봐도 좋습니다. 그럼 핀테크의 종류에는 어떤 게 있을까요?

① 단순결제서비스

핀테크 중에서도 가장 많이 활용되고 있는 것이 단순결제서비스입니다. 온라인쇼핑의 활성화로 쉽게 결제할 수 있는 수단이 필요했습니다. 일상의 대부분을 인터넷이나 스마트폰으로 구매 결제하는 상황에서 매번 액티브X를 깔고 공인인증서, 카드 번호 16자리와 유효기간 등을 입력하는 건 영 불편했죠. 그래서 결제수단을 한번 등록해두면 언제든지 쉽게 비밀번호 또는 QR코드, 지문만으로 결제할 수 있는 서비스가 마침내 탄생했습니다.

2014년 tvN의 〈꽃보다 청춘〉에서 유연석이 페이팔로 몰래 호텔비를 결제하는 장면이 나왔습니다. 당시 단순결제서비스가 널리 알려지지 않았던 터라 제작진들이 속아 넘어갔었죠. 지금은 페이팔 외에도 구글페이, 알리페이, 삼성페이, 네이버페이, 카카오페이 등이 다양하게 서비스를 제공하고 있습니다.

2019년 5월 '금융거래결제 인프라 혁신방안'으로 외국환거래법 시행령이 개정되었기 때문에 카카오페이와 네이버페이, 페이코 등은 외국에서도 결제가 가능하게 되었습니다. 가장 큰 장점은 환전 수수료가 없고, 환율변동 리스크도 없으며, 카드사 수수료(현지화 1.5%, 원화 3~8%)도 절약할 수 있어 소비자 편익은 더 커질 것으로 기대됩니다.

② 해외송금서비스

해외송금은 글로벌송금 통신망인 스위프트(SWIFT)가 독점해오고 있었습니다. 해외로 송금을 하려면 은행과 증권사를 통해 송금수수료, 전신료, 환스프레드, 중개은행 수수료, 수취수수료 등을 내고 며칠을 기다려야 했죠.

그러나 핀테크 덕분에 저렴하고 빠른 해외송금이 가능해졌습니다. 10분 내 해외 자금 인출, 계좌번호 없이 전화번호만으로도 송금이 가능하기 때문에 핀테크 해외송금은 2016년 이후 매년 1조 원 이상 증가하는 추세입니다. 이민이나 해외 유학중인 국외 송금은 물론, 국내 외국인 노동자들의 본국 송금도 꾸준히 증가하고 있기 때문입니다. 대표적인 기업으로는 핀크, 코인원트랜스퍼, 모인, 센트비 등이 있습니다.

③ P2P금융

P2P금융은 중간에 은행 없이 개인과 개인의 직접 거래를 이어줍니다. 돈이 필요한 사람이 P2P플랫폼을 통해 대출을 신청하면 회사에서 이를 심사한 후 공개합니다. 이를 확인하고 개인은 투자를 결정하는 것이죠. 불특정 다수가 돈을 빌려주고 이자를 받는 방식으로 자본공급자와 자본수요자를 직접 연결해준다는 점에서 직접금융의 영역이기도 합니다. 은행 수수료가 없기 때문에 돈이 필요한 사람은 저렴한 이자로 돈을 빌릴 수 있고, 자금을 가진 사람은 높은 이자를 받을 수 있습니다.

신용이 보통인 대출자들이 제2금융권이나 사채를 통해 자금을 조달했지만 P2P를 통해 투자를 받을 수 있다는 점은 좋습니다. 실질적으로 1%금리 시대에 P2P를 통해서는 평균 8% 수익을 기대할 수 있습니다. 그러나 투자금 손실 위험이 있고, 이자 소득세가 27.5%라는 단점도 있습니다. 대표적인 기업으로는 8퍼센트, 렌딧, 미드레이트, 탱커펀드, 나인티데이즈 등이 있습니다.

④ 크라우드 펀딩

크라우드 펀딩(Crowd funding)은 군중을 뜻하는 크라우드와 특정 목적을 위해 마련하는 기금인 펀드의 합성어입니다. 원래는 우수한 창업 아이디어나 중소기업이 온라인을 기반으로 대중들에게 직접 자금을 조달받아 사업을 진행하려는 목적이었죠. 지금은 문화 예술로 그 영역이 확대되었습니다. 대표적인 업체는 와디즈, 오마이컴퍼니, 굿펀딩, 텀블벅 등이 있습니다.

IT강국인 우리나라도 빠르게 핀테크 산업이 발달하고 있습니다. 제3의 인터넷은행이 준비중이고, P2P대출도 단기간에 크게 급증하고 있으며, 펀딩서비스도 자리 잡는 것을 볼 수 있죠. 이외에도 자산운용, 전자화폐 등 그 분야가 다양하게 발달하고 있습니다. 그러나 업체의 난립으로 소비자 피해가 급증하고 해킹 등의 문제도 발생하고 있습니다. 핀테크는 안전과 편리를 둘 다 해결해나가면서 우리 삶에 도움을 줄 수 있어야 하겠습니다.

금융기관의 종류

자격도 없는 사람들이 '주식 전문가'를 표방하며 대거 유사투자자문업에 뛰어들면서 불법 영업이 끊이질 않고 있다. 대표적인 것이 2016년 드러난 '청담동 주식부자' 이희진 씨 사례다. 이 씨는 케이블 증권방송과 SNS 등으로 유명세를 쌓은 뒤 유사투자자문업체를 차려 240억 원의 자금을 끌어 모았다가 불법 주식거래 및 투자유치 혐의로 구속됐다. 그를 믿고 투자금을 맡겼던 투자자들은 눈물을 흘려야 했다. 사고가 끊이질 않자 금융당국도 유사투자자문업에 대한 감독을 강화하기로 했다. 일단 부적격자의 시장 진입부터 막기로 했다. 과거에는 서식에 맞춰 신고하면 영업이 가능했지만 이제부터는 자격요건을 꼼꼼히 따진다. 최근 5년간 금융 관련법을 위반했거나 자진폐업을 한 지 1년, 신고 말소가 된 지 5년이 지나지 않았다면 아예 영업을 할 수 없다.

[동아일보 2019. 6.13.]

자격을 갖추지 못한 사람들이 개인의 돈을 끌어다가 투자하는, 일종의 증권사기가 꾸준히 뉴스를 장식하고 있습니다. 남보다 높은 수익률을 확실하게 보장한다는 광고는 위험하므로 경각심을 가지고 지켜봐야 합니다.

평소 우리가 주로 이용하는 금융기관은 은행입니다. 은행에서 적금, 예금 통장을 만들고 주택 구입이나 전세자금 마련을 위한 대출을 받기도 하죠. 경제기사에는 그 외 다양한 금융기관이 등장합니다. 주식과 채권 거래, 보험, 연금 등의 다양한 목적에 따라 금융기관을 구분해 알아보도록 하겠습니다.

각각의 금융기관은 사람들이 편리하고 안전하게 금융생활을 할 수 있도록 나뉘어져 발전해 왔습니다. 취급하는 금융서비스에 따라 은행과 비은행예금 취급기관, 보험회사, 증권회사, 기타 금융기관 등으로 분류할 수 있습니다. 보통 은행은 제1금융권이라 부르고, 나머지는 제2금융권이라 부르며, 제3금융권이라며 비공식적으로 부르는 대부업이나 사채업도 있습니다.

은행

은행의 기본 업무는 예금을 받고 대출을 해주는 것입니다. 그 외 외환이나 유가증권의 거래, 펀드, 방카슈랑스 판매, 신탁업과 카드업 등으로 영역을 넓혀가고 있습니다. 그 규모가 크고 조직적인 형태를 띠며 은행법에 따르는 것이 은행의 정의입니다. 그런데 편의를 위해 은행의 예금과 대출 업무만 떼와서 하는 비은행 예금취급기관도 있습니다.

은행은 다시 일반은행과 특수은행으로 나눌 수 있습니다. 일반은행은 주로 예금 거래, 금융상품 판매 등을 통해 이익을 얻는 우리 주변에서 흔히 볼 수 있는 은행이죠. 전국적으로 영업망을 갖춘 시중은행으로 KB국민은행, KEB하나은행, 우리은행 등이 있고, 지방에서 주로 영업하는 경남은행, 제주은행, 전북은행 등의 지방은행 그리고 해외은행의 한국 지점인 씨티은행, SC스탠다드 차타드, HSBC 등이 있습니다.

● 금융기관 분류

구분	중분류	소분류
은행	일반은행	시중은행, 지방은행, 외국은행
	특수은행	한국은행, 산업은행, 수출입은행, 중소기업은행
비은행예금 취급기관		저축은행, 신용협동기구, 새마을금고, 종합금융회사, 우체국
보험회사		생명보험사, 손해보험사, 우체국보험
금융투자회사		증권회사, 자산운용사, 선물회사, 투자자문사
금융보조기관		신용보증기관, 신용평가회사, 예금보험공사, 한국자산관리공사, 한국수출보험공사, 금융결제원, 한국거래소

특수은행은 특수한 목적을 두고 설립된 은행입니다. 일반은행에서 다루기 힘든 공공적 자본을 조달하기 위한 경우가 많기 때문입니다. 한국은행, 산업은행, 수출입은행, 중소기업은행, NH농협 금융지주 등이 있습니다.

특히 한국은행은 중앙은행으로서 지위를 가지고 화폐를 제조하며 통화정책을 수행하고 있죠. 이 은행들은 정부가 소유권을 가지고 국가 정책 수행을 목적으로 설립했기 때문에 '국책은행'이라고 부르기도 합니다.

비은행예금 취급기관

은행은 아니지만 하는 일이 은행과 크게 다르지 않아 보이는 곳이 있습니다. 바로 비은행예금 취급기관인데, 예금과 대출을 주요 업무로 하기 때문에 은행과 비슷해 보입니다. 그러나 은행에 비해 규모가 작고, 업무 영역도 좁습니다. 또한 거래 안정성도 은행보다는 못합니다. 저축은행, 신용협동기구, 새마을금고, 종합금융회사, 우체국 등이 이에 속합니다. 대출금리가 은행보다 높으나 지역을 중심으로 활동하며, 서민을 위한 쉽고 빠른 대출로 우리 주변 깊숙이 자리 잡고 있다는 게 장점입니다.

① 저축은행

이전에는 상호저축은행, 상호신용금고라고 불렸습니다. 비교적 소규모의 예금을 흡수하기 위해 설립된 금융기관이며, 주로 여수신 업무를 행합니다. 예금이자가 높기 때문에 직장인이나 가계에서 주로 이용하며, 대출 고객 대부분은 신용도가 낮아 대출이자가 매우 높은 편입니다.

② 신용협동기구와 새마을금고

두 기관 모두 직장이나 지역, 직장, 종교, 농·어민을 조합원으로 모집해 여수신을 통해 상호 간의 부조를 목적으로 운영하고 있습니다. 본래 설립 목적이 회원 상호 간의 금융혜택을 교환하겠다는 것이었기 때문에 비영리 금융기관으로 분류됩니다.

누구나 간단하게 조합원으로 투자할 수 있고, 출자를 하면 배당을 받을 수도 있습니다. 예금이자에 대한 소득세 비과세 혜택도 장점입니다. 일반은행은 이자의 15.4%가 소득세이지만 연간 3천만 원 이하의 예금은 이자의 1.4%만 농어촌특별세로 내면 됩니다.

일반은행이 예금자보호법에 의해 5천만 원까지 보호를 받는 데 비해, 이러한 기관에서는 자체 중앙회에서 예금자보호기금을 마련해두어 5천만 원까지 보호해주고 있습니다. 만약 3천만 원 이하 예금이라면 이자는 높고, 소득세는 비과세 되고, 예금자보호가 되는 신용협동기구나 새마을금고에 맡기면 좋겠죠.

③ 종합금융회사

종합적으로 금융업을 하는 곳이며 종금사라고 줄여 부르기도 합니다. 증권중개와 보험업을 제외한 모든 금융업을 영위했으나, IMF 때 대부분 퇴출되었으며 지금은 거의 찾아볼 수 없습니다. 1970년대 사금융시장 양성화 정책으로 시작되어 기존 담보 위주의 관행에서 벗어나 신용대출을 도입했다는 점에서 긍정적 평가를 받았습니다. 그러나 무분별한 자산 확장으로 위험이 잠재된 상태에서 30여 개가 넘을 정도로 번성했고, 1997년 외환위기의 주범으로 지목되어 이후에 무더기로 퇴출되었습니다. 지금은 우리종합금융(옛 금호종금) 하나만 남아 있습니다.

1997년 IMF 금융위기 직전, 기업은 어음(일정한 시기에 금액을 지불하겠다고 약속하는 유가증권)만으로도 대출받기가 쉬웠습니다. 금융기관은 높은 이자를 노렸기 때문에 다른 담보 확인 없이 어음을 신용으로 판단했습니다. 그 대출금으로 사업을 하며 또 다른 기업에 어음을 발행하면 그 어음으로 다시 대출이 가능했습니다. 그래서 피라미드형 구조로 대출이 되었던 것이죠.

어음의 연쇄 피라미드 구조에서 어느 기업이 사업에 실패하면 금융기관은 돈을 돌려받지 못하겠죠. 그러면 그 어음은 부도 처리됩니다. '어음 → 대출 → 사업 → 어음 → 대출'의 고리가 끊어지는 순간 연쇄 부도가 일어납니다. 이것이 IMF 금융위기 때 기업과 가계의 피해가 더 컸었던 원인이었죠. 그래서 이후 대출 담보와 신용 관련 심사는 더 까다롭게 진행되고 있습니다.

④ 우체국

전국에서 가장 많은 지점을 가진 금융기관이 바로 우체국입니다. 우편만 전문으로 하던 우체국이 금융업무를 하게 된 이유는 농어촌 지역처럼 금융 서비스에서 소외된 사람들의 편의가 목적이었습니다. 그래서 정부가 운영하는 국영금융 형태의 공적금융기관입니다. 우체국 예금은 원리금을 정부에서 지급보증하기 때문에 한도 없이 예금이 보호된다는 것이 가장 큰 장점입니다.

보험회사

보험회사의 운영 원리는 보험계약자로부터 보험료를 받아 대출, 유가증권, 부동산 등에 투자해 수익을 얻는 구조입니다. 자금을 굴리는 동안 사고를 당하거나 아플 경우에 보험금을 돌려줌으로써 위험에 미리 대비할 수 있게 하는 원리입니다. 물론 들어오는 보험료보다 보상에 드는 비용이 훨씬 적어야 보험회사의 사업이 지속되겠죠.

주요 보험기관으로는 암·종신·건강보험 등을 다루는 생명보험사와 상해·자동차·화재·해상·배상책임·여행·의료보험 등을 취급하는 손해보험사, 둘 다 취급하는 우체국보험 등이 있습니다. 그 외에 보증을 전문으로 하는 보증보험회사도 있고, 보험회사가 다시 보험을 드는 재보험회사도 있답니다.

① 생명보험사

생명보험은 생존보험과 사망보험으로 나눌 수 있습니다. 살아 있는 기간 내에 받는 생존보험은 주로 연금보험입니다. 노후 생활비로 쓸 수 있게 미리 대비하는 것이죠. 사망보험은 계약자 사망 후에 유가족들의 생활보호를 위해 지급될 수 있도록 하는 보험입니다.

② 손해보험사

손해보험은 재산보험과 책임보험으로 나눌 수 있습니다. 화재나 도난, 사고 등의 우발적인 사건으로 신체 혹은 재물에 손해가 났을 때 보상받을 수 있는 것은 재산보험입니다. 자동차 사고와 같이 계약자가 타인에게 신체 혹은 재산상 해를 끼쳤을 경우 배상해야 하는 것은 책임보험입니다.

금융투자회사

2009년부터 시행된 '자본시장과 금융투자업에 관한 법률(자본시장법)'은 금융투자업무를 투자매매업, 투자중개업, 집합투자업, 투자일임업, 투자자문업, 신탁업, 이렇게 6가지 업무로 구분했습니다. 이러한 금융투자업무 전부 또는 일부를 담당하는 회사를 금융투자회사라고 부릅니다.

① 증권회사

금융투자회사 중 가장 대표적인 것은 증권회사입니다. 증권회사는 자본시장에서 주식·채권 등 유가증권의 발행을 주선하고, 발행된 유가증권의 매매를 중개하는 것을 주요 업무로 하고 있습니다. 또한 증권 투자자들이 갖고 있는 증권을 담보로 증권이나 돈을 빌려주고 이자를 받아 수익을 올리기도 하죠.

② 자산운용사

자산운용사는 펀드매니저가 고객의 자산을 관리하는 회사입니다. 채권과 주식을 매매하고, 집합투자기구인 펀드를 다룹니다. 자산운용사는 직접 펀드를 만들고 운용하므로 투자 수익률은 자산운용사의 역량에 따라 달라질 수 있겠죠. 따라서 투자자들은 운용사 CEO의 마인드, 과거 수익률 추이, 펀드매니저가 누구인지 등을 살펴보는 것이 중요합니다.

③ 선물회사

선물 상품의 매매를 직접 운용하거나 기업이나 개인에게 중개하며 수수료를 받는 회사입니다.

④ 투자자문사

금융회사가 투자자로부터 투자자문 수수료를 받기도 하고, 자금을 모아 주식·펀드·채권 등 금융투자상품 등에 대한 투자를 일임하기도 합니다. 투자자의 자산을 맡아 운용해준다는 점은 자산운용사와 같지만, 일대일로 계약을 맺어 투자를 대행한다는 점이 자산운용사와 다릅니다. 단기간에 고수익을 낸다는 광고를 통해 투자자를 모으지만 원금을 잃는 경우도 많이 있습니다. 바로 유사투자자문회사인데, 각별히 조심해야 합니다. 반드시 '제도권 금융회사 조회(fine.fss.or.kr) 서비스'를 통해 확인해봐야 합니다.

금융 보조기관

금융기관에는 포함되지 않지만 관련된 서비스를 제공하는 기관들이 있는데 신용보증기관, 신용평가회사, 예금보험공사, 한국자산관리공사, 한국수출보험공사, 금융결제원, 한국거래소 등이 있습니다.

금융상품의 모든 것

금융기관의 신규 상품을 소개하거나 높은 실적을 발표하며 추천하는 기사가 가끔 등장합니다. 위 기사는 최근 주목받고 있는 미국의 4차산업 대표 기업들에 자산을 투자하는 랩에 대한 홍보성 기사입니다.

제대로 투자를 시작해보려면 먼저 어떤 금융상품이 있는지 알아야겠죠? 경제기사에서 가장 눈여겨봐야 할 부분이 바로 금융상품 소개와 실적 부분입니다. 그 이유는 패스트 팔로워(fast follower)가 되기 위해서입니다.

신규 상품은 고객 유치를 위해 더 많은 혜택을 주고, 가장 능력 있는 펀드매니저가 운용할 확률이 크기 때문이죠. 새롭게 소개되거나 실적이 좋은 금융상품은 기사를 확인한 후에 알아보고 가입해도 좋습니다.

대표적인 금융상품들

우리가 가장 쉽게 접하는 금융상품은 은행에서 만나는 적금과 예금일 것입니다. 어릴 때부터 저축하는 습관에 대해 매우 중요하게 교육받았으니까요. 그리고 은행에서의 권유로 펀드에 들어봤던 경험도 있을 겁니다.

그 외 금융상품들은 좀더 적극적인 행동을 필요로 하죠. 주식계좌를 만들어 주식과 ETF, 채권을 매매한다거나 파생상품 거래를 위해 사전교육과 모의거래를 공부해 투자해보는 것 등이죠. 각 금융상품은 어떤 특징을 가지고 있을까요?

① 예금

은행이나 비은행 같은 예금취급기관에 돈을 맡기면 원금과 이자를 받을 수 있는 상품입니다. 대표적으로 정기예금, 정기적금, 지급액이 확정된 보험이나 연금 등도 해당됩니다. 계약 내용에 따라서는 요구불예금과 저축성예금으로 나누기도 합니다. 요구불예금은 예금주가 요구하면 언제든지 지급해야 하는 것으로 보통예금, 당좌예금 등이 있습니다. 저축성예금은 일정기간 경과 후 지급하는 것으로 정기예금, 정기적금, 재형저축, 목돈마련저축 등이 있습니다. 예금은 만기시 미리 확정된 이자율에 따라 이자가 지급되므로 안정성이 매우 높은 자산관리 방법입니다.

② 펀드

자신이 직접 투자하는 것이 아니라 펀드를 잘 알고 운영하는 투자전문기관에 투자금을 맡기고 여기서 발생하는 실적에 따라 수익금을 나눠 갖는 금융상품입니다. 펀드는 간접투자의 전형적인 예입니다. 경제흐름이나 주식 등 잘 알지 못하는 사람도 투자하기 편리하지만, 원금이 보장되는 상품이 아니기 때문에 투자책임은 본인에게 있습니다. 보통 온라인으로 많이 거래하지만, 은행에서 가입을 권할 때도 주의 깊게 설명을 듣고 상품을 골라야 합니다.

③ 주식

기업은 회사를 설립하거나 확장할 때 필요한 자금을 구하기 위해 주식이라는 증서를 거래소에서 팔게 됩니다. 주식은 자금을 투자한 대가로 받는 증서이며, 주주로서의 권리를 행사할 수 있는 증거입니다. 주식에 투자하면 해당 기업이 이익이 있을 경우 배당금을 받을 수 있고, 기업의 실적이 좋으면 주식 가격 자체가 올라갈 수도 있죠. 그러나 반대로 기업이 파산하거나 여러 가지 이유로 상장폐지가 됐을 경우에는 투자한 돈을 모두 잃을 수도 있는 고위험 상품입니다.

④ ETF

ETF는 인덱스 펀드를 거래소에 상장시켜 주식처럼 자유롭게 거래할 수 있도록 만든 것을 말합니다. 펀드처럼 소액으로 다양한 종목에 투자할 수 있고, 펀드매니저를 통하지 않고 일반 주식처럼 내가 직접 매수하고 매도할 수 있다는 것이 특징입니다. 즉 주식과 펀드를 혼용한 하이브리드(Hybrid)형이라 말할 수 있겠죠.

나머지 채권과 파생상품에 대해서는 좀더 자세히 알아보도록 하겠습니다.

양도 가능 차용증서 채권

채권은 타인에게 양도할 수 있는 차용증입니다. 표면금리 이자를 확정적으로 받을 수 있는 확정이자부 증권(fixed securities)으로, 다시 말하면 '고정금리 예금'인 셈이죠. 주식과 달리 액면가(par vlaue)를 만기시점에 채권 보유자에게 상환해야 합니다. 원리금 상환기간이 미리 정해져 있는 점도 주식과 다르죠. 그래서 채권을 기한부 증권(term-limited securitues)이라고도 합니다.

또한 주식 배당은 수익이 날 때만 배당금으로 주면 되지만, 채권 이자는 수익 발생 여부와 상관없이 지급해야 합니다. 동시에 시세차익을 보고 팔 수 있다는 점은 주식과 비슷합니다.

채권을 이렇게 생각하면 쉽습니다. 전봇대에 붙어 있는 과외

전단지를 떠올려보세요. 오징어 다리처럼 가윗밥을 주어 연락처를 떼어갈 수 있게 만들어졌죠? 이 전단지를 통째로 가지고 있는 사람이 채권자입니다. 오징어 다리 부분이 쿠폰이고, 이것을 약속된 날짜에 채무자에게 갖고 가면 이자를 받을 수 있습니다. 채권에서 이자를 쿠폰이라고 하는 이유입니다.

다음 약속된 날짜에 다른 쿠폰을 또 떼어가서 또 이자를 받습니다. 이렇게 이자를 받다가 쿠폰(오징어 다리)이 남아 있는 채권(전단지)을 다른 사람에게 팔 수도 있습니다. 그 채권을 산 사람은 다음 약속일자에 가서 채무자에게 이자를 받고, 마지막에는 전단지 전체인 원금을 받을 수 있습니다.

그런데 채권 표면금리보다 시중금리가 높아지면 그 시점에 새로 발행되는 신규 채권의 표면금리는 이전 채권보다 높습니다. 그래서 내가 가지고 있던 채권은 시장에서 매력을 잃게 되겠죠. 즉 내 채권을 사고자 하는 수요가 떨어지고, 내 채권 가격은 하락하게 됩니다.

채권은 주식에 비해 가격변동성이 작고, 만기까지 보유할 경우 그 발행기관이 파산하지만 않는다면 원금을 돌려받을 수 있기 때문에 위험이 덜합니다. 만약 발행기관이 파산하는 경우에는 채권자가 주주보다 청산순위가 앞서기 때문에 채권의 투자위험이 주식에 비해 상대적으로 작다고 할 수 있습니다. 단, 'high risk, high return'에 따라 채권의 기대수익률은 주식에 비해 낮겠죠.

발행 주체에 따라서 정부가 발행하면 국채, 지방단체가 발행하면 지방채, 정부가 설립한 특수법인회사에서 발행하면 특수채, 주식회사의 형태를 갖춘 기업이 발행하면 회사채, 개인이 발행하면 사채라고 불립니다.

또한 원리금 상환 만기에 따라서는 1년 이하면 단기채, 1년 초과 5년 이하면 중기채, 5년 초과면 장기채로 불립니다.

마지막으로 모집 방법에 따라 발행자가 특정 투자자만 채권을 살 수 있도록 사전에 정하고 발행하면 사모채, 일반 투자자가 자유롭게 살 수 있는 채권은 공모채라고 구분하고 있습니다.

• 주요 특수채권

첫째, 전환사채(CB ; Convertible Bond)는 회사채로 발행되었지만 일정기간이 경과하면 보유자가 주식으로 전환할 수 있는 권리가 있는 채권입니다. 만기시점의 주가가 일정 이상으로 올랐으면 주식으로 전환해 추가 수익을 얻고, 아닐 때는 채권으로 보유하면 되겠죠. 즉 보유자가 유리한 조건이기 때문에 일반 채권에 비해 금리는 약간 낮습니다.

둘째, 신주인수권부사채(BW ; Bond with Warrant)는 일정기간이 경과한 후 행사가격으로 발행사의 신주를 인수할 수 있는 권리가 있는 채권입니다. 전환사채와는 달리 채권은 그대로 가지고 있으면서 신주인수권이라는 옵션이 추가됩니다. 역시 보유자에게 유리한 조건이기 때문에 일반 채권에 비해 금리는 낮습니다.

셋째, 교환사채(EB ; Exchangeable Bond)는 전환사채와 비슷하나 발행회사의 주식이 아닌, 그 회사가 보유중인 타 주식을 보유하게 된다는 점에서 약간 차이가 있습니다.

금융공학의 결정체인 파생상품

파생상품은 주식, 채권, 원유, 외환, 농산물 등 기초 자산의 가격에 따라 가치가 재결정되는 상품입니다. 그 가치가 기초자산의 가치 변동으로부터 파생되어 결정되기 때문에 '파생상품'이란 이름이 붙여졌습니다. 기초 자산의 가격을 토대로 수익률이 결정되기 때문에 증권보다 큰 수익을 남기거나 손실이 클 수도 있습니다.

원래는 불확실한 미래 가격 변동에서 오는 위험을 줄이는 헤지가 목적이었으나, 레버리지를 이용한 투기적 목적으로 많이 활용되고 있습니다. 그래서 다양한 파생상품과 파생결합증권 등 일반적인 투자 패턴을 벗어난 금융상품들이 많이 개발되고 있습니다.

"인간이 만든 가장 어려운 학문이 금융공학"이라는 말이 있잖아요. 그 결과물이 아마 파생상품이 아닐까 합니다. 파생상품은 일반인이 접근하기 어렵다는 단점이 있죠. 필요에 의해 파생상품에 투자해야 한다면 정확히 알고 제대로 활용해야 합니다.

대표적인 파생상품으로는 선물과 옵션, 파생결합증권 등이 있습니다. 선물과 옵션은 한국거래소에서 거래되므로 장내파생상품이라 하고, 은행이나 증권사에서 판매하는 주가연계증권은 거래소를 통하지 않고 시장 참가자 간에 직접 거래되므로 장외파생상품이라고 구분합니다. 요즘은 파생상품에 쉽게 접근할 수 있고, 비교적 안전한 주가 연동형 상품인 ELS에 자금이 많이 모여들고 있습니다.

① 선물

선물의 기초 자산은 현물입니다. 실체가 없는 선물은 현물을 토대로 그것의 미래 가격을 현재에 사고파는 거래를 말합니다. '선(先)매매, 후(後)물건 인수'의 개념이죠. 그렇기 때문에 선물을 사고파는 시기가 지나면 소멸합니다. 선물 거래의 핵심은 가격변동 리스크를 줄이는 헤징(hedging)입니다.

밀을 생산하는 농부는 가을에 밀값이 어떻게 될지 모릅니다. 그러나 빵집 주인은 밀값의 변동에 따라 크게 손해가 날 수도 이익이 날지도 모르는 채 빵의 가격을 정하고 수익을 예상해야 합니다. 그래서 둘은 만나서 미리 밀값을 정해두고 거래를 합니다. 미래의 불확실성을 회피하고 싶은 인간의 본성 때문에 아주 오래전부터 선물거래는 존재했다고 합니다.

② 옵션

옵션거래는 주식, 채권, 주가지수 등 특정 자산을 장래의 일정 시점에 미리 정한 가격으로 살 수 있는 권리와 팔 수 있는 권리를 매매하는 거래를 말합니다. 장래의 특정 시점에 주식을 살 수 있는 권리로 매입자가 유리한 콜(call)옵션, 주식을 팔 수 있는 권리로 매도자가 유리한 풋(put)옵션이 있습니다.

선물과 다른 점은 이러한 권리를 상황에 따라 포기할 수도 있다는 점입니다. 옵션 계약 당시보다 약속한 날짜에 기초 자산의 가치가 떨어졌다면, 매입할 수 있는 권리를 포기하고 프리미엄만 손해보는 것이 가능합니다. 옵션계약은 불평등한 계약입니다. 유리한 조건을 맺는 옵션매입자가 옵션매도자에게 일정한 대가를 지불해야 하는데 이것을 프리미엄이라고 합니다. 즉 프리미엄은 옵션매입자가 선택권을 갖는 대가로 옵션매도자에게 지급하는 금액이죠. 옵션의 가격은 바로 이 프리미엄의 다른 말입니다.

③ 파생결합증권(ELS, ELD, ELF)

일정 자금 이상 손실이 나지 않도록 설계된 파생상품입니다. 수익을 극대화하려는 목적이지만 선물이나 옵션에 비해 상대적으로 덜 위험하며 일반인이 접근하기 쉽다는 게 장점입니다. ELS(Equity linked securities, 주가연계증권)가 가장 대표적인 파생결합증권입니다. 주가나 지수 변동에 따라 만기에 이익을 추가해 받을 수 있습니다. 투자금의 일부는 원금의 안정성을 위해 채권에 넣고 나머지는 주가지수나 개별 종목에 투자합니다. 세제 혜택과 예금 대비 높은 수익률 이라는 장점이 있지만 만기 전에 현금화가 어렵고 원금을 받지 못할 수도 있다는 단점이 있습니다. 그 외에 ELD(Equity linked deposit ; 주가연계예금), ELF(Equity linked fund ; 주가예금펀드)도 있습니다.

다들 중요하다고 하는 신용

어떻게 해야 신용 점수를 높일 수 있을까? 결론부터 말하면 '감내할 수 있는' 수준에서 돈을 빌리고 연체하지 않고 철저하게 갚는 사람이 최고 점을 얻는다. 일부에서는 아예 돈을 빌리지 않는 사람이 신용도가 높은 것 아니냐고 반문한다. 그러나 금융사 입장에서는 그렇지 않다. 돈을 빌리지 않으면 이 사람이 제대로 돈을 갚을 수 있을 것인지에 대한 아무런 정보를 얻지 못한다. 그러니 점수를 높게 주고 싶어도 줄 수가 없다. 실제 필자도 최근 대출을 새로 받았더니 신용등급이 되레 올랐다. 또 금융사로서는 돈을 빌리고 이자를 꼬박꼬박 내는 사람이 고객이다. 그러니 대출경험이 있는 사람에게 좋은 점수를 주게 된다. 카카오뱅크가 제시하는 신용 점수 관리하는 팁도 새겨들을 만하다. 첫째, 연체는 단 하루라도 안 된다. 연체금액을 갚았다고 바로 신용등급이 회복되지 않는다. 연체를 상환하더라도 90일 미만 연체는 1년간, 90일 이상 연체는 5년간 신용평가에 정보가 활용된다는 점을 기억하자. 둘째, 보증도 대출이다. 보증금액만큼 나의 신용이 활용된 것이기 때문에 신용평가에 부정적일 수 있다. 셋째, 대출 먼저 갚고 적금을 가입해야 한다.

[시티라이프 2019. 6. 25.]

개인이 신용 점수를 관리하는 방법을 알려주는 정보 기사입니다. 현재 인터넷은행인 카카오뱅크에서는 '내 신용정보'를 코리아크레딧뷰로와 제휴해서 알려주고 있으니 수시로 자신의 신용을 체크해보세요.

우리는 생활 속에서 '신용'이라는 단어를 자주 사용합니다. "그 사람은 신용이 있다" "이 신용카드는 혜택이 많다" "신용등급 관리를 해둬야 한다" 등등 말입니다. 경제생활을 함에 있어서 신용은 돈과 관련된 믿음이라는 의미에서 매우 중요합니다. 금융가에서는 돈을 빌린 사람이 돈을 제대로 갚을 능력이 있는가를 신용이라고 합니다.

신용으로 돌아가는 경제

신용을 바탕으로 일으킨 부채가 사람들이 자신의 소득보다 더 많은 지출을 가능하게 합니다. 다시 말해 신용은 미래의 소득을 당겨서 소비하는 것을 말합니다. 물론 대출을 일으키지 않고 자신의 소득 내에서 지출하면 좋겠죠. 그러나 학자금, 주택자금, 결혼비용, 창업비용 등의 마련을 위해 돈을 꼭 빌려야 할 때가 있습니다. 그럴 때는 대출을 현명하게 활용해야겠지요?

소득에 신용을 더해 거래가 이루어지면 경제는 거품이 생기기 시작합니다. 현재 소득보다 많은 소비를 한다는 말은 결국에는 미래의 소득을 앞당겨서 쓰는 것이기에 훗날 적은 소비를 해야 한다는 것을 의미합니다. 그러나 그 미래에 소득 수준이 나빠져서 대출 원리금을 갚지 못하는 일이 발생한다면, 카드 연체율이 높아지고 대출 상환이 늦어지는 악순환이 생깁니다. 그 비율이 점점 많아진다면 그때 경기는 나빠지기 시작합니다.

미국 서브프라임 모기지론의 대출 부실화도 이러한 개인신용 관리의 부족에서 나온 사태입니다. 미국의 신용 중 가장 낮은 서브프라임 등급의 사람들에게 주택담보대출을 100%로 해주었기 때문에 집값이 하락하자 대출 연체가 시작되었고, 집이 안 팔리면서 집값이 폭락하게 되었던 것입니다.

그렇다면 안정적인 경제성장을 위해 대출을 없애야 하는 것 아닐까요? 그건 아니겠죠. 대출이 없으면 경제는 축적된 기술과 생산성 증가만으로 돌아가기 때문에 느리게 성장할 것입니다. 신용으로 일으킨 대출이 경제성장을 가속화시키기 때문입니다.

신용평가기관

신용평가에 의해 금융 거래비용이 좌우됩니다. 신용도가 높은 기업은 싼 이자로 돈을 빌릴 수 있고, 신용도가 낮은 기업은 대출이 불가능하거나 높은 이자를 감수해야 합니다. 안전하게 돈을 회수받을 수 있는지에 대한 안전장치이므로 신용에 따른 차별은 당연한 것입니다.

신용은 누가 어떻게 평가할까요? 대출이나 투자에 앞서 대상자의 신용 상태를 확인할 수 있는 지표가 신용평가입니다. 신용평가 회사가 기업의 재무상황, 경제적 요소 등을 고려해 신용도 등급을 매기는 일을 전문적으로 하고 있죠. 국내에는 한국기업평가, 한국신용평가, 나이스신용평가, 서울신용평가 등이 있습니다.

또한 국제금융시장에도 신용평가 회사가 있습니다. 여기서 분석한 국제 신용등급에 따라 그 나라 정부 및 기업이 해외에서 금융거래를 할 때 거래 가능 여부, 이자율, 상환 기간 등에서 차이가 납니다. 국가의 신용등급은 외채 규모, 외환 보유고, 재정상태, 경제성장률, 물가상승률 등 그 나라의 대내외적 지표를 반영해 결정합니다. Moody's, S&P, Fitch IBCA 등이 있습니다.

개인의 신용은 어떻게 평가될까요? 회원사들은 개인 고객의 대출기록, 금융상 거래내역 등을 신용정보 집적기관인 크레디트뷰로(CD ; Credit Bureau)로 보내고, 이곳에서 취합된 여러 기관의 정보를 융합해 개인신용을 매겨 다시 뿌려주는 시스템입니다. CD로는 나이스평가정보, 코리아크레딧뷰로 등이 있습니다.

지난 2018년 12월 28일 금융위원회는 10등급으로 나누어 관리하던 신용등급제를 1천 점 만점의 점수제로 바꾸겠다고 발표했습니다. 이는 보다 세밀하게 개인신용을 관리해 억울하게 대출 불이익을 받지 않도록 하겠다는 뜻이며, 현재 단계별로 확대 시행되고 있습니다.

은행, 카드사, 이동통신회사 등의 거래 정보가 CD사로 넘어가므로 연체 발생을 미연에 방지해야 합니다. 신용평가가 낮으면 대출 거절이나 높은 이자율 적용, 신용카드 발급 제약, 취직시 제약 등의 불이익을 받을 수 있기 때문이겠죠.

개인이 스스로의 신용을 관리하는 것은 지금과 같은 신용사회에서 매우 중요합니다. 수시로 본인의 신용정보를 금융기관이나 전국은행연합회, NICE 등에서 조회해보는 것이 좋습니다.

톰 소여에게 배우는
경제적 사고

『톰 소여의 모험』은 출간된 지 140여 년이 훨씬 지난 마크 트웨인의 소설로 지금까지도 여전히 사랑받고 있습니다. 미국 미시시피 강변의 작은 마을 세인트 피터스버그에 사는 톰 소여와 그의 친구 허클베리핀의 흥미진진한 모험담으로 가득 찬 이야기이죠.

여기 소설 속 한 에피소드에서 우리는 '경제 고수' 톰 소여의 놀라운 능력을 확인할 수 있답니다.

어느 더운 여름날, 톰은 이모의 명령으로 무려 3미터가 넘는 울타리를 30여 미터나 페인트칠을 해야 했습니다. 그는 페인트칠이 너무 싫어 남에게 넘기고 싶어 꾀를 냈습니다.

"나 같은 어린애가 울타리를 칠할 수 있는 기회가 흔하겠니? 이모님이 아주 중요하게 생각하시는 울타리라서 특별히 나한테 맡기신 거야." 아무도 하기 싫은 노동에 톰은 가치를 부여했습니다.

그러자 동네 아이들이 하나둘씩 모여들어 자기가 페인트칠을 하겠다고 지원합니다. 그러자 톰은 "그래도 마음이 안 놓여. 안 되겠어" 하며 한 번 더 튕기죠.

더 다급해진 것은 아이들이었습니다. 아이들은 이제 비용을 지불하면서 페인트칠을 할 수 있는 경험을 사기 시작했습니다.

얼마 지나지 않아 톰은 엄청난 자산가가 되었습니다. 아이들이 내놓은 사과, 분필조각, 개목걸이, 유리병 마개 등등 다양한 화폐 덕분에 말이죠. 그리고 톰은 나무 그늘 밑에 누워 유유자적하게 그들을 바라보며 웃음짓고 있었습니다.

톰은 정말 영리한 아이죠? 그가 한 경제활동은 어떤 게 있을까요? 톰의 경제활동을 5가지로 정리해보죠.

첫째, 고된 용역을 부가가치가 높은 체험 상품으로 완전히 바꿔 놓았습니다(발상의 전환).

둘째, 손에 넣기 어렵게 만들면 다들 탐낸다는 원리를 이용했습니다.

셋째, 한정된 공급(울타리 면적)에 수요(친구들 수)를 끌어들여 경쟁을 시켰습니다.

넷째, 교환대상자의 눈높이에 맞춰 다양한 종류의 화폐를 받았습니다.

다섯째, 근로소득에서 벗어나 사업소득을 얻는 '자본가'가 되었습니다.

3장

산업의 핵심인
주식을
재정의하다

큰 범위 내에서 주식도 금융에 속합니다. 그런데 여기에서는 주식만 좀 떼어내서 자세히 알아보려고 합니다. 왜 주식만 유달리 편애할까요?

경제신문에서 가장 비중 있게 다루는 부분이 산업면과 증권면입니다. 또한 정치면과 국제면 기사 중 이슈가 있을 때마다 연관지어 나오는 지표가 바로 주가지수이기도 합니다. 트럼프의 트윗 한 줄에 아시아 주가지수가 출렁이고, 북한 미사일 발사 소식에 코스피가 떨어지는 것도 이러한 이유지요.

그래서 주식은 산업의 핵심이자 자본주의 경제의 온도계라고도 부릅니다. 그래서 이번 장에서는 주식이 무엇인지에 대해 공부해보도록 하겠습니다.

회사의 주인은 누구일까요?

기관투자가들이 적극적인 주주활동 의무를 담은 '스튜어드십 코드'를 앞다퉈 도입하고 있는 것으로 파악됐다. 이미 97곳이 도입을 완료했으며 도입을 예고한 곳까지 합치면 곧 100곳을 넘어설 것으로 전망된다. 최근 한진칼·에스엠 등 몇몇 기업에 대해 기관들의 적극적 경영 개입이 이어지고 있는 가운데 하반기에는 주주가치 제고를 위한 목소리가 더 거세어질 것으로 보인다. 13일 한국지배구조원에 따르면 이 날까지 스튜어드십 코드를 도입한 자산운용사, 사모펀드(PEF), 증권사 등이 총 97곳으로 집계됐다. 지난 2017년 불과 18곳에 불과했는데 지난해 말 75곳으로 늘었다. 올 들어 이미 22곳이 가세했고 도입을 예고한 기관도 33곳에 달해 조만간 100곳을 넘길 예정이다. 스튜어드십 코드란 기관투자가들이 수탁한 자산에 대한 '선량한 관리자'로서 이행해야 할 구체적인 의무사항을 말한다. 기관은 이에 맞춰 투자한 기업에 배당, 투자, 기업 지배구조 등에 대해 적극적인 의사소통을 통해 주식가치를 끌어올리도록 하고 활동 내역을 공개한다. 주주 서한, 비공개 미팅, 의결권 행사 등이 대표적이다.

[서울경제 2019. 6. 13.]

기관투자가들이 투자자들의 자금을 관리하는 집사 노릇을 본격적으로 시작하겠다는 게 바로 '스튜어드십 코드' 도입입니다. 배당금 요구나 경영 참여 등의 활동을 통해 주주 권리를 보호해줄 것으로 예상합니다.

우리나라 기업의 대부분은 경영과 소유가 따로 분리되어 있지 않습니다. 그 이유는 기업의 최대 주주가 경영자이기 때문이죠.

그렇다면 경영자가 회사의 주인일까요? 개인사업은 투자와 경영이 일치하기 때문에 100% 지분을 보유한 사장이 주인입니다. 그러나 주식회사는 보유한 주식 지분만큼의 권리와 책임을 갖게 됩니다. 그렇기 때문에 회사의 주인은 경영자가 아니라 주주입니다.

주식의 시작

주식은 16세기 네덜란드 동인도회사가 최초로 발행했습니다. 당시 유럽에서 아시아와 무역을 위해 배와 선단을 꾸려야 했는데 그 비용이 막대했기에 자본이 부족했죠. 또한 선박 운행 중 파도로 인해 좌초되기라도 하면 회사가 파산될 위험도 있었습니다. 그래서 일반인들의 투자를 받아 운영하고 이익과 위험을 나누면 되겠다고 판단해 투자자를 모집했습니다.

그런데 누가 얼마를 냈는지 알아야 이익도 공정하게 배분할 수 있지 않겠어요? 그래서 주식이라는 권리증서를 만들어 투자한 금액만큼 나눠줬던 것이 주식의 시작이었고, 이러한 주식을 사고파는 시장이 암스테르담에 생겨났습니다.

주식은 어떤 이익을 투자자에게 안겨줄까요? 발행한 주식을 통해 자본금을 확보한 기업은 사업을 하고, 이익금의 일부를 배당금으로 주주(株主)들에게 돌려줍니다. 또한 기업이 성장해 주식의 가치가 올라가면 주주는 주식을 팔아 차익을 낼 수도 있습니다. 즉 주식을 통해 기업의 이익을 나눠 갖거나 주식 자체를 사고팔아 이익을 볼 수도 있다는 것이죠.

물론 기업 실적이 나쁘면 배당금을 못 받으며, 손해를 보고 매도할 수도 있습니다. 심지어 주식이 상장폐지되는 경우도 있죠. 뿐만 아니라 막연한 기대감으로 시작한 주식투자가 한 번에 성공할 경우 더 큰 자금을 끌어들여 베팅해서 결국 더 많이 잃을 수도 있답니다. 그래서 주식은 어렵고 위험하다는 인식이 높습니다.

주식투자 선호도가 높아지는 이유

금융상품은 위험도에 따라 크게 4단계로 구분해볼 수 있습니다. 1단계는 현금, 예금이고, 2단계는 국공채, 회사채, 채권형 펀드 같은 채권 상품입니다. 3단계는 주식 중에서도 우량 주식, 주식형 펀드, 부동산이며, 4단계는 투기성 주식, 투기등급 채권, 파생상품으로 선물과 옵션이 이에 해당됩니다.

이렇게 주식은 3~4단계에 걸쳐 자리 잡고 있습니다. 그래서 주식은 안정성 측면에서는 예금보다 나쁘지만, 예금이자 이상의 수익률을 기대하기 때문에 저금리 시대에 투자가 늘고 있는 상황입니다.

현재 주식에 대한 선호도가 높아지고 있는 이유는 무엇일까요? 그 이유를 크게 4가지로 볼 수 있습니다.

첫째, 스마트폰을 통한 주식거래가 너무나 활발해졌기 때문입니다. 언제 어디서나 실시간으로 주식거래가 쉬워졌고, 해외주식에 대한 직접투자도 더욱 편리해졌기 때문입니다. 지금 세대는 주식을 공부하고 직접 거래하는 것을 전혀 어렵지 않게 생각하고 있습니다.

둘째, 유동성입니다. 언제든지 매도해 매매 체결일로부터 2일 후 입금됩니다. 단, 거래량이 적은 주식의 경우는 쉽게 거래가 성사되지 않아 원하는 물량을 팔려면 가격을 계속 떨어뜨려야 하기도 합니다. 반대로 급등하는 주식은 상한가에 걸어놔도 거래가 되지 않을 수도 있죠.

셋째, 적립식 펀드와 국민연금, 퇴직연금, 개인연금으로 구성된 이른바 '연금 3종세트'를 통한 불입금이 누적되면서 자연스럽게 주식시장이 팽창하고 있기 때문입니다.

넷째, 인플레이션 헤지 기능도 어느 정도 기대할 수 있기 때문입니다. 모든 종목이 그런 것은 아니지만, 인플레이션만큼을 제품 가격에 반영할 수 있는 경쟁력 있는 기업이라면 수익이 상승하는 구조이기 때문에 주가도 오른다고 볼 수 있습니다.

기업이 주식 총량을 늘리는 법

주식 수를 늘리는 방법은 증자입니다. 증자에는 주식을 발행할 때 대가를 받는 유상증자와 주주들에게 주식을 무상으로 배부하는 무상증자가 있습니다. 보통 유상증자가 대부분입니다.

① 유상증자

유상증자는 신주 발행에 의해서 자기자본이 확대되기 때문에 부채 사용을 억제하고 재무구조를 개선하는 방법 중 하나입니다. 실적이 좋고 더 성장성 있는 사업을 추진하기 위한 자금을 모으는 목적의 유상증자는 호재입니다. 그러나 회사 사정이 안 좋아 주식 수를 늘리는 것이라면 시장에 공급이 많아지는 상황이라 기존 주식의 가치가 더욱 떨어질 수 있습니다. 이럴 때는 유상증자를 시장에서는 악재로 받아들이게 됩니다.

② 무상증자

기존 주주들에게 그들이 소유한 주식의 비율로 새로운 주식을 공짜로 나눠주는 것을 말합니다. 무상증자를 할 때에는 기업 내부에 유보되어 있던 잉여금을 자본금으로 전환하고, 그에 해당하는 금액만큼 새로운 주식을 발행하게 됩니다. 단지 재무제표 항목간의 변동일 뿐이지, 실질적인 회사 자본의 증가를 말하지는 않는 증자입니다. 그래서 무상증자는 자금 조달이 목적은 아니고, 주주들에게 혜택을 주는 정책입니다.

그러나 실적과 상관없이 무상증자를 하는 경우도 있습니다. 시장 거래량이 너무 적을 때, 기업은 무상 증자를 통해 주식 수를 늘리기 때문입니다.

주식의 상장, 공모주

6일 한국거래소가 올해 공모주 성약을 거쳐 코스피·코스닥시장에 새로 상장된 12개사(기업인수목적회사 제외)의 지난 3일 종가를 조사한 결과 주가가 공모가 대비 평균 57.3% 상승한 것으로 집계됐다. 공모주 청약을 통해 이들 주식을 받은 투자자가 해당 종목을 보유하고 있을 경우의 수익률이다. 올해 들어 코스피 상승률이 9.3%, 코스닥이 13.8%인 것과 비교하면 공모주 투자자가 일반 주식투자자보다 훨씬 높은 수익을 올린 셈이다.

[서울경제 2019. 5. 6.]

성장성 평가 특례조건으로 2019년 상반기에 많은 기업들이 코스닥시장에 상장했습니다. 공모주의 특성상 장외시장에서의 거래가보다 낮은 가격으로 상장하기에 상대적으로 수익률이 높았습니다.

공모주란 일반에게 널리 투자할 사람을 구해 발행하는 주식을 말합니다. 쉽게 말하자면 증권가에 처음 입성하는 새내기주라고 할 수 있죠.

한때 강남 사모님들의 통큰 주식투자법으로만 알고 있었습니다. 하지만 지금은 스마트폰을 통한 주식투자 활성화로 정보 공개 접근이 쉽고, 청약절차가 간소해 일반인도 공모주 청약에 다수 참여하고 있답니다.

기업이 주식을 상장하는 이유

회사를 처음 설립할 때 자본금만큼 주식을 발행합니다. 기업 내부 임직원이 보유하고 있고, 장외시장을 통해서 일부 물량은 장외시장 거래를 하기도 하겠죠. 장외시장은 한국거래소(KRX)가 개설하는 시장 외에서 매매가 이뤄지는 시장입니다. 상장이 안 된 중소기업이나 벤처회사의 주식을 사고 팔 수 있도록 제도화된 시장으로, 거래방법에 따라 직접거래시장과 점두시장으로 구분합니다.

거래소시장이 다수의 매도자와 매수자가 가격을 제시해 거래하는 경쟁매매인 데 비해, 장외거래는 거래와 관련된 정보를 상호 교환해 직접 협상을 통해 가격, 수량, 결제시기 등이 정해지는 상대매매를 하고 있습니다.

장외시장은 전문 중개기관이 아닌 곳에서 거래할 경우 사기 등의 위험에 노출될 가능성이 있기 때문에 어느 정도 투명한 거래가 보장되는 곳에서 거래하는 것을 권합니다. 대표적인 장외거래 전문중개사이트로는 K-OTC시장(k-otc.or.kr), 38커뮤니케이션(38.co.kr), 피스탁(pstock.co.kr)이 있습니다.

회사가 성장하며 사업 규모를 키우기 위해서는 더 많은 자본금이 필요합니다. 그때 주식을 더 발행해 돈을 끌어와야 하는데, 이때는 기업을 공개해 자본금 모집을 공고합니다. 이를 기업공개(IPO)라고 하며 기업을 상장시키고 공모주를 발행합니다. 공모주를 받기 위해 일반일이나 기관은 청약할 수 있습니다.

단, 사모 형태로 주식을 발행할 수도 있습니다. 공모는 50인 이상에게 같은 가격과 조건으로 발행하는 방식이라면, 사모는 특정 투자자에게만 주식을 발행하는 방법입니다.

공모주 청약 따라잡기

경제기사에 종종 공모주 청약 관련 기사가 나옵니다. 이렇게 경제기사에 나올 정도면 수요예측 결과가 좋았기 때문이겠죠. 그래서 관련 기사를 보게 된다면 해당 종목은 한번 투자해보는 것도 좋습니다.

공모주는 방법만 알면 쉽게 접근하기 좋습니다. 어느 정도 자본이 있는 상태에서 공모 일정에 따라 청약증거금을 내고 신청을 하면 경쟁률에 따라 주식을 배당받는 방법입니다. 거래소에 상장하는 날 차익을 보고 팔 수도 있고, 계속 보유할 수도 있습니다. 공모주 청약 방법을 간단하게 알아볼까요?

① 일정 확인

38커뮤니케이션이나 피스탁에서 IPO(기업공개) 및 청약일, 환불일, 상장일 뿐만 아니라 주관사, 수요예측 경쟁률, 확정 공모가 정보를 얻습니다.

② 기업 정보 확인

사전에 회사의 사업내용이나 투자위험 등을 상세하게 파악하기 위해 '투자설명서'와 '〈증권발행실적〉 보고서'를 확인합니다. 금융감독원 전자공시시스템(dart.fss.or.kr)에서 기업명을 검색하면 내용을 볼 수 있습니다.

③ 청약 준비

해당 주관사 계좌를 사전에 만들고 청약증거금을 준비합니다. 청약증거금은 '주식수×공모단가'의 보통 50% 정도를 의미합니다. 문제는 배당 물량입니다. 청약경쟁률이 높을수록 상장 후 상승할 가능성이 높지만, 배정받을 수 있는 수량이 낮아지기 때문이죠. 주관사는 우대(200%), 일반(100%), 온라인(50%)으로 고객을 분류해 청약 물량을 배정합니다. 우대 기준을 미리 충족해두면 더 많은 주식을 배당받을 수 있지만, 아니라도 괜찮습니다.

④ 청약증거금 입금

청약증거금을 계산해보겠습니다. 가용할 수 있는 현금 수준에 따라 1억 원과 1천만 원을 예로 들어 설명해보겠습니다.

A라는 기업의 공모단가는 3만 원이고, 일반인 배정 물량은 6천 주, 청약증거금률은 50%라고 가정하겠습니다. 청약 경쟁률은 마감 전까지 알 수 없으니 수요예측 결과인 300대 1로 예상해보겠습니다. 상장 후 30%의 수익(주당 9천 원)을 보고 매도했

● 수익률 계산

가용 현금	청약증거금 계산식	청약증거금	배정 예상 주식수	예상 수익
1억 원	3만 원×6,666주 ×50%	9,999만 원	6,666주÷300 = 22주	9천 원×22주 = 19.8만 원
1천만 원	3만 원×666주×50%	999만 원	666주÷300 = 2주	= 1.8만 원

을 때 수익까지 시뮬레이션해보죠.

위의 표와 같이 미리 수익률을 계산해보고 투자를 결정합니다. 청약금이 많을수록 기대수익이 커지는 것을 확인할 수 있죠? 공모 청약일에 증거금을 이체하고 청약을 합니다.

⑤ 청약경쟁률 확인

보통 청약일은 이틀이며, 첫째날 경쟁률은 낮아 보이지만 둘째 날 사람들이 몰려 경쟁률이 높아집니다. 청약증거금이 워낙 높으니 하루라도 더 CMA 계좌에 넣어둬 이자를 받으려거나, 대출을 받아 청약을 하기 때문에 이자 부담을 덜려고 하는 겁니다. 높은 경쟁률이 예상되는 공모주는 배당받을 수 있는 주식의 수가 줄어들겠지만, 상장 당일 상한가를 기대할 수도 있습니다.

⑥ 예치금 반환

경쟁률에 따라 예치한 금액 비율만큼 주식을 받고, 남은 금액은 자동 환불받습니다.

⑦ 상장일 주가 확인

상장일 당일에 주가를 보며 매도 여부를 판단합니다.

공모주 투자시 주의할 점

공모주가 비교적 안정적이면서 수익을 기대할 수 있는 이유는 무엇일까요? 대부분의 창업자들이 일반인들에게 할인가로 주식을 주기 때문입니다. 신규 상장하는 데 긍정적인 신호를 유도하는 일종의 이벤트 성격도 있습니다.

아마 신규 상장일에 증권사에서 축하하는 사진들을 경제기사에서 종종 보셨을 겁니다. 이는 신규 상품 출시에 맞춰 고객을 잡기 위해 할인 판매를 하는 것과 비슷한 이치입니다.

청약 경쟁률이 높았던 종목일수록 주식에 대한 수요가 높기 때문에 상장 직후 주가가 급등할 가능성이 높습니다. 그렇다면 사전에 주식을 받은 기관투자자들이나 장외주식을 가지고 있던 사람들이 상장 직후 대규모로 매도해버리면 어쩌나 하는 걱정도 있습니다.

그런 위험에서 일반 투자자들을 보호하기 위해 기관이 일정기간 동안 주식을 매도하지 못하게 하는 '의무보유확약 제도'가 있으니 먼저 의무보유확약 기간과 유통 가능 주식비율을 확인해야 합니다. 공모주 상장 첫날 유통되는 주식수가 너무 많으면 주가가 곤두박질칠 수도 있기 때문이죠. 그래서 의무보유확약 비율이

50% 이상이고, 유통가능 주식 비율이 30%대 정도이면 상장하고도 한동안 안전하게 주가가 유지될 수 있습니다. 그러나 주식 시장이 좋지 않을 때는 공모주도 상장과 동시에 수익을 낼 수 없기도 합니다. 매출과 영업이익 등이 미흡하기 때문에 공모주 투자시에 더욱 주의해야 하겠습니다.

좋은 주식을 고르는 방법

1998년 12월 이채원 한국투자밸류자산운용 사장이 한국 최초의 가치주 펀드인 '밸류 이채원 1호'를 선보이면서 한국투자금융그룹의 가치투자가 시작됐다. '기업의 내재 가치보다 저평가된 주식에 투자한다'는 핵심 원칙에 따라 기업의 수익가치와 자산가치에 대한 정량분석을 통해 저(低)주가순자산비율(PBR: 시가총액/자본총계), 저주가수익비율(PER: 시가총액/순이익) 종목에 집중 투자했다. 시장지배력도 투자 핵심 고려 대상이었다. 이 대표는 이를 통해 가치투자의 성공 가능성을 보여줬다. 그리고 2006년 2월 가치투자 전문 운용사인 한국투자밸류자산운용이 출범한다.

[한국경제 2019. 5. 28.]

우리나라의 대표적인 가치투자자로 익히 잘 알려져 있는 한국투자밸류 이채원 사장에 대한 기사입니다. 좋은 주식을 고르는 방법의 정석으로도 알려진 것이 PBR과 PER가 낮은 종목을 사서 오래 가지고 있는 것이죠.

좋은 기업의 주식에 투자하기에 앞서 반드시 봐야 할 기본 지표들이 있습니다. 이 회사의 주요 사업이 무엇인가, 매출과 영업이익이 나고 있는가, 그렇다면 그 규모는 성장하고 있는가, 부채 수준은 적정한가, 이익이 나온다면 주주들에게 돌려주는 배당률은 괜찮은 편인가 등을 사전에 파악해야 합니다.

이런 부분들에서 좋은 지표를 가진 기업을 우리는 "펀더멘털(fundamental ; 기본)이 좋다"고 말합니다. 가장 중요한 6개 지표의 의미와 읽는 법을 알려드리겠습니다.

PER

PER(Price Earning Ratio ; 주가수익비율, 이익 대비 주가가 낮은지, 가성비)는 1주당 가격이 수익의 몇 배인지 나타내는 지표입니다. PER 계산식은 '시가총액/순이익'입니다. 주식이 현재 이익에 비해 고평가인지 저평가인지를 판단하는 근거가 되기 때문에 가장 중요한 지표라고 할 수 있습니다.

예를 들어 10억 원짜리 건물에서 연 1억 원의 월세를 받는다면 이 건물의 PER는 10억 원 나누기 1억 원으로 계산해 10입니다. 만약 10억 원짜리 건물에 연 2천만 원의 월세를 받는다면 이 건물의 PER는 50이 됩니다. 따라서 PER가 낮으면 이익 대비 건물값이 저평가되었다는 의미로 해석할 수 있습니다. 반대로 PER가 높으면 이익 대비 주가가 높아 비싼 상태를 말합니다.

업종별로 차이는 있지만 일반적으로 보통 PER가 10 이하인 주식을 저PER주로 분류합니다. PER가 낮으면 이익 대비 주가가 저평가되었음을 의미하므로 앞으로 상승할 가능성이 높기 때문입니다.

ROE

ROE(Return On Equity ; 자기자본이익률, 기업의 수익성)는 자기자본으로 1년에 얼마나 이익을 냈는지를 나타내는 지표입니다. ROE 계산식은 '순이익/순자산'입니다.

예를 들어 은행에 10억 원을 넣었을 때 1년에 3천만 원의 이자를 받는다면 이자율이 3%죠? 이와 동일한 개념이 ROE라고 볼 수 있습니다. 그래서 ROE가 예금금리보다 낮으면 의미가 없고, 채권금리보다 높으면 양호한 편입니다.

추가로, 간단하지만 중요한 2가지 팁을 드리겠습니다. 코스피 평균와 업계 평균 PER을 비교해 그 기업의 ROE가 더 높은지, 최근 3년간 ROE가 지속 상승했는지 체크해보세요.

PBR

PBR(Price Book-value Ratio ; 주가순자산비율, 기업의 청산가치)은 기업의 시가총액 대비 순자산의 비율입니다. 특히 경기가 하락할 때 반드시 확인해야 하는 지표입니다. 현 시가총액보다 순자산이 많아야 기업이 망해서 청산할 때 주주들이 손실을 보지 않는다는 의미이기 때문입니다.

PBR 계산식은 '시가총액/순자산'입니다. 분모인 순자산이 시가총액보다 많은 값일 경우 PBR은 1보다 낮아집니다. 이 경우 자산 대비 주가가 저평가되고 있다고 보고, 이때 주식을 매수하면 안전마진(Margin of safety)을 확보하고 갈 수 있습니다.

매출이익, 영업이익, 영업이익률

기업의 성장성을 단적으로 확인할 수 있는 지표입니다. 먼저 회계에 쓰이는 몇 가지 이익의 종류를 간단히 알아보겠습니다.

매출이익은 매출액에서 매출원가를 뺀 금액입니다. 영업이익은 매출이익에서 다시 관리비와 판매비를 뺍니다. 경상이익은 영업이익과 영업외 이익(영업외 수익-영업외 비용)을 합산한 금액을 말합니다. 마지막으로 순이익은 경상이익에 특별손익을 더한 다음 법인세를 빼면 남는 최종 이익입니다.

매출이익은 3개년 연속 증가하는지, 주춤하다면 어떤 이유 때문인지 확인해야 합니다. 영업이익은 겉으로는 매출이 많은데 속 빈 강정인지 아닌지 확인할 수 있는 지표입니다.

따라서 매출이익에 대한 영업이익의 비율인 영업이익률이 최소 10%는 넘어야 괜찮다고 할 수 있습니다. 보통 공장 같은 시설

투자가 없는 산업군일수록 영업이익률이 높게 나옵니다. 이럴 때는 다시 동일 산업군 경쟁사의 영업이익률과 비교해봐야 합니다.

부채비율과 현금흐름표

재무적 안정성을 확인할 수 있는 지표입니다. 부채비율은 자기자본에 대한 부채 총액을 나타낸 비율입니다. 외부자본에 대한 의존도가 높을수록 기업 건전성이 떨어지기 때문이죠. 100% 이상이면 문제가 있고, 50% 이하 기업이라면 투자할 만합니다.

현금흐름표를 통해서는 그 기업의 유동성이 괜찮은지 확인할 수 있습니다. 당기순이익이 좋아도 갑자기 망하는 회사가 있습니다. 영업이 잘 되어도 부채를 갚을 현금이 없는 '흑자도산' 같은 경우가 발생하기도 합니다. 그래서 현금흐름표가 당기순이익보다 높은지 꼭 확인해봐야 합니다.

배당률, 배당금

배당금은 기업의 영업활동에 따른 이익의 분배 금액입니다. 기업이 한해 동안 얻은 수익에서 주주들에게 일정 부분의 지분을 나눠주는 것을 뜻하죠. 영업 실적 결산이 끝나면 이사회나 주주총회에서 배당률 가이드를 정하고 배당 일시와 금액을 발표합니다.

주주의 가치를 존중해 이익에 대해 적절하게 나눠주는 것이 원래 주식의 본질입니다. 그러나 불확실한 경제상황에서 사내 유보금을 가지고 있거나, 새로운 사업에 투자 또는 부채를 갚기 위해 이익금을 배당으로 돌려주지 못하는 기업들이 많습니다.

아직까지 우리나라 기업들은 배당성향이 19%(2018년 기준)로 낮은 편입니다. 그래서 배당성향이 30% 정도인 미국 주식에 투자하는 개인들이 늘고 있는 현실입니다. 다행히 우리 기업들도 주주를 동반자로 생각하는 경향이 늘어 주주환원정책이 선진국 수준으로 올라가고 있습니다.

배당금은 왜 좋을까요? 주주들이 은행에 예금을 하고 이자를 받듯이 주식을 소유하는 동안 이자를 받는 효과를 볼 수 있습니다. 즉 주식을 팔지 않아도 이익을 볼 수 있기에 고배당주를 위주로 투자하는 경우도 많습니다. 그래도 아직은 우리나라 주식 거래의 대부분은 배당보다는 시세차익에 집중하는 경향이 있습니다.

주가가 떨어지면 투자자는 매도하고 싶은 심리에 불안합니다. 그러나 배당금을 안정적으로 받을 수 있다면 주가의 출렁임에 크게 신경 쓰지 않아도 됩니다. 마치 예금에 넣어둔 돈처럼 이자를 받고 있으니 손해는 안 보고 있다는 뜻이죠.

배당금을 많이 주는 기업은 기업 이미지가 좋습니다. 자사주를 매입하거나 배당성향이 높은 기업은 주주친화적이라는 인식이 있기 때문입니다. 또한 점진적으로 배당을 늘릴 수 있다는 말은 실적이 좋다는 말과 동일하기 때문에 주가 상승의 긍정적인 신호로 해석할 수 있습니다.

주식거래에 앞서 알아야 할 것들

오는 30일 주식 매매계약 체결분부터 증권거래세가 인하된다. 코스피 주식은 0.15%에서 0.10%로, 코스닥은 0.30%에서 0.25%로 각각 낮아진다. 증권거래세가 인하됨에 따라 주식 양도소득세 과세 움직임도 구체화되고 있다. 정부는 관계부처와 전문가·학계 등이 참여하는 태스크포스(TF)를 구성해 금융세제 과세체계 전반을 손질한다는 계획이다. 기획재정부는 증권거래세를 인하하는 내용의 '증권거래세법 시행령' 개정안이 21일 국무회의에서 의결됐다고 밝혔다. 이에 따라 코스피 주식과 코스닥 주식거래세율은 각각 0.05%포인트씩 낮아진다. 코넥스는 0.30%에서 0.10%로 세율이 0.2%포인트 내려가고, 한국장외주식시장(K-OTC)은 0.30%에서 0.25%로 세율이 0.05%포인트 인하된다. 비상장주식과 장외거래에 대한 증권거래세율 인하는 법률 개정 사항으로, 정부는 올해 세법 개정안에 포함해 추진할 예정이다. 이번 개정안은 주식 매매 체결일 기준으로는 오는 30일 이후 체결분부터, 매매대금 결제일 기준으로는 다음달 3일부터 적용된다.

[경향신문 2019. 5. 21.]

금융거래 활성화를 위한 일환으로 2019년 6월부터 증권거래세가 인하되었습니다. 앞으로도 지속적으로 세법 개정안이 추진될 예정이라고 하니 후속 기사도 꾸준히 찾아봐야 하겠습니다.

주식은 주식시장에서 매수 희망가와 매도 희망가가 맞으면 거래되는 경쟁가격에 따른 거래입니다. 이러한 주식의 가격을 움직이는 데는 금리와 환율에 따른 자금 수급과 기업의 실적에 따른 배당금, 성장 가능성이 주된 요소입니다. 그러나 가장 중요한 것은 심리가 아닐까 합니다.

사람들은 주가가 떨어지면 공포에 쌓여 과도하게 매도하며 장밋빛 전망이 있으면 너도나도 매수합니다. 이러한 심리적 요인도 작용하고 있다는 것을 알고, 자신만의 원칙을 세워 시장에 대응해야 합니다.

주식시장은 어떤 게 있을까요?

한국거래소(Korea Exchange ; KRX)는 주식, 채권 및 파생상품을 거래하는 시장을 개설하고 관리하는 곳입니다. 그 이전에는 한국증권거래소, 코스닥증권시장, 한국선물거래소, 코스닥위원회로 나눠있었으나 2005년 통합해 자본시장법에 의해 설립된 주식회사입니다.

한국거래소(KRX)가 개설 및 운영하는 시장으로 요건을 충족하는 주식을 상장시키고, 증권회사와 전산망을 연결해 투자자가 증권회사를 통해 거래할 수 있도록 합니다. 그리고 주식거래의 시장 질서를 위해 금융감독위원회의 거래 감시를 받습니다.

주식 거래시장으로는 유가증권시장과 코스닥, 2013년 7월에 시작한 코넥스가 있습니다. 각각의 주식시장에 대해 좀더 상세히 알아보겠습니다.

① 유가증권시장

1956년에 개장해 국내 공인 증권거래 시장으로는 가장 오랜 역사를 가졌습니다. 현재 개장 이래 삼성전자, 현대자동차, POSCO, LG전자 등 세계적인 기업들이 상장되어 있습니다.

② 코스닥시장

IT(Information Technology), BT(Bio Technology), CT(Culture Technology) 기업과 벤처기업의 자금조달을 목적으로 1996년 7월 개설된 첨단 벤처기업 중심의 시장입니다. 기술력과 성장 잠재력을 가진 바이오, 기술주, 엔터테인먼트, 소프트웨어, 게임 등 시대를 선도하는 기업들이 참여하는 젊은 기업이 주를 이룹니다.

③ 코넥스

자본시장을 통한 초기 중소·벤처기업의 성장지원 및 모험자본의 선순환체계를 구축하기 위해 개설된 초기·중소기업 전용시장입니다. 하지만 투자 자격이 까다로워 투자 주체는 기관으로 제한되어 있고, 일반 투자자는 거래 계좌에 3억 원 이상 넣어두거나 펀드 가입 등을 통해 간접투자를 할 수 있었습니다. 그러나 최근 '혁신금융 추진 방향'의 일환으로 코넥스 심사를 완화하고 투자 예탁금을 3천만 원으로 낮춰 거래시장 활성화를 위해 노력하고 있습니다.

주식시장의 참여자들

주식시장에 함께 참여하는 사람들이 누군지도 살펴봅시다. 기관투자자, 외국인 투자자, 개인투자자로 나눠볼 수 있습니다.

기관투자자는 개인이나 법인으로부터 받은 자금을 운용하는 사람으로 금융관련 전문 자격증과 고도의 지식을 갖춘 전문가들의 집단입니다. 연금기금, 투자신탁회사, 보험사, 은행 등에 소속되어 있습니다.

외국인 투자자는 절대적인 매매 비중은 가장 작으나 정보력과 첨단 금융시스템으로 주식시장에 미치는 영향력은 매우 큽니다. 외국 투자신탁 같은 전문회사들입니다. 이들은 주가와 함께 환율 변동까지 고려하며 투자하기 때문에 국제 정세와 금리 변동에 따라 자금을 환전해 나가기도 합니다. 일반적으로는 달러가치가 상승하면 외국인은 매도를 하고, 달러가치가 하락하면 매수에 비중을 두는 전략입니다.

마지막으로 개인투자자입니다. 거래 비중의 70% 가까이를 차지하지만 개개인의 특성에 따라 가지각색의 매매형태를 보입니다. 그저 열심히 회사를 다녔을 뿐인데 자사주를 받으며 주식을 묻어두기도 하고, 연금이라고 생각하며 고배당 주식을 떨어질 때마다 매수하는 개인도 있습니다. 보너스가 생길 때마다 꾸준히 국내 시총 1위 기업 주식을 매수한다거나, 경제위기 때마다 보유했던 외화예금을 깨서 주식을 사들이는 개인도 있습니다.

그러나 개인투자자 중 가장 많은 유형을 차지하는 건 운이 좋아 큰 수익을 본 후 자신의 능력을 과대평가해 베팅했다가 큰 손해를 보고 주식시장을 떠나는 케이스죠.

통상 "주식으로 수익을 얻으려면 외국인과 기관을 따라하면 된다"는 말이 있습니다. 그들은 수많은 정보와 데이터를 통해 냉철하게 판단해 투자하기 때문입니다.

초보자를 위한 주식거래

이제 본격적으로 주식거래에 대해 정리해보겠습니다. 먼저 본인의 계좌를 만들어야 합니다. 신분증을 가지고 은행이나 증권사에 가서 계좌를 개설하거나, 요즘은 편리하게 PC나 스마트폰으로 비대면 계좌를 만들 수도 있습니다. 대개 비대면 계좌가 수수가 없거나 저렴하고, 환전우대 등의 혜택도 많습니다.

거래는 증권사 영업장에 가서 직접 주문서를 넣거나 증권사 직원에게 전화를 해 "어느 회사의 주식을 얼마에 몇 주 사겠다(또는 팔겠다)"라고 지정가 주문 또는 "시세대로 매매해달라"라고 말하는 시장가 주문이 가능합니다. 개인이 PC나 스마트폰에 앱을 깔고 직접 거래 추이를 보면서 주문을 하기도 합니다. 미체결 상태라면 가격과 수량의 정정과 취소도 가능합니다.

매매거래일은 월요일부터 금요일까지입니다. 토요일, 법정공휴일, 근로자의 날, 12월 31일, 기타 거래소가 휴일을 인정하는 날은 거래가 없습니다. 주문시간은 정규 거래와 시간외 거래가 있습니다. 정규 거래는 오전 9시에서 오후 3시 30분까지입니다. '가격, 시간 우선의 원칙'을 적용한 매매경쟁으로 체결됩니다. 즉 매수주문의 경우 가장 높은 가격을, 매도주문의 경우 가장 낮은 가격을 우선적으로 체결하고, 동일한 가격의 주문 간에는 시간상 먼저 접수된 주문이 우선 처리됩니다.

동시호가는 오전 8시 30분부터 오전 9시까지, 오후 3시 20분부터 오후 3시 30분까지입니다. 동시호가란 주문을 모두 모아 같은 시간에 주문 접수된 것으로 간주해 '가격과 수량 우선의 원칙'으로 단일가격(시초가, 종가)에 체결합니다. 시간외주문은 오전 7시 30분에서 오전 8시 30분까지와 오후 3시 30분부터 오후 6시까지입니다.

시간외 호가는 장전 시간외 종가가 오전 8시 30분부터 40분까지 전일 종가로 거래되며, 장후 시간외 종가는 오후 3시 40분부터 오후 4시까지 당일 종가로 체결됩니다. 시간외 단일가는 오후 4시부터 오후 6시까지 10분 단위로 '당일 종가 ±10% 이내'로 거래가 체결됩니다.

결제시점은 매매 체결일로부터 3영업일입니다. 매수자 쪽 증권거래계좌에서 예탁금을 주식으로 바꾸거나 매도자 쪽 계좌의 주식을 현금으로 바꾸는 데 소요되는 시간인 것이죠. 그래서 영업일 기준으로 3일째 되는 날에 본인의 계좌에 들어온 주식 판매대금을 확인할 수 있습니다.

공시와 투자의견

금융당국의 '올빼미 공시' 근절 방침에 잉크가 마르기도 전부터 제재 수위를 높여야 한다는 목소리가 쏟아져 나오고 있다. 지나친 규제가 시장의 자율성을 해칠 수 있다는 우려도 나오지만 제도 악용을 막기 위해 더 강력한 처벌이 필요하다는 주장에 힘이 실린다. 금융위원회는 지난 2일 정례회의에서 코스닥시장의 공시 건전성을 높이기 위한 방안을 내놓았다. 공시관리 강화 노력에도 유가증권시장 대비 코스닥시장의 불성실 공시가 빈번하게 발생했다는 이유에서다. 이 중에는 설·추석 등 명절을 포함한 연휴 직전이나 연말 증시 폐장일처럼 투자자 주목도가 낮은 시점에 자사에 불리한 악재성 정보를 내놓는 이른바 올빼미 공시 근절 방안도 담겼다. 이는 유가증권시장에도 동일하게 추진될 예정이다.

[서울경제 2019. 5. 7.]

공시 의무는 주식을 발행하는 기업이 가져야 할 대표적인 의무입니다. 그러나 회사에 나쁜 소식은 가능한 늦은 시간에 발표해 장중의 주가하락을 막곤 합니다. 주주들이 입을 피해는 고려하지 않은 채 말이죠.

기업에 대한 내용을 직접 발표하는 것을 공시(公示)라 하고, 전문가인 애널리스트들이 관련 기사를 내는 것을 투자의견이라고 합니다. 둘 다 모두 주주, 채권자, 소비자 등 기업의 이해관계자들이 기업과 관련된 정보를 얻고 기업의 가치를 판단하는 데 쓰인다는 점에서 동일합니다.

기업이 내는 소리, 공시

공시는 기업이 직접 중요한 내용, 예를 들면 사업내용이나 재무상황, 영업실적 등을 발표하는 것이므로 주가에 많은 영향을 미칩니다. 특히 법적으로 반드시 알려야 하는 주식의 증자와 감자, 구조조정, 부도, 합병, 배당, 사업목적 변경, 최대주주 변경, 영업양도 등 주식 가격과 거래에 영향을 미칠 수 있는 것들도 있습니다. 그렇기 때문에 투자자 입장에서는 공시를 가장 주목할 수밖에 없습니다.

그러나 공시를 그대로 받아들이고 투자하기에는 무리가 있습니다. 이미 공시가 나기 전에 주가에 반영되었을 뿐만 아니라 허위 공시, 불성실 공시 등으로 낭패를 보는 경우가 의외로 많기 때문입니다. 작전세력들이 공시를 허위로 내고, 이에 투자자가 몰리면 본인들의 지분은 대량 매도해 주가를 폭락시키는 데 사용하는 경우도 있기 때문입니다. 물론 나중에 그들은 법적 처분을 받게 되겠죠.

법적으로 공시의무를 성실히 이행하지 않으면 제재 또한 따릅니다. 공시 변동, 공시 불이행, 공시 번복 등 불성실 공시를 한 경우 매매거래 정지, 관리종목 지정 및 상장폐지 등의 제재를 받게 됩니다. 또한 대표에게 민사적 책임까지도 물을 수 있고, 심하면 상장폐지도 될 수 있습니다.

안 좋은 소식은 숨기고 싶은 게 본능 아닐까요? 기업도 마찬가지로 악재성 공시는 투자자들의 관심이 적은 시간에 발표합니다. 원래 공시는 오전 7시에서 오후 6시 사이에 하도록 금융감독원이 지정해뒀습니다. 그러나 주식시장이 끝나고 공시 마감 1시간 전인 오후 5시를 넘거나 연휴 전날 발표하는 것을 올빼미 공시라고 부르죠. 보통 이 시간에 나오는 공시는 상장폐지 관련 내용이나 횡령, 자본잠식 등 나쁜 소식이 대부분입니다. 불리한 건 나중에 말하고 싶나 봅니다. 하지만 제대로 정보를 받지 못한 선의의 피해자들이 생길 수 있기 때문에 올빼미 공시는 지양되어야 마땅합니다.

증권가 전문가들의 소리, 투자의견

경제기사 외에 애널리스트 리포트까지 넓은 의미에서 투자의견이라고 말합니다. 이러한 투자의견은 항상 보수적인 눈으로 봐야 좋습니다. 대부분 미래에 대해서는 긍정적으로 예상하기 때문이죠. 그래야 안 될 일도 잘 풀릴 것 같지 않나요?

대부분 기업에 대한 투자의견은 '매수' 또는 '강력매수'입니다. 정말 사회적 물의를 일으켰거나 부도 직전으로 뉴스에 난 회사에도 투자의견은 공란으로 비워둡니다. 구체적인 매도 의견은 쓰지 않는 게 보통이죠. 목표 주가 역시 좀 높게 측정되는 경우가 다반사입니다.

애널리스트 의견대로 주식 종목을 선정해서 투자하면 모두 부

● 주식시장에 상장된 기업 수와 시가총액

상장된 기업 수   **2,298**사

코스피 789   코스닥 1,359   코넥스 150

시가총액   **1,497**조원

코스피 1,286   코스피 205   코넥스 6

출처: 한국거래소, 2019년 8월 16일 기준

자가 될 수 있을까요? 나름 기업을 분석하고 객관적인 입장에서 쓰려고 하겠지만, 그들도 조직에 속해서 일을 하고 월급을 받기 때문에 100% 자신의 진짜 생각을 쓸 수는 없습니다. 자신들이나 회사에서 투자한 종목을 추천하고, 이에 뒤따라 수요가 오면 주가가 오르길 기대하고 있을 수도 있겠죠. 이렇게 경제기사는 한 번 더 의심하고 생각해봐야 하는 과제가 늘 따라다닙니다.

공시와 투자의견을 100% 믿지 마세요. 주가가 반드시 기업의 실적과 정비례하지는 않지만, 공시와 주가의 연동을 함께 보는 연습을 해보는 것이 좋습니다. 그렇게 경제기사를 꾸준히 읽다보면 사실과 의견을 구분해낼 수 있습니다. 어느 정도 일정한 규칙을 발견할 수 있는 안목이 생기기 때문이죠.

주식시장을 교란하는 작전

주식에서 말하는 작전(作戰)이란, 시세차익을 목적으로 주가를 인위적으로 올린 뒤 내다 파는 불공정 거래를 의미합니다. 방법은 간단합니다. 거짓 정보를 흘려 투자자들을 현혹시켜 주식으로 자금을 끌어들입니다. 그렇게 올라간 차트를 보면 정보를 듣지 못했던 사람들도 '무언가 있나보다'라는 생각으로 그 주식을 따라 삽니다. 그렇게 한참 끌어올린 주식을 작전을 설계한 세력들이 한순간에 매도해 본인들은 수익을 얻고 시장을 유유히 떠나죠.

베렝거 사건

베렝거 사건은 주가조작으로 형벌을 받은 역사상 최초의 사건입니다. 나폴레옹 전쟁이 끝나가던 1814년 2월, 잉글랜드 남부 윈체스터 거리를 뛰어다니며 "나폴레옹이 죽었습니다. 연합군이 드디어 파리를 점령했습니다"라고 외치던 병사가 있었습니다. 장기간의 전쟁에 지쳐 있던 영국 국민들에게 이보다 더 좋은 소식은 없었겠죠. 이 소문은 영국 전역에 순식간에 확산되어 투자자들의 심리는 회복되었으며 주가는 폭등했습니다.

이를 보유하고 있던 일부 사람들은 주식을 팔아 막대한 이익을 봤습니다. 그러나 몇 주 뒤 이 소문이 거짓이었음이 판명되었고, 영국 정부가 조사해보니 드 베렝거라는 인물의 소행이었습니다. 그는 싼값에 주식을 산 후 의도적으로 소문을 퍼트렸고, 주가가 오르자 주식을 몽땅 매도해 엄청난 차익을 남겼던 것이죠.

돈스코이호 사건

2019년 우리나라에서 벌어진 돈스코이호 사건도 유명합니다. 1905년 러일전쟁 때 침몰한 '돈스코이호'를 발견했다며 투자자들에게 사기 행각을 벌인 신일그룹 임원들이 2019년 5월 1일 각각 실형을 선고받았습니다. 재판부는 불특정 다수의 피해자를 속여 거액을 편취한 사건으로 수천 명의 피해자들의 피해회복 가능성이 전혀 없다는 점을 고려해 양형을 내렸다고 밝혔습니다.

이들은 "돈스코이호에 150조 원어치의 금괴가 있는데 이 선박을 인양하기 위해서 자금이 필요하다. 암호화폐에 투자하면 수익을 주겠다"고 하며 2,600여 명으로부터 89억 원을 모았습니다. 뿐만 아니라 신일그룹과 관련주인 제일제강은 상한가를 기록했지요. 하지만 검찰 조사 결과 돈스코이호에 금괴가 있다는 주장의 근거는 없고, 신일그룹 역시 이 배를 인양할 의사와 능력이 없는 것으로 확인되었습니다.

4장

부동산,
어떻게 투자할
것인가?

우리는 학습된 상승 경험으로 부동산이 안전자산이라고 믿어 왔습니다. 그러나 정부의 각종 규제가 연이어 나오고 있고, 4차 산업으로 변화하는 과정이기에 부동산도 큰 변화를 맞고 있습니다. '부동산 혼란의 시대'라고까지 말하고 있습니다.

2017년부터 시작된 주택시장 상승장은 정부의 지속적인 규제 속에 오락가락을 되풀이하고 있습니다. 또한 스마트폰 지도앱과 배달앱의 확산으로 대로변 상권 공실률은 날로 높아져가고 있으며, 주 52시간제로 평일 저녁 도심상권이 쇠퇴하는 등 기존의 패러다임으로는 부동산투자가 어려운 시대입니다.

'지금 사야 하나 말아야 하나? 어디에 사야 하나?' 이 2가지 질문의 혼란스런 반복이 이어지고 있나요? 그렇다면 그 답을 찾을 수 있게 도와주는 것은 경제기사뿐입니다.

부동산이 가지는 의미

기획재정부는 유휴 국유지 중 개발 가능한 부지 100여 곳에 대한 활용 방안을 마련하기 위해 대국민 아이디어 공모를 추진한다. 기획재정부는 28일 오전 정부서울청사에서 구윤철 2차관 주재로 제4차 국유재산정책심의위원회를 개최했다. 이날 심의회는 2020년도 국유재산관리기금 운용계획안 등 4개 안건을 심의했고, 국유재산 총조사 후속조치 추진상황과 향후 계획을 논의했다. 구 차관은 "지난해 말 기준으로 1082조 원에 달하는 국유재산의 잠재력을 깨우고, 혼을 불어 넣는 것이야 말로 국가재정의 블루오션이 될 수 있다"고 강조했다. 이어 "국유재산을 보다 효율적으로 관리하고 적극적으로 개발할 수 있도록 제도와 시스템을 개선할 것"이라며 "국민이 국유재산 활용방안 마련에 직접 참여하고, 그 효용을 체감할 수 있도록 노력하겠다"고 밝혔다.

[아시아경제 2019. 5. 28.]

쉬고 있는 국가의 땅을 개발할 아이디어를 기획재정부에서 공모한다는 내용의 기사입니다. 땅은 지속적으로 개발할 수 있기 때문에 어떤 자원보다 효율성이 높다는 것을 이 기사를 통해 여실히 알 수 있죠.

서민들은 집을 살 때 거의 전 재산을 투자하고 그것도 모자라 대출을 받습니다. 한 조사 자료에 따르면 우리나라 가계자산 중 부동산이 차지하는 비중은 75.9%(신한은행 〈2019 보통사람 금융생활〉 보고서 만 20~64세 경제활동자 1만 명 대상)로 재산의 대부분을 차지하는 것으로 나타났죠.

이런 상황에서 만약 부동산 거품이 발생한다면 어떻게 될까요? 이자부담과 금융회사 부실과, 전세난 등으로 또 다른 문제가 나타날 수도 있습니다. 그럼에도 불구하고 사람들이 부동산에 투자하는 이유는 무엇일까요?

부동산의 3대 특성

자산을 불리는 방법으로 부동산이 가장 안전하다고 전통적으로 인식되고 있습니다. 지금은 부동산 분야가 빌딩, 상가, 창고, 아파트 등 다양하지만 결국 근본은 토지입니다. 토지는 위치가 고정되어 있고, 복제할 수 없으며, 재생이 가능합니다. 그런 이유로 부동산은 소모되지 않는 희소한 자원으로서 끊임없이 투자의 대상이 되고 있습니다. 부동산의 3대 특성에 대해 자세히 알아보죠.

① 위치 고정성

보통의 재화나 자본이 움직일 수 있는 데 비해 부동산은 고정자산입니다. 부동산은 수요가 많아도 더 만들어내거나, 잘 안 팔린다고 다른 지역으로 옮겨서 팔 수도 없습니다. 경북에서 사과가 많이 생산되어 전국으로 나눠 팔면 돈을 벌 수 있으나 경북지역 미분양아파트를 쪼개와서 서울에서 팔 수는 없잖아요. 그래서 "부동산은 첫째도, 둘째도, 셋째도 입지"라는 말이 있습니다. 입지의 기준은 시대에 따라 다르고, 개개인이 생각하는 가치관에 따라 다를 수 있습니다. 수요와 공급을 생각한다면 많은 사람들이 살고 싶어 하는 지역이 좋은 입지겠죠?

일반적으로 좋은 입지의 조건은 양질의 일자리가 많은 곳, 도심과 교통 연결이 좋은 곳, 상권과 학군이 발달한 곳, 더불어 자연환경이 좋은 곳 정도로 요약할 수 있겠습니다.

② 복제 불가성

토지는 유한하며 쓸 만한 땅은 부족합니다. 간척사업을 한다거나 산을 허물고 개간하는 등의 대규모 공사를 하지 않는 이상 공급은 한정되어 있죠. 우리나라는 수십 년간 경제성장을 통해 매우 빠르게 도시화가 진행되어왔습니다. 그 결과 도시를 중심으로 인구가 밀집했고, 서울과 지방 거점 도시들은 가격이 지속적으로 상승했습니다.

그렇다면 이러한 도시화가 가져온 부동산투자는 어땠을까요? 강남을 예로 들면, 입지 조건이 현재나 미래 모두 뛰어납니다. 그래서 강남의 기능을 분리하기 위해 다른 지역으로 관련 시설들을 옮기고 투자를 증액해도 강남 자체가 복제되는 것은 아닙니다. 강남은 추가로 공급할 수 없는 한정된 자원임에 반해 수요, 즉 강남 지분을 소유하고자 하는 욕망은 커져가고 있습니다. 공급이 없고 수요가 치솟는다면 시세차익을 노리는 투기가 만연할 수밖에 없고, 결국 투기의 악순환이 일어나는 건 너무나도 당연한 현상입니다.

③ 재생 가능성

부동산은 무한히 반복해 재생할 수 있습니다. 건물은 낡을 수 있겠지만 땅은 마모되거나 사라지지 않잖아요. 오히려 주변이 개발되어 그 땅의 가치가 더 올라갈 수도 있습니다.

강남의 40년 된 30평대 아파트가 30억 원씩 하지만, 지방의 신축 아파트가 3억 원에도 미분양이 나는 건 바로 땅의 가치 때문입니다. 강남의 오래된 아파트의 땅은 재생할 수 있다는 기대가 있기 때문에 오래된 건물도 값이 비쌉니다. 재건축을 했을 때 지금 값 이상을 받을 수 있다는 기대감 때문이겠죠.

이왕이면 토지 소유자가 한 명인 단독주택이 더 좋습니다. 재건축이나 재개발은 토지 소유권자가 많습니다. 대단지 아파트일수록 복잡한 이해관계와 각자의 사정 때문에 사업기간은 늘어나고, 심지어 해체되기도 합니다. 그래서 재건축, 재개발이 쉽지 않다는 것이죠.

다양한 부동산투자법

인생의 어느 시점에 있느냐에 따라 부동산을 바라보는 시각은 다릅니다. 사회초년생은 교통 좋은 위치이면서 저렴한 임대료를 내는 소형 오피스텔이나 쉐어 하우스를 원합니다. 신혼부부는 교통과 편의시설이 좋은 곳의 소형 아파트를 선호합니다. 어린 자녀가 있는 3~4인 가구는 학군이 좋고 안전하며 쾌적한 주변 환경을 가진 30평대 아파트를 원합니다. 40대 이상 부부는 노후를 대비할 수 있게 자산증식이 클 지역의 아파트를 선호하며, 50대 은퇴 후에는 임대 수입을 원하며 상가나 오피스텔 투자 등에 관심을 가집니다.

그래서 경제기사에서는 이러한 수요를 충족시킬 수 있는 분양 아파트 소식, 지역별 아파트 가격 동향, 특정 지역의 교통 및 호재 관련 자료, 경매 등을 다양하게 구성해 소개하고 있죠.

그러나 무엇보다 중요한 기사는 정부정책입니다. 정부의 부동산 대책이 규제인지 완화인지 확인할 수 있고, 신도시 건설이나 주요 SOC 사업 등 굵직굵직한 내용들을 수집할 수 있기 때문입니다.

부동산투자에서 가장 많은 비중을 차지하는 내집 마련에 대해 좀더 알아봅시다. 내집 마련이 중요한 이유는 가족과 편안하고 안정된 삶을 위해서입니다. 그리고 집값 상승에 따른 수익 창출과 인플레이션 헤지 차원의 자산 배분도 중요한 이유입니다.

언제 회사에서 나올지 모르고, 물려받은 자산이 없다면 더욱 간절하게 부동산 재테크를 준비해야 합니다.

사람들은 쉽게 접근하기 어려운 토지나 상가보다는 주택, 정확하게는 아파트에 더 관심이 많습니다. 부동산 기사에서 자주 볼 수 있는 용어를 중심으로 주택을 매매하는 방법에 대해 알아보겠습니다.

그래서 주택을 살까요, 말까요?

서울 아파트값이 지난해 고공행진하면서 서울 사대문안 '내집 마련'은 꿈만 같은 일이 되고 있다. 기존 아파트는 물론이고 신규 아파트 분양가도 오르며, 10년간 지출 없이 소득을 오롯이 모아도 서울 전용 84㎡ 아파트는 평범한 직장인에게는 언감생심이다. 4일 부동산114 시세 자료에 따르면 3.3㎡당 서울 아파트 가격은 지난 1년 새 2,180만 원에서 2,615만 원으로 올랐다. 기존 아파트의 시세 상승은 신규 아파트 분양가에도 영향을 주었다. 부동산114 분양가 분석 자료에 따르면 지난해(2018년) 서울 신규 아파트 평균 분양가는 3.3㎡당 2,749만 원으로 나타났다.

[아주경제 2019. 2. 4.]

월급을 모아 집을 사는 것은 불가능한 일이라는 기사는 20~30년 전에도 늘 있었습니다. 지금도 달라진 게 없죠. 그래도 경제기사를 꾸준히 보며 돈을 불리고 내집 마련의 기회를 잡을 수 있도록 노력해야 하겠습니다.

월급을 평생 받으며 살 수 있다면? 집주인의 횡포나 전세가 고민 없이 임대할 수 있는 집이 있다면? 아마도 부동산이라는 재테크는 이렇게 자리 잡지 못했을 것입니다. 구조조정의 압박과 집 없는 설움을 당하고 불편을 겪어본 사람들은 마음 편히 쉴 수 있는 내집에 대한 욕망이 커질 수밖에 없겠죠. 그래서 사회에 진출하고 월급을 받으면 제1의 목표가 내집 마련이 된다는 것이 대한민국 직장인들의 현실인지도 모릅니다.

최근의 주택 구입 트렌드

세상의 변화 속도는 너무나도 빠릅니다. 그러다 보니 주택을 구입하는 트렌드가 많이 바뀌고 있습니다.

예전에는 신혼살림을 전세로 시작해 대출을 받아 20평대 아파트를 사고, 아이가 커서 더 넓은 집이 필요하면 30평대로 갈아탔습니다. 그리고 다시 자녀들이 중고등학생이 되면 40평대로 옮겨가고, 그후엔 자녀들이 배우자 및 손자들과 놀러와도 될 만큼 넓은 집을 유지했습니다.

그러나 1인 가족이 전체 가구수의 28.6%(2017, 통계청)를 넘어섰습니다. 거주 비용에 부담에 느끼는 청년층을 위해 서울시는 2016년부터 만 19세에서 34세의 청년·대학생·신혼부부를 대상으로 월 20만~40만 원의 저렴한 임대료만 내도 거주할 수 있는 주택 공급을 늘리고 있습니다. 이러한 청년주택사업으로 2022년까지 8만 가구가 공급된다고 하니 이런 기회를 공략하는 것도 좋은 생각입니다.

신혼부부들은 전세자금 대출을 받아 편의시설이 좋은 오피스텔에 전세나 월세로 둥지를 틉니다. 아파트 값이 너무 오른 이유이기도 하지만 공유차량 서비스, 역과 가까운 위치, 상가와 주거가 함께 있어 생활이 편리하고, 빌트인 가구와 가전 등이 매력적이기 때문입니다.

전세나 월세를 살면서 분양을 기다립니다. 물론 현재 분양시장에서 85m² 이하는 100% 가점제이기 때문에 가점이 높지 않은 30대 초반 신혼부부는 일반 분양이 어렵습니다. 그래도 신혼부부특별공급이나 생애최초주택구입 등의 혜택은 남아 있습니다. 신축 아파트는 단지 내 차량 진입이 불가능해 아이들이 안전하게 다닐 수 있고, 어린이집을 입주자 우선으로 배정해주는 곳이 많아서 인기가 좋습니다.

이미 우리나라의 합계 출산율은 0.98(2018년 기준, 통계청)로 OECD 회원국 중 가장 낮은 수치이기 때문에 자녀들에게 방을 하나씩 주기 위해 40평대로 옮기던 수요가 사라지고 있습니다. 그리고 고령화시대를 맞아 길어진 노년기에 대비하기 위해 자녀들을 출가시키면 다시 중소형 평수로 역으로 갈아타는 수요가 오히려 생겨났죠.

부동산시장에 무작정 뛰어들면 안 됩니다. 뛰어들기 전에 사람들의 삶을 유심히 관찰해볼 필요가 있습니다.

집은 어떤 종류가 있을까?

주택은 소유자가 1명이냐 여러 명이냐에 따라 단독주택과 공동주택으로 구분할 수 있습니다.

단독주택은 일반적으로 한 세대가 단독으로 생활하기 위해 지은 주택을 말합니다. 그러나 건축법상에는 다중주택, 다가구주택, 공관도 포함됩니다.

다중주택은 학생 또는 직장인이 장기 거주할 수 있는 독립된 주거 형태가 아닌 연면적(각 층 바닥면적의 합계) 330m² 이하이고 층수가 3층 이하인 건물입니다.

다가구주택은 다세대주택과 혼동하기 쉬운데 주인집이 하나라는 점이 가장 큰 차이입니다. 1개동 바닥면적(지하주차장 면적 제외) 합계가 660m² 이하이며, 19세대 이하가 거주할 수 있고, 3층 이하인 주택입니다. 보통 주변에서 보기 쉬운 집주인이 1명인 원룸 건물이라면 다가구주택이라고 할 수 있습니다.

공동주택은 대지(垈地) 및 건물의 벽·복도·계단, 기타 설비 등의 전부 또는 일부를 공동으로 사용하는 각 세대가 하나의 건축물 안에서 각각 독립된 주거생활을 영위할 수 있는 구조로 된 주택을 말합니다. 아파트, 연립주택, 다세대주택, 기숙사가 이에 속합니다.

아파트는 주택으로 쓰이는 층수가 5개 층 이상이어야 하며, 연립주택은 주택으로 쓰이는 1개 동의 바닥면적(지하주차장 면적을 제외)의 합계가 660m²를 초과하고 층수가 4개 층 이하인 주택이고, 다세대주택은 주택으로 쓰이는 1개동의 바닥면적(지하주차장 면적을 제외)의 합계가 660m² 이하이고, 층수가 4개 층 이하인 주택입니다.

정리하자면, 공동주택은 규모에 따라 명칭이 나뉩니다. 규모는 '아파트〉연립주택〉다세대주택'의 순서입니다.

요즘은 본인의 취향과 라이프스타일에 따라 선호하는 주택 형태가 다양합니다. 그러나 투자와 실거주를 동시에 원한다면 아무래도 아파트가 더 낫습니다. 편의 시설과 안전, 주차장 여건 등으로 아파트를 사고 싶어 하는 수요가 다른 주택 형태보다 더 많기 때문이죠.

집은 어떻게 사는 거죠?

집을 사는 가장 손쉬운 방법은 이미 지어진 집을 중개업자를 통해 사는 것입니다. 인터넷에서 매물을 확인하고 중개업자를 통해 집을 둘러본 뒤 등기부등본을 확인한 다음 계약서를 쓰고 입주시 잔금을 치릅니다.

그 다음은 새 아파트를 사는 방법입니다. 분양 일정을 확인하고 견본주택을 방문해 구조와 자재를 본 뒤 금융결제원에서 운영하는 아파트투유(apt2you.com)에 신청을 한 후 당첨을 기다립니다. 청약에 성공하면 계약서를 작성하고 옵션을 선택한 후 2년여 동안 중도금을 넣다가 입주시 잔금을 치르고 입주합니다.

끝으로 경매, 공매를 통해서 집을 살 수 있습니다. 경매는 법원이 채권자의 요청에 따라 채무자의 물건을 매각하는 것이고, 공매는 한국자산관리공사 관할이며 국세 체납으로 압류된 자산을 매각하는 것입니다. 관할기관이 다르다는 것 외에 가장 큰 차이점은 인도제도에 있습니다. 경매는 낙찰자에게 인도 집행을 간소화하기 위한 인도명령 제도가 있으나 공매는 없습니다. 그래서 공매는 점유자와 합의가 되지 않으면 다시 명도소송을 제기해야 하므로 비용과 시간적 측면에서 더 까다롭고 불편합니다.

전세와 월세가 낫다면

만약 주택을 구매하지 않겠다면 전세(전월세)와 월세 중 선택해야 합니다. 전세는 집값의 50~80% 수준의 목돈을 전세보증금으로 내고 일정기간을 거주하는 제도입니다. 외국에는 전세라는 제도가 없고, 우리나라에만 있습니다. 그래서 외국인들이 한국에서 쉽게 집을 구하기 어렵다는 게, 집을 임대하는 데 목돈이 필요하기 때문입니다. 다달이 내는 통상 4~5%대의 월세보다는 1~2%대의 저금리 시대에 목돈을 보증금으로 내는 전세제도가 세입자에게 유리합니다.

전세보증금이 없으면 월세를 구합니다. 물론 마음에 드는 집이나 고급 렌탈. 쉐어 하우스 등에 입주하기 위해 월세를 선택하기도 합니다. 전세와 월세 모두 주택임대차보호법에 따라 보호받을 수 있으며, 반드시 전입신고와 확정일자를 받아놔야 나중에 문제가 있어도 원만히 해결할 수 있습니다.

세입자 보호를 위해 전세보증보험이란 상품도 있습니다. 전세 계약 종료시 임대인이 임차인에게 반환하는 전세보증금의 반환을 책임지는 보증상품입니다. 즉 전세입자가 집주인에게 보증금을 돌려받지 못할 경우 기관에서 대신 돌려받을 수 있습니다. 주택도시보증공사나 SGI서울보증보험, 위탁은행 및 위탁 공인중개사무소에서 가입할 수 있습니다.

이전에는 세입자가 가입할 때 집주인의 동의가 필요했으나 2018년 2월부터 동의 절차가 폐지되었고, 한도도 5억 원으로 상향조정되었습니다. 특히 요즘처럼 매매가 대비 전세가가 높고, 주택가격이 하락하는 시기에는 전세보증보험에 가입해야 나중에 계약 만료 후 불필요한 시비에 시달리지 않을 수 있습니다.

주택을 청약해봅시다

최근 변경된 청약제도도 잘 살펴봐야 한다. 지난해 바뀐 청약제도에 따르면 주택을 소유한 부모는 같은 세대라 하더라도 부양가족수에서 제외하도록 변경됐다. 청약통장 가입기간은 6개월 미만일 경우 1점, 6개월 이상에서 1년 미만일 경우 2점이 주어지며, 1년마다 1점씩 최대 17점이 가산된다. 당첨된 통장은 다시 사용할 수 없다. 청약통장 가입기간 가점은 가입일만 알고 있다면 아파트투유에서 자동으로 계산된다.

[매일경제 2019. 6. 22.]

우리나라의 신규 아파트 공급은 모두 주택공사에서 진행하는 청약제도를 통해서만 할 수 있습니다. 게다가 청약제도는 우리나라의 경제상황에 따라 수시로 바뀌니 미리미리 잘 준비해두어야 합니다.

아파트 청약제도는 신규 주택의 합리적인 배분을 목적으로 1977년에 도입된 '주택법'에 근거한 '주택 공급에 관한 규칙'에 의해 시작되었습니다. 처음에는 공공주택을 대상으로 '국민주택부금' 가입자에게 우선순위를 부여하는 방식이었지만, 이듬해 법이 제정되면서 민영주택까지 확대되었습니다. 그리고 지금까지 신규 아파트 청약은 정부 주도로 시행되고 있죠.

주택청약제도

새 아파트를 사기 위해서는 반드시 주택청약저축통장이 있어야 합니다. 물론 신축 아파트 입주를 위해 재건축 조합권을 사는 방법도 있습니다. 그러나 조합원 입주권은 선호하는 평수와 동호수를 고를 수 있다는 장점은 있으나 높은 초기 투자비용, 사업 종료 후 분담금 발생 가능, 높은 비용의 취득세 부담 등이 단점입니다. 그래서 일반분양 청약을 위주로 설명해보려 합니다.

도입부에 잠깐 언급했듯이 우리나라 신규 주택 청약은 정부 주도입니다. 그래서 정부의 부동산 정책에 중요한 도구가 되기도 합니다. 부동산 경기가 좋을 때는 청약 조건을 까다롭게 해 실수요자 위주로 개편하고, 반대일 경우에는 조건을 완화하고 세금 등의 혜택도 줍니다.

당첨의 기준은 가점제와 추첨제로 나뉩니다. 가점제는 무주택 기간, 자녀수, 거주자 주소, 청약통장 가입 기간과 예치금액 등으로 산출합니다. 무주택 기간 15년 이상(32점), 부양가족수 6명 이상(35점), 통장 가입 기간 15년 이상(17점)이 만점 84점입니다.

인기 좋은 지역의 가점제는 커트라인에 들려면 65점 이상이 되어야 안정권입니다. 가점 커트라인에 들지 못하면 바로 추첨제 대상입니다. 추첨제는 정말 추첨이기 때문에 경쟁률이 높은 분양 아파트는 '로또'라는 표현을 쓰기도 하는 이유입니다.

특히 부동산 열기가 너무 뜨거울 때에는 투기 세력을 막기 위해 1순위 조건을 강화하며, 전매 제한 기간을 8년까지 두기도 합니다. 또는 가점제와 추첨제 비율을 무주택자에게 우선권을 주는 쪽으로 바꾸므로 반드시 해당 기간에 자신의 자격 요건을 확인해야 합니다.

단, 미분양일 경우 청약통장이 없어도 당첨자 발표가 끝난 후 신청해 추첨 또는 선착순에 의해 매수할 수 있는 경우도 있습니다. 그러나 이것마저도 예비당첨자 비율을 5배수로 확대한다고 하니 인기지역에서는 이젠 어렵지 않을까 싶습니다.

청약의 첫걸음, 통장 만들기

청약통장은 2009년까지는 대상 아파트에 따라 청약저축, 청약예금, 청약부금으로 구분되어 있었습니다. 어떤 종류의 주택을 청약하느냐에 따라 납입하는 금액과 통장이 달랐던 것입니다. 사실 청약과 관련된 내용이 많이 복잡했죠. 그래서 2015년부터는 주택청약저축으로 통합되어 민영과 공공 모두 신청할 수 있게 간소화되었습니다.

주택청약저축은 예금과 적금에 비해 상대적으로 이율이 높아 저축용으로 사용하기도 하고, 무주택자의 경우 연말정산시 소득공제 연간 240만 원까지 40% 공제혜택도 있습니다. 2018년 7월에 새로 나온 청년우대형 청약통장은 10년간 5천만 원까지 3.3%의 연이율에 이자소득 500만 원까지 비과세, 소득공제 혜택도 있으니 본인이 해당되는지 확인해봐도 좋습니다. 단, 2021년 말까지 한시적 상품입니다.

청약통장은 지방은행을 포함한 주요 은행에서 만들 수 있습니다. 또한 청약은 KB국민은행 사이트에서 가능하므로 좀더 편리하겠죠. 단, 미성년자도 통장은 만들 수 있으나 청약인정 기간은 20세 미만일 경우 2년으로 한정되어 있습니다.

공공분양 vs. 민간분양

아파트 분양공고를 보면 공공분양과 민간분양에 대한 청약 자격과 조건, 비율이 다릅니다. 보통 공공분양이 좀더 까다롭지만 분양가가 저렴하고, 민영분양은 분양가가 높은 대신 자재를 고급으로 사용하며 사람들이 선호하는 브랜드 아파트가 많이 있죠. 이 둘의 차이는 무엇일까요?

공공분양은 국가, 지자체, LH 및 지방 공사가 건설하는 주거전용 85m² 이하, 수도권 및 도시지역 외 읍면은 100m² 이하의 주택을 의미합니다. 민간분양보다 공공분양이 저렴할 수 있는 이유는 지자체의 재정 또는 주택도시기금을 지원받아 건설했기 때문입니다. 택지를 독점으로 개발해 분양하고, 건설하는 것은 공공건설사와 민간건설사가 수주를 받아 공급하는 형태입니다. 이러한 공공분양 주택은 다른 말로 국민주택이라고도 하는데, 국민주택에는 공공분양 외에도 공공임대, 행복주택, 국민임대, 영구임대가 있습니다.

민간분양은 공공택지를 민간 건설사가 입찰받아 개발해 국민주택기금의 지원 없이 건설 및 분양을 합니다. 그래서 평수에 제한이 없고, 국민주택을 제외한 나머지가 모두 민간분양입니다. 아무래도 민간에서 짓는 아파트가 구조나 자재가 상대적으로 좋은 편이라 선호도가 높습니다.

공공분양은 국민들의 주거안정이 목적이기 때문에 1순위 자격은 세대원 전원이 무주택자여야 합니다. 또한 신혼부부특별공급, 생애최초, 다자녀, 노부모부양, 기관추천 등 특별분양이 65%를 차지하기 때문에 일반 당첨 35%에 대한 경쟁률은 더욱 치열합니다.

청약 조건과 당첨 요건은 사전에 알고 준비하고 있어야 기회가 왔을 때 아쉬운 차이로 놓치지 않습니다. 특히 무주택일수록 청약에 많은 관심을 가져보는 게 좋습니다.

허물고 다시 짓다. 재건축과 재개발

2일 정부 및 국토부 관계자에 따르면 이달 중 국토교통부는 민간택지 분양가 상한제를 골자로 한 주택법 시행령 개정안을 확정해 입법 예고할 예정이다. 특히 분양가 상한제 확대로 인한 청약 과열과 로또 분양을 막기 위해 전매제한 기간도 대폭 확대할 전망이다. 또한 관리처분인가를 마친 아파트에도 분양가 상한제가 소급적용이 될 경우 강남·서초·송파구에 해당되는 단지는 총 27곳에 달한다. 분양가 상한제 적용시 일반분양가가 하락해 조합원들의 분담금이 높아지는 만큼 강남 재건축 집값이 단기적으로는 떨어질 것이란 예상이 일고 있지만 현재 부동산 시장의 움직임은 눈에 띈 변화는 없다.

[이코노믹리뷰 2019. 8. 2.]

서울 강남권 재건축 가격 안정화를 목적으로 정부는 '민간분양가상한제'라는 카드를 꺼낼 예정입니다. 일반분양가가 낮아지면 사업성이 떨어지니까 재건축 사업을 재검토하게 하려는 것이 목적입니다.

집이 낡고 주변 환경이 불편하면 땅의 재생 가능성에 따라 허물고 다시 지을 수 있습니다. 단독주택일 경우에는 집주인이 사정에 따라 다시 지으면 되지만, 공동주택이나 좁고 낙후된 단독주택들이 모인 경우에는 다수의 집주인이 뜻을 맞춰 구역단위로 새로 집을 지어야 합니다. 그래서 이러한 사업을 '도시정비사업'이라고 말합니다. 가장 많이 추진되고 있는 것이 바로 재건축과 재개발입니다.

재건축과 재개발, 뭐가 다를까요?

재건축과 재개발의 공통점은 미래의 더 나은 주거환경을 위한 투자라는 것입니다. 그렇기 때문에 오래되어 건물가치가 떨어진 지역의 땅에 다시 주택을 올려 신규 분양을 하는 것이 이 사업의 정의라고 할 수 있죠.

재건축은 주변 정비시설은 양호하나 해당 건물만 낡아 새로 주택을 짓는 사업으로 민간주도 사업입니다. 재건축은 보통 아파트나 단독주택 위주로 사업대상 폭이 좁고, 초과이익환수제의 적용을 받습니다.

반대로 재개발은 주택은 물론이고 공공시설까지도 정비하는 사업으로 공공주도 사업이며, 그러다보니 규모가 큰 사업입니다. 오래된 주택들이 밀집되어 있어 주거환경이 좋지 않은 지역의 도로나 상하수도 등 주거환경 및 시설까지 함께 정비해야 되기 때문이죠.

그렇다면 재건축은 아파트를 다시 짓는 것을 말하고, 재개발은 단독이나 다가구 등의 지역을 통째로 개발하는 것을 말할까요? 결론부터 말하자면 아닙니다. 상하수도나 도로 폭, 주차 등 주변 환경의 열악 정도에 따라 단독주택 지역도 재개발이 아닌 재건축일 수 있습니다. 문정동 136번지 재건축이나 방배동 일대 재건축이 그 예입니다.

재건축이나 재개발이 투자 면에서 꾸준히 이슈가 되는 이유는 입지와 교통, 생활 주변 시설이 갖춰진 곳에 신축 아파트가 들어서기 때문입니다. 낡은 것을 헐어내고 새로 짓는 만큼 실거주나 투자 면에서 미래 가치가 높아질 수밖에 없어 안전한 자산으로 여겨집니다.

그러나 재건축이나 재개발에 투자하는 사람은 실수요보다는 투자용일 경우가 대부분입니다. 매매가와 전세가의 차이가 크기 때문에 대출을 안고 투자했을 때 금리상승시 버티기 힘들 수 있습니다. 또한 언제 철거가 시작되고 착공에 들어갈지 기약할 수 없기 때문에 부동산 불경기가 닥치면 가장 가격이 많이 떨어지기도 합니다.

그러나 부동산 호황기에는 가격 급등 우려로 단계별 기준이 강화되어 재건축, 재개발에 속도를 낼 수 없습니다. 특히 '일몰제'라는 제도가 있어 정비구역 지정 후 2년 이내에 추진위원회를 구성하지 못하거나, 추진위원회 승인 후 2년 이내에 조합설립인가 신청이 이뤄지지 않을 시 정비구역을 해제하는 제도가 시행 예정입니다.

그래서 조합이 설립되고 어느 정도 사업이 진행된 물건을 매입하는 게 투자 측면에서 안전합니다. 언젠가는 사업이 진행될 거니까 사두고 버티면 되지 않느냐고 할 수도 있겠지만, 경제학 측면에서 보면 기회비용도 결코 무시할 수 없는 요소라는 걸 잊지 마세요.

용적률과 사업성

재개발이나 재건축 모두 핵심은 '내가 얼마의 지분을 가지고 있고, 새 아파트를 받을 때 얼마를 더 분담해야 하느냐'입니다. 2018년 1월부터 재건축 초과이익환수제가 부활했습니다. 게다가 2019년 10월부터 입주자 모집을 하는 투기과열지역 내 재건축사업도 민간택지 분양가상한제의 적용으로 사업 추진에 따른 비용 부담이 과거보다 더 높아졌습니다. 조합원들마다 투자기간, 요구수익률, 자산수준 등에 따른 합의가 이루어지지 않는다면 사업진행이 더뎌지겠죠. 그래서 매몰 비용이 증가해 투기를 억제시키는 효과가 나타나기도 합니다.

정비사업 추진과 관련해 경제기사에 자주 등장하는 용어는 어떤 게 있을까요? 용적률, 종상향, 기부체납 등과 같은 핵심용어들 위주로 풀어보겠습니다.

① 용적률

용적률은 대지면적에 대한 건물의 연면적의 비율을 말합니다. 여기서 연(延: 늘일 연)면적은 하나의 건축물 각 층의 바닥면적의 총 합으로 총면적이라고도 합니다.

용적률은 땅의 용도별로 다르게 정해져 있습니다. 용도지역은 주거지역, 상업지역, 공업지역, 녹지지역으로 나뉘고, 도시정비사업은 주거지역 중에서도 일반주거지역에 속합니다. 국토교통부는 1종 주거지역은 용적률이 100~200%, 2종은 150~250%, 3종은 200~300% 이하로 가이드를 주고 있으나, 지자체에 따라 다르게 적용하기도 합니다.

용적률이 높을수록 건축물을 높게 지을 수 있습니다. 높게 지으면 더 많은 가구수를 만들어낼 수 있기 때문에 분양물량 증가로 사업성이 좋아집니다. 그래서 기존 주택은 용적률이 낮아야 하고, 새로 지을 아파트는 종상향을 해서라도 용적률을 더 받아내려고 합니다.

② 종상향

종(種)상향은 1종을 2종으로, 2종을 3종 일반주거지역으로, 3종을 준주거지역으로 조정하는 절차를 말합니다. 보통 이렇게 종상향을 통해 용적률과 건폐율을 높이면 사업성이 좋아지기 때문에 지자체에 기부체납 형태로 일정 규모의 땅을 내주어 공원이나 도로 등을 확충하는 데 활용합니다.

③ 기부체납

기부체납은 주로 도로나 공원 같은 토지나 어린이집이나 체육관 같은 공공시설을 제공하는 것이었습니다. 하지만 요즘은 현금을 기부하는 방식, 공공임대, 공공지원 민간 임대를 받는 형식 등으로 다양화되는 중입니다.

주택 관련 대출규제

주택구매 당시 주택담보대출비율(LTV)은 평균 37.8%였다. 이는 2017년 조사 당시 38.2%보다 0.4%P(포인트) 낮다. 정부가 LTV를 무주택자 기준 40%로 규제를 강화한 영향으로 풀이된다. 일반가구의 70.7%는 "대출금이나 임대료 상환이 부담된다"고 답했다. 청년가구와 신혼부부는 이 비율이 각각 84.3%, 82.7%로 더 높았다. 현재 사는 집에서 거주한 기간이 2년 미만인 비율은 일반가구 36.4%, 청년가구와 신혼부부는 각각 80.9%, 69.7%로 높았다. 신혼부부 가구의 83.3%는 "내 집 마련이 꼭 필요하다"고 응답했다. 이 비율은 일반가구(82.5%)보다 0.8%P 높은 수준이다.

[머니투데이 2019. 6. 25.]

주택가격 상승기에는 대출규제를 통한 부동산 억제 정책을 펼칩니다. 그 중 하나가 바로 정부의 대출규제입니다. LTV는 집값의 몇 퍼센트 범위 내에서만 대출해주겠다는 제약으로, 투기를 위한 대출을 막으려는 제도입니다.

주택을 구입할 때 집 자체를 담보로 삼아 대출을 받을 수 있습니다. 예전에는 주택담보대출시 담보만 봤는데, 2008년 미국 서브프라임 모기지론 사태 이후 신용까지 보는 것으로 바뀌었습니다. 그리고 부동한 경기가 과열될수록 가계대출이 늘어나기 때문에 정부는 연체로 인한 은행과 개인의 부실을 막기 위해서 대출에 대한 규제를 강화합니다.

LTV, DTI, DSR

경제기사에 자주 등장하는 LTV, DTI, DSR에 대해 알아보겠습니다. 영어로 된 용어들이라 언뜻 복잡하고 어렵게 느껴지지만 사실 그다지 어렵지 않습니다.

① LTV

LTV(Loan To Value Ratio ; 주택담보대출비율)는 쉽게 말하면 '집을 담보로 할 경우 얼마까지 은행에서 돈을 내줄 수 있냐', 즉 주택가격에 대한 대출금의 비율입니다.

LTV는 정부의 부동산 정책에 따라 비율이 변경됩니다. 현재 무주택자 기준 투기지역 및 투기과열 지구는 40%를 적용받습니다. 예를 들어 KB국민은행 시세 8억 원 수준의 조정대상 지역 아파트에 LTV를 60%(조정대상지역 기본) 적용한다면 최대 4억 8천만 원까지 대출이 가능합니다. 만약 3억 5천만 원 전세를 끼고 매입하는 경우라면 세입자의 보증금을 뺀 1억 3천만 원까지만 대출이 됩니다. 단, DTI와 DSR도 함께 계산되기 때문에 개인의 소득과 기존 대출금에 따라 실제는 이보다 적을 수 있습니다.

② DTI

DTI(Debt To Income ; 총부채 상환 비율)는 LTV와 항상 함께 등장하는 용어입니다. DTI는 총소득에서 부채의 연간 원리금 상환액이 차지하는 비율을 뜻합니다. 대출상환액이 소득의 일정 비율을 넘지 못하게 제한하려는 목적인데, 원리금 연체 가능성을 낮추려는 조기 조치로 볼 수 있습니다.

로또에 당첨된다거나 갑자기 증여 등으로 소득이 늘어날 수도 있겠지만, 그러한 것이 없을 것이라는 전제 아래 은행에서 돈을 빌려줍니다. 연소득 6천만 원의 주택담보대출 미보유자가 조정대상지역의 아파트를 살 때 DTI 50%를 적용받으면 연 기준 원리금인 3천만 원 한도 내에서 대출을 받을 수 있습니다.

③ DSR

DSR(Debt Service Ratio)은 전체 대출에 대한 원리금 상환액을 연소득으로 나눈 비율입니다. 주택담보대출의 원리금만 계산하는 DTI와 달리 DSR은 신용대출, 신용카드 미결제액, 자동차 할부금 등 모든 금융권의 대출 원리금을 빠짐없이 반영합니다. 예를 들어 연소득 6천만 원인 사람이 현재 연소득의 30%인 1천8백만 원을 원리금으로 갚고 있다고 합시다. 금융기관 DSR 한도가 80%라면 이 사람은 50%만큼인 3천만 원만 추가로 주택담보대출을 받을 수 있다고 계산됩니다.

대출은 내집 마련의 좋은 레버리지 역할을 합니다. 사전에 LTV, DTI, DSR에 대해 확실히 숙지하고 계획을 세워둔다면 주택을 마련하기 위한 자금 준비에 성공할 수 있습니다.

내 수준에 얼마 대출이 맞을까요?

"내 수준에 대출 2억 원을 갚을 수 있을까요?" 생애 최대의 쇼핑인 주택 매매 계약을 앞두고 두려울 수 있습니다. 과연 내가 선택하려는 이 집이 내 연봉 수준에 맞는지, 과연 나는 이 돈을 잘 갚아나갈 수 있을지 누구라도 붙잡고 꼼꼼하게 물어보고 싶겠죠. 그래서 여기에서는 간단하게 시뮬레이션을 해볼 수 있는 방법을 알려드릴게요.

먼저 연소득 수준에 맞는 주택의 가격대를 구하려면 PIR(Price to Income Ratio)지수를 참고하는 게 좋습니다. PIR은 간단히 말해 연소득 대비 중위권 주택가격입니다. 다시 말해 연소득을 하나도 쓰지 않고 몇 년을 모으면 집을 살 수 있는가를 알 수 있는 숫자죠.

PIR 조사기관으로는 국민은행, 주택금융공사, 국토연구원 등이 있습니다. 가장 최근 자료인 KB국민은행의 PIR를 확인했더

● 연소득에 따른 결과값

연소득	주택가격 (연소득X10)	대출금 LTV40%	초기 투자비용	월 원리금 상환 (30년 기준, 3%)	월 생활비
4천만 원	4억 원	1억 6천만 원	2억 4천만 원	67만 원	266만 원
6천만 원	6억 원	2억 4천만 원	3억 6천만 원	100만 원	400만 원
8천만 원	8억 원	3억 2천만 원	4억 8천만 원	135만 원	532만 원

니 2019년 1분기 서울 아파트는 10.5배였네요. 이 수치는 2008년 이후 최고 수준이라고 합니다. 서울의 평균 가구소득이 4,845만 원으로 전분기보다 117만 원 감소하고. 주택가격은 같은 기간 동안 4억 9천만 원에서 5억 1천만 원으로 2천만 원 올라서 이런 결과값이 나왔다고 합니다.

만약 연봉 6천만 원인 미혼 직장인이 모아둔 돈이 3억 6천만 원 있으면 레버리지를 활용해서 6억 원짜리 주택을 구입할 수 있습니다. 만약 가진 자금이 모자란다면 직장인 신용대출로 DTI 40%(투기지역, 투기과열지역 기준)까지 대출금을 더 받는 방법도 있습니다. 만약 2억 4천만 원을 대출받았으면 월 원리금 100만 원을 상환하고도 400만 원으로 생활이 가능하니까요. 대출금을 10년 만에 갚겠다고 계획하면 231만 원씩 상환하고 269만 원으로 생활하면 되겠죠? 인터넷의 대출금계산기를 활용하면 쉽게 계산해볼 수 있습니다.

현재 서울지역은 모두 투기지역과 투기과열지역으로 묶여 있습니다(2019년 6월 기준). 그러나 기타지역은 LTV나 DTI가 좀더 높으므로 본인 성향과 수준을 잘 확인해서 내집 마련 계획을 세워보는 것이 좋겠습니다. '내가 대출을 저만큼 받고도 월 생활이 가능한가? 나는 이 직장에서 더 버틸 자신이 있는가?' 이 2가지 질문에 정확한 확신을 가질 수 있다면 주택은 계약하는 게 맞습니다.

집값 잡기 위한 총력전, 부동산 정책

"최근 서울 강남 등 일부 지역 집값이 다시 들썩인다는 시각이 있다"는 질문에 김 장관은 "매일 주택시장 동향을 주시하고 있다"며 "과열되는 것처럼 보이면 여러 가지 정책을 즉각 시행할 것"이라고 강조했다. 구체적인 정책에 대해선 함구했다. 재건축·재개발 규제로 서울 등의 주택 공급이 위축되면서 집값을 밀어올리는 것이 아니냐는 지적에 대해 김 장관은 "동의하지 않는다"고 잘라 말했다. 그는 "서울에 506개 재개발·재건축지구가 지정돼 있고, 98개 지구에서 공사가 이뤄지고 있다. 올해만 1만 4,000가구의 재건축 인가가 났다"며 "올해 서울에서 7만 7,000가구가 공급되기 때문에 공급이 위축됐다고 보기 어렵다"고 답했다.

[한국경제 2019. 6. 26.]

주택가격 역시 수요와 공급의 원칙으로 해석할 수 있습니다. 신규 주택의 공급을 줄이면 기존 주택의 가격이 올라가겠죠. 그러나 현재 서울 대부분 지역에서 공급이 막혀 있는 상태라 집값 상승을 우려하고 있답니다.

정부는 국민의 주거안정을 위해 부동산 경기에 따라 규제와 완화를 반복합니다. 아파트 가격이 안정적인 상승세에서 이탈해 폭등 조짐이 보이면 신도시를 개발하거나 세금을 강화하거나 대출을 규제해 투기를 막아내죠.

그만큼 부동산은 심리에 따라 폭등과 하락을 반복하기 때문입니다. 이로 인해 주거 불안, 근로의욕 상실, 물가상승, 금융회사 부실화 등의 부작용을 막기 위한 조치라고 할 수 있습니다.

집값의 오르내림

집값이 오르고 내리는 이유는 뭘까요? 집값의 오르내림도 수요와 공급의 측면에서 생각해보면 쉽게 이해가 됩니다.

집값이 급등하면 정부는 신도시나 보금자리 발표 등으로 공급 확대를 발표합니다. 건설사는 정부가 조성한 택지를 분양받아 아파트를 지어 올리겠죠. 그러나 한꺼번에 쏟아진 물량에 불경기까지 겹치면 미분양사태가 일어납니다. 또는 집주인은 전세를 맞추지 못해 발을 동동 거릴 수도 있습니다. 이에 다시 정부는 분양권 전매나 양도세 면제 등 부동산 활성화 정책을 내놓습니다.

이때 현금을 가지고 있는 부자들은 이런 기회를 놓치지 않고 집을 구입하지요. 그들은 경기순환을 제대로 파악하고 있기 때문에 그런 투자가 가능합니다. 그러나 보통 사람들은 이러한 부동산 경기를 읽는 안목이 부족합니다. 그래서 "누가 어디서 얼마를 벌었다더라" 하는 말만 들어도 상대적 박탈감을 느끼지요. 그리고 조급한 마음에 급등한 지역의 매물을 잡습니다. 이렇게 부동산 광풍이 중심에서 주변 지역으로 퍼져 나갑니다.

그래서 부동산에 대해 늘 관심을 가지고 있어야 합니다. 지금이 어느 사이클인지는 알아야 정작 내가 집을 살 때 손해를 안 보기 때문입니다. 집을 살 때는 부동산 완화정책 시기에 싼 값으로, 집을 팔 때는 규제정책이 강화되어 매물이 귀한 시장에서 제 값을 받고 팔 수 있도록 말입니다.

정부의 부동산 정책

정부는 금융, 세제, 제도의 3가지 측면으로 부동산 정책을 펼칩니다. 가장 강력한 조치는 금융, 즉 대출 제한입니다. 일부에서는 "실수요자들의 내집 마련을 방해했다"고 하지만 금리인상기에 하우스푸어가 되지 않으려면 무리한 대출은 지양해야겠죠. 부동산 광풍이 불 때는 무리한 대출로 주택을 매수하는 경우가 많기 때문입니다. 물론 개개인의 대출 총합인 가계대출 비중이 높아지면 경제 전체의 소비가 줄고 고용률이 떨어질 수 있기 때문에 거시적인 이유로 대출을 규제하기도 합니다.

다음은 세금입니다. 아파트를 살 때는 취득세, 팔 때는 양도소득세를 냅니다. 그래서 규제를 할 때에는 다주택자들에게 양도세를 무겁게 매겼고, 완화할 때에는 한시적으로 양도세 면제 혜택을 주기도 했습니다. 보유세라 할 수 있는 재산세와 종합부동산세 역시 다주택자에게 불리한 세금입니다. 여기에 '공시지가 현실화'라는 명목으로 보유세는 점차 높아져가고 있습니다.

끝으로 제도입니다. 정부는 투기지역, 투기과열지구, 조정지역 등의 지정과 해제를 반복합니다. 투기지역이 가장 규제가 심한데 강남, 서초, 송파 등으로 일반인 대출 비중 LTV, DTI를 40%로 적용을 받습니다. 게다가 재건축·재개발 조합원권도 전매를 제한하기도 합니다. 기타 제도로는 분양가 상한제, 토지거래 허가구역 지정, 의무거주 3~8년 기간 설정 등이 있습니다.

부동산을 간접투자하는 법

부동산시장이 정부 규제 등으로 전반적인 침체기를 겪으면서 개인투자자들이 리츠(REITs·부동산투자회사)에 눈을 돌리고 있다. 12일 상가정보연구소에 따르면 이 달 현재 설립을 마친 리츠(오피스, 리테일, 주택, 호텔 등 포함)는 총 231개로 지난해 12월(219개)보다 12개가 늘었다. 이는 4년 전인 2015년에 125개였던 것과 비교해 무려 84.8%나 급증한 규모다. 지난 4년간 리츠 수는 꾸준히 증가 추세를 이어갔다. 2015년 125개, 2016년 169개, 2017년 193개, 2018년 219개, 올해 현재 231개 등이다.

[이데일리 2019. 6. 12.]

리츠는 부동산 간접투자의 방식으로 선진국에서 주로 활성화되었습니다. 우리나라도 개인이 부동산을 소유하려면 이런저런 규제가 많다보니 간접투자 방식이나 법인투자를 선호하는 추세로 가고 있답니다.

부동산투자는 목돈이 필요하고 환금성이 떨어집니다. 그래서 다수의 투자자들에게 자금을 모아 부동산, 부동산 관련 유가증권 등에 투자하고 그로부터 얻은 수익을 나누는 '리츠'라는 제도가 생겨났습니다. 리츠는 가치상승에 따른 시세 차익을 목적으로 하기보다는 부동산 가격상승에 따른 수익 분배를 목적으로 하는 경우가 많습니다.

리츠의 개념

리츠(REITs ; Real Estate Investment Trusts)는 부동산투자신탁을 말합니다. 투자 자금을 모아 부동산에 투자해 매각차익, 임대수익, 개발수익 등을 거두는 것을 목표로 합니다. 종류로는 회사형과 신탁형이 있습니다. 회사형은 상장해 주식을 발행하며, 신탁형은 수익증권을 발행해 투자자를 모으는 방식입니다.

리츠는 총 자산의 70%이상을 부동산에 투자하고, 배당 가능한 수익의 90% 이상을 투자자에게 돌려주는 게 일반적입니다. 주식을 팔면 언제든지 투자자금을 회수할 수 있다는 게 장점이죠. 주식처럼 소액으로도 부동산투자가 가능해서 일반인들이 쉽게 참여할 수 있고, 실물자산에 투자해 리스크가 적은 편입니다.

리츠와 부동산 펀드의 같고도 다른 점

리츠와 부동산 펀드는 둘 다 자금을 모아 부동산에 투자하고 수익을 얻는 금융상품입니다. 둘 다 간접적으로 부동산에 투자하기에 계약, 공실, 임차인과의 관계, 매수자와의 신경전 등에서 자유로울 수 있다는 장점이 있습니다. 또한 세금도 개인이 직접 내지 않고 배당 소득 형태로 처리하기 때문에 부동산을 많이 보유한 개인일수록 유리합니다.

부동산 펀드는 50% 이상을 부동산과 부동산 관련 자산에 투자하는 펀드입니다. 리츠와 부동산 펀드는 어떤 점이 다를까요?

첫째, 투자자 입장에서는 투자하는 주체가 다릅니다. 리츠는 부동산투자 회사의 주식에, 부동산 펀드는 실물자산에 투자합니다.

둘째, 자금의 유동성이 다릅니다. 부동산 펀드는 보통 3~5년 만기의 폐쇄형 상품입니다. 투자자가 하나의 조합을 이루어 오피스나 빌딩을 매입해서 매각하는 시점까지가 펀드 만기입니다. 중간에 펀드 환매를 원하면 불가능하거나 환매수수료가 높기 때문에 유동성이 떨어집니다. 반면 리츠는 주식시장에 상장되어 있어 사고파는 것이 쉽고, 펀드가 아니기에 환매수수료도 없습니다.

셋째, 자산 분배 효과가 다릅니다. 부동산 펀드는 대개 하나의 물건에 투자하지만, 리츠는 여러 가지 자산을 편입하기 때문에 분배 효과가 큰 편입니다.

그러나 순자산 기준 부동산 펀드는 79조 8천억 원이고, 리츠는 2019년 2월 기준 13조 7천억 원으로 부동산 펀드의 17.1% 수준입니다. 아직 리츠의 개념이 생소해 부동산 펀드에 비해 뒤처져 있습니다. 그리고 아직 주도적으로 리츠시장을 끌고 나갈 회사가 없다는 것도 문제입니다.

그러나 소액으로 가능한 부동산투자라는 장점으로 부동산 소득의 균형 있는 분배, 노후 대비 자산 확보 등에서 정부 지원이 늘어날 예정입니다. 앞으로는 부동산투자도 주식처럼 편리하게 사고팔 수 있는 재테크가 곧 보편화되겠죠?

서브프라임 모기지론 사태로
배울 수 있는 교훈

부동산에 대한 인간의 욕망과 LTV를 가장 잘 설명해줄 수 있는 역사적 사건이 바로 2008년 미국 서브프라임 모기지론 사태입니다. 그 발단은 2003년 조지 부시 대통령이 선언한 아메리카 드림 지원법 때문입니다.

조지 부시는 이민자와 소수인종 550만 명에게 주택 구입을 장려하는 내용을 발표했습니다. 그리고 2004년 재선 당시 "더 많은 사람이 본인의 집을 갖길 원하고 있다"라고 말하며 부동산 버블의 촉매제 역할을 했습니다. 그래서 미국의 신용등급 프라임, 알트-A, 서브프라임 중 가장 낮은 서브프라임 등급 사람들도 LTV 100% 정책에 의해 대출이 가능했죠.

결국 2005년 금리가 가파르게 오르자 이자부담이 커져 집을 팔기로 한 사람들이 많아졌고, 집값은 계속 떨어졌습니다. 그러니 LTV 100%로 대출을 해준 은행은 담보였던 집을 팔아도 원금을 찾을 수 없는 구조였죠.

그런데 왜 모기지론 회사뿐만 아니라 미국 금융사들이 연달아 망했을까요? 서브프라임 모기지론 채권을 리먼브라더스 같은 투자 은행이나 패니메이 같은 주택금융업체에 팔았기 때문입니다. 그들은 고위험 채권이 고수익을 보장해줄 것이라고 믿어 채권을 지속적으로 모았지만 결국 리먼브라더스는 파산했고, 패니메이는 국유화되었으며, 전 세계적으로 엄청난 글로벌 금융위기를 몰고 오게 되었습니다.

'정부의 주택공급정책 → 서브프라임 저신용자 대출 → 서브프라임 채권 발행 → 금리상승 → 채무자 원리금 상환 불가 → 주택가격 폭락 → 채권 부도 → 금융사 파산 → 글로벌 경제위기', 이런 식으로 연쇄적 고리를 가지고 금융위기가 찾아왔던 것입니다.

여기서 배울 수 있는 3가지 교훈은 다음과 같습니다. 첫째, 주택가격은 영원히 상승할 것이라고 믿으면 안 됩니다. 둘째, 신용과 담보, 담보 비율인 LTV는 대출에 있어 매우 중요합니다. 셋째, 집은 능력에 맞게 구입하고 거주해야 행복할 수 있습니다.

5장

세계 속의 한국,
무역과 환율로
말하다

경제신문에서 국제면은 그냥 지나치기 쉽습니다. 국가 간 정치적 이슈와 잘 모르는 나라의 소식이 일반인들에게는 그리 크게 와닿지 않기 때문입니다. 그러나 1997년 IMF 외환위기와 2008년 리먼사태를 겪으면서 우리도 달러 급등과 부동산하락 등의 경제위기를 겪었습니다. 또한 최근 약화된 국내경제 펀더멘털과 미·중 무역 분쟁, 일본의 경제보복과 같은 대외 악재 때문에 우리경제가 침체되고 있죠. 이러한 모든 것은 무역 중심의 글로벌 경제에 우리가 속해 있기 때문입니다.

　왜 우리는 무역을 할 수밖에 없는지, 국제적 거래의 수단은 왜 달러인지, 유가와 달러 및 세계경제의 흐름이 왜 우리나라 경제에 이토록 큰 영향을 미치는지 이번 장에서 알아봅시다.

세계는 무역으로 통한다

세계 자동차시장 수요가 감소하고 있는 상황 속에도 올 들어 5월까지 한국 완성차 수출액은 6.7% 증가한 것으로 집계됐다. 반도체 등 기존 한국 수출 효자상품이 주춤한 가운데 자동차가 선전하면서 8년 만에 수출 증가율 최고치를 갈아치울 전망이다. 한국무역협회가 23일에 발표한 올해의 1~5월 완성차 수출액은 179억 5,634만 달러(약 20조 8,900억 원)로 지난해 같은 기간보다 6.7% 증가했다. 이 기간 자동차 부품의 수출액은 95억 9,600만 달러(약 11조 1,600억 원)로 작년 동기와 같은 수준을 유지했다.

[파이낸셜뉴스 2019. 6. 23.]

우리나라는 수출 위주의 산업구조입니다. 기업들의 수출이 잘되면 직원들의 급여가 좋아지겠죠. 그러면 소비도 늘고, 아파트 거래도 활성화됩니다. 그래서 수출이 잘 되어야 경기가 좋아질 수 있습니다.

우리나라의 내수 시장은 좁고, 가진 자원은 부족해 수출에 의존하는 경제구조입니다. 그래서 1960년대 경제개발계획부터 수출 위주의 산업을 발전시켰습니다. 해외 원자재를 수입해 가공한 뒤 다시 수출하는 방식이었죠.

우리나라는 현재 세계 무역 6위입니다. 우리나라 무역의 특성과 경제성장과의 관계를 알아보겠습니다.

무역의 시작

무역(貿易)은 교환을 의미합니다. 세계 역사도 무역에 의해 씌여졌다고 해도 과언이 아닙니다. 유럽에서 중국과의 교역을 위해 만든 길이었던 실크로드, 인도 향신료를 구하기 위해 만든 스파이스 로드 등 다양한 원격지 간의 무역이 존재했습니다.

동서양의 교류뿐만 아닙니다. 고조선 시대 유물로 발견된 명도전이라는 중국 화폐를 통해 중국과의 무역을 짐작할 수 있고, 신라의 장보고도 한국과 중국, 일본 사이에서 해상 무역을 장악했죠.

무역이라는 말을 처음 쓴 사람도 중국의 사마천입니다. 그는 2000년 전 『화식열전』에서 이런 말을 남겼습니다. "값이 저렴한 물건은 어떤 사람들이 나타나 값이 비싼 곳으로 그 물건을 가져가 팔려고 하고, 어느 한 곳에서 물건 값이 비싸게 되면 곧 어떤 사람들이 나타나 값이 저렴한 곳에서 물건을 들여오게 된다."

그렇게 교통의 요지는 상업의 중심지로 시장이 발달하고 여러 나라에서 생산된 물건들이 거래되었습니다. 세계의 주요 도시들은 모두 무역을 중심으로 성장했습니다.

무역이 주는 이득

이처럼 자국 내에서 해결할 수 없는 물건을 더 좋은 가격으로 얻기 위해 무역을 시작했습니다. 무역이 발생한 까닭은 크게 3가지로 생각해볼 수 있습니다.

첫째, 나라마다 기후나 보유 자원이 다르기 때문입니다. 우리 나라는 밀이나 바나나를 재배하기에 좋은 기후 조건이 아닙니다. 그래서 외국에서 일부 농산물을 수입하고 있죠. 또한 중동처럼 석유가 나지 않아 무역을 통해서만 이러한 자원들을 가질 수 있습니다.

둘째, 나라마다 가지고 있는 기술력이나 서비스 수준이 다르기 때문입니다. 비행기나 선박, 자동차 같은 것들은 기술력과 설비 투자 자본이 있어야 만들 수 있습니다. 의료 서비스도 마찬가지로 의료 기술이 좋은 나라에 가야 양질의 서비스를 받을 수 있습니다. 이런 기술과 서비스가 없는 나라는 당연히 무역이라는 방법을 통할 수밖에 없습니다.

셋째, 물건의 제조비용이 다르기 때문입니다. 선진국은 인건비가 비싸기 때문에 물건을 만들어도 제조원가가 높아 가격이 비쌀 수밖에 없습니다. 그래서 임금이 낮은 나라의 제조공장에서 물건을 만들어 수입하는 것이 유리합니다.

이렇게 각 나라마다 경쟁력 있는 것들을 전문으로 만들고, 서로 무역을 통해 물건을 사고팔면 자원이 좀더 효율적으로 쓰일 수 있습니다. 이것이 바로 무역이 지금껏 이어지고 있는 결정적인 이유이죠.

그러나 비교우위가 존재하지 않아도 무역은 발생할 수 있습니다. 1980년대 새롭게 등장한 신무역 이론에 따르면, 각국이 모든 면에서 동일하고 비교우위가 없어도 산업규모가 커지면서 국제 분업의 형태가 나타날 수 있다고 합니다. 규모의 경제에 의한 생산성 증가는 서로에게 이로운 국제무역의 모습이 될 수 있다는 것입니다.

각 나라는 자국에 이익이 되는 품목을 협상을 통해 유리한 조건으로 무역하기 위해 애씁니다. 또한 자국의 산업을 보호하기 위한 명목으로 수입품에 관세를 매기거나 수입량을 미리 정해놓기도 합니다.

우리나라 무역의 현황

WTO(World Trade Organization ; 세계무역기구)가 발표한 세계무역 통계(2018년 기준)를 보면 우리나라는 세계 6위의 수출국이며, 전 세계 무역의 90%를 차지하는 71개국 나라 중 높은 순위를 자랑하고 있습니다.

우리나라 10대 주요 수출 품목은 반도체, 석유제품, 선박해양구조물 및 부품, 자동차, 석유제품, 평판디스플레이 및 센서, 자동차부품, 무선통신기기, 합성수지, 철강판, 컴퓨터입니다. 이들 상위 10대 품목이 수출에서 차지하는 비중은 59%이며, 특히 반도체가 단독으로 29%를 차지하고 있다고 하네요.

10대 주요 수입 품목은 원유, 반도체, 반도체 제조용장비, 천연가스, 석탄, 석유제품, 무선통신기기, 컴퓨터, 자동차, 정밀화학원료입니다. 역시 10대 수입품목은 전체 수입의 55.8%를 차지하며, 원유가 줄곧 1위를 기록하고 있답니다. 아마 대체연료를 개발하지 않는 한 원유가 앞으로도 계속 1위를 고수할 것으로 예상됩니다(2017년 통계청 기준).

우리나라의 2018년 수출액은 6,055억 달러, 수입액은 5,350억 달러, 교역 1조 1,440억 달러였습니다. 2018년에 세계에서 일곱 번째로, 즉 미국, 독일, 중국, 일본, 프랑스, 네덜란드에 이어 6천억 수출 클럽에 이름을 올렸지만 2019년에는 수출 경기가 어둡다는 전망이 우세합니다. 대외적으로 미·중 무역 전쟁, 일본의 경제보복, 미국 소비심리지수 하락, 신흥국 금융불안 가능성 등 때문입니다. 그러나 무엇보다 우리나라 경제를 떠받치고 있는 반도체 수출액의 감소 예상이 큰 이유이죠.

우리나라의 주요 수출품은 전자, 공업, 철강, 석유 가공으로 대표됩니다. 아무래도 고속 성장을 하기 위해 이 분야만 집중적으로 육성한 까닭이기도 하겠죠. 그러나 세계 경기가 위축되거나 개발도상국이 제조업 경쟁력을 가지며 성장할수록 우리나라의 입지가 위태로워질 수밖에 없습니다.

그래서 이제 수출품목의 다변화를 꾀해야 하는 시점입니다. 봉준호 감독의 영화 〈기생충〉이나 BTS로 대표되는 K팝 같은 콘텐츠 산업 또는 관광산업 등이겠죠. 그리고 미래를 위한 4차산업 중심의 인공지능(AI), 사물인터넷(IoT), 무인자동차 등의 새로운 시장 개척을 위한 기술혁신에 투자해 수출을 늘려야 합니다.

그 나라의 경제규모

글로벌 경기 둔화와 미·중 무역 분쟁 여파에 따른 수출 부진과 투자 감소 등으로 올해 경제가 지난해보다 낮은 성장을 기록할 것이라는 전망이 나왔다. 산업연구원은 24일 <2019 하반기 경제·산업 전망> 보고서를 내고 올해 우리나라 실질 국내총생산(GDP) 성장률을 지난해보다 0.3% 줄어든 2.4%로 전망했다. 다만 상반기(2.0%)보다는 하반기(2.7%)에 0.7%포인트 오르는 '상저하고'의 흐름을 보일 것으로 내다봤다.

[서울파이낸스 2019. 6. 24.]

그 나라의 경제규모는 국내총생산(GDP)으로 비교합니다. 그 나라의 경제규모가 세계적으로 어느 정도의 위치에 있는지, 그 나라의 경제가 전년 대비 좋아졌는지 나빠졌는지 등을 GDP를 통해 확인할 수 있습니다.

각 나라 경제규모는 어떻게 측정할까요? 가장 보편적인 방법은 그 나라의 경제주체인 가계, 기업, 정부가 일정기간 동안 생산해내는 재화와 서비스를 모두 더한 국내총생산(GDP ; Gross Domestic Product)을 비교하는 것입니다. 그리고 매년 경제규모가 얼마나 성장했는지 알아보려면 경제성장률을 확인하면 되죠.

그렇다면 그 나라 국민들의 소득을 알아보려면 어떻게 해야 할까요? 이때는 국민총소득(GNI ; Gross National Income)을 활용하면 됩니다. 이번 장에서는 이러한 거시경제에 자주 등장하는 지표의 정확한 개념을 알아보도록 하겠습니다.

GDP는 경제규모를 알 수 있는 지표

GDP는 한 국가에서 일정기간 동안 새롭게 만들어낸 상품과 서비스의 총량을 집계한 값입니다. 경제주체인 가계, 기업, 정부가 생산활동으로 만들어낸 각 단계별 부가가치의 합이죠.

GDP의 기준은 국경이므로 경제주체의 국적에 상관없이 국경 내에 있는 사람들의 총 생산을 의미합니다. 참고로 국적을 기준으로 하는 경제지표로는 국민총생산(GNP: Gross National Product)이 있습니다만, 국내에서 외국인 생산규모가 커졌고 해외에서 자국민의 생산 집계를 추적하기 어렵다는 이유로 1994년 이후로 잘 쓰지 않습니다.

경제성장률(Economic Growth Rate)이란 일정기간 동안 각 경제활동부문이 만들어낸 부가가치가 전년에 비해 얼마나 증가했는가를 보기 위한 지표입니다. 경제성장률은 일반적으로 물가상승률을 제외한 실질 경제성장률을 말합니다. 경제성장률은 한 나라의 경제가 이룩한 경제의 성과를 측정하는 중요한 척도로 쓰이고 있습니다.

GDP가 쓰이는 지표

GDP 지표는 어떤 의미를 지닐까요? 여기서 말하는 GDP는 보통 명목 GDP를 의미합니다.

첫째, GDP는 그 나라 경제규모를 나타내는 경제지표입니다. 그렇기 때문에 GDP를 통해 세계경제에서 나라별로 차지하는 비중을 한눈에 파악할 수 있죠. 세계은행(IMF)에서는 각 나라의 GDP를 발표합니다.

2018년 전 세계 GDP는 79조 8천억 달러 수준이었고, 1위는 미국으로 20조 4천억 달러, 2위는 중국으로 19조 7천억 달러, 3위는 일본으로 5조 2천억 달러, 4위는 독일로 4조 2천억 달러였습니다. 우리나라는 12위였는데 1조 7천억 달러 수준으로 캐나다, 러시아, 스페인과 비슷한 위치입니다.

2009년의 GDP 순위는 어땠을까요? 1위 미국 14조 2천억 달러, 2위 일본 5조 달러, 3위 중국 4조 9천 억 달러, 우리나라는 15위로 8천억 달러였습니다. 불과 10년 만에 중국이 5배나 경제규모가 커져서 2위로 올라섰고, 일본은 GDP값을 유지한 채 3위로 떨어졌습니다. 우리나라도 반도체 수출에 힘입어 2배나 경제규모가 커진 모습을 확인할 수 있습니다.

둘째, 경제의 성장과 퇴보 정도와 속도를 확인할 수 있습니다. 물가 요인을 제외한 실질 GDP를 전년 GDP와 비교해 백분율로 계산해보면 경제가 가는 방향을 확인할 수 있습니다. 이것이 경제성장률입니다. 만약 경제성장률이 5%라면 기업 이윤, 가계 소득, 정부 세금이 모두 5% 늘어난다는 뜻이고, 더 구체적으로 들여다보면 어느 부분이 경제성장에 얼마나 기여했는지를 확인할 수 있습니다.

지난 30년 동안 우리나라의 경제성장률은 지속적으로 떨어졌습니다. 개발도상국일수록 경제성장률이 높고, 선진국으로 갈수록 경제성장률은 둔화하는 게 일반적인 현상입니다. 우리나라도 1980년대에는 10~13%대였으나 1990년대에는 5~8%대였고, 2000년대 초반에는 5%대였다가 지금은 3%대 이하로까지 떨어지고 있습니다.

심지어 2019년 7월 18일 한국은행은 금리 0.25% 인하를 발표하면서 2019년 말 경제성장률을 2.2%로 예상한다고 발표했습니다. 2019년 4월 18일에 한국은행은 2019년 우리나라 경제성장률을 2.5%로 예상했는데, 불과 3개월 만에 전격적으로 하향 조정한 것입니다. 경제가 활력을 잃어가고 있기 때문에 경제성장률을 높이려는 노력은 필요합니다.

경제성장률을 높이기 위해서는 어떻게 해야 할까요? 경제는 '생산, 분배, 지출'의 톱니가 잘 맞아 자체 동력이 생기면서 경제 규모가 점점 커집니다. 반대로 잘 안 돌아간다면 투자와 소비는 축소되고, 적절한 분배가 되지 않아 경제는 활력을 잃어 경제성장률은 감소합니다.

생산성을 높이려면 토지, 노동, 자본에서 투입량을 증가시키거나 기술을 진보시키면 가능합니다. 우리나라와 같이 경제성숙기에 들어서면 연구개발과 인적자본투자에 의한 기술 진보로 경제성장을 이룰 수 있다는 것을 기억해야 합니다.

셋째, 비교의 기준으로 사용합니다. 예를 들면 국방비 예산은

GDP의 몇 프로인지, 가계 대출은 GDP 대비 얼마나 되는지 등이겠죠. 즉 '다른 나라는 GDP 대비 얼마인데 우리는 이 정도다' 이렇게 상대적으로 비교하기에 좋은 지표로 쓰일 수 있어 국회의원들이 예산안 제출 때 자주 쓰는 자료입니다.

조금 다른 예이지만 의미 있는 비교도 있습니다. UN에서 매년 발표하는 〈세계 행복 보고서〉는 경제적 순위를 나타내는 GDP와 국민의 행복지수 순위는 다르다고 말하고 있습니다. 2019년 발표 자료에 따르면 1위는 핀란드(GDP 42위), 2위는 덴마크(GDP 35위), 3위는 노르웨이(GDP 28위)이며, 우리나라는 57위(GDP 12위)로 나타났습니다. GDP와 국민의 행복지수는 상관이 별로 없네요. 아주 최빈국이 아니고 일정 수준 이상의 돈이 있는 나라라면, 돈이 많다고 반드시 행복한 것은 아니라는 것을 알 수 있습니다.

GNI는 국민생활 수준을 가늠하는 지표

국내총생산(GDP)은 나라의 경제규모를 파악하는 데 유용합니다. 그러나 국민들의 생활수준과 실질 구매력을 분석하기에는 한계가 있어 일반적으로 국민총소득(GNI ; Gross National Income)을 활용하고 있습니다.

GNI는 국적이 기준으로 해외에서 발생한 수익은 당연히 포함되며, 국내 거주 외국인의 소득은 제외합니다. GDP가 '영토' 안에서 '생산'한 개념이라면 GNI는 '국민'이 벌어들인 '소득'입니다. GNI가 좀더 국민의 생활수준을 측정하기에 나은 지표이죠.

우리나라의 GNI는 어떨까요? 한국은행은 우리나라의 2018년 1인당 국민소득이 3만 달러를 넘어섰다고 발표했습니다. 지난 1994년 1인당 GNI 1만 달러를 달성한 이후 2006년 2만 달러를 기록했고, 12년 만인 2018년 마침내 3만 달러를 넘겼습니다. GNI 3만 달러를 넘기면 선진국 관문을 통과했다고 봅니다. 우리나라는 인구 5,000만 명 이상 국가들 중 일본, 독일, 미국 등에 이어 1인당 GNI 3만 달러를 넘긴 일곱 번째 나라가 되었습니다.

3만 달러를 넘겼으니 앞으로 4만 달러를 또 넘겨야겠죠? 연평균 GNI 성장률을 2.5% 유지하면 2028년에 GNI 4만 달러 달성이 예측된다고 합니다. 그러나 연평균 GNI 성장률이 둔화되고 있고, 경제성장률도 감소할 것으로 예상되며, 저출산 등 구조적 문제도 발목을 잡고 있네요.

G20, 국제 금융시장 안정을 위한 협의체

2019년 6월, 오사카에서는 G20 정상회담이 개최되어 다양한 국제 이슈에 대한 각국의 의견을 나눌 수 있었습니다. 전 세계의 대표적인 나라들이 모이는 자리가 G20 정상회담인데, 나라별로 돌아가면서 개최한다고 하네요. 다음은 사우디아라비아(2020년)에서 열릴 예정이라고 합니다.

그렇다면 G20은 무얼 말하는 걸까요? 의외로 잘 모르는 사람들이 많은데, G는 그룹(group)의 약자이고, 뒤에 붙은 숫자는 이 그룹에 해당되는 나라의 개수입니다.

최초의 그룹은 G5에서 시작했습니다. 1973년 국제 오일쇼크를 해결하기 위해 주요 국가들이 뭉치기로 했습니다. 바로 미국, 일본, 영국, 프랑스, 독일이었습니다. 주요 선진국의 모임이어서 이들이 모인 정상회의를 통해 세계경제가 움직였죠. 이후 이탈리아와 캐나다가 가입하며 G7이 됩니다.

그러나 1997년에 닥친 아시아 외환위기 이후, 국제 금융시장의 안정을 위한 협의체의 필요성이 대두되었습니다. 그래서 G7 외에 주요 신흥시장국도 함께하는 G20으로 형태가 커진 것이죠. 기존의 G7 외에 러시아, 한국, 중국, 인도, 인도네시아, 호주, 브라질, 멕시코, 아르헨티나, 남아공, 사우디, 터키와 EU 의장국, IMF, IBRD, 유럽중앙은행, 국제통화금융위원회(IMFC) 등이 새롭게 포함되었습니다.

최근 경제기사에는 G2라는 말이 자주 등장합니다. 다름아닌 미국과 중국입니다. 세계 무역 순위 1, 2위를 나란히 차지하고 있는 나라이기 때문이죠.

그러나 중국은 선진국이라고 불리기에는 인권이나 부정부패, 환율조작 등 논란의 소지가 많아 초강대국으로 G1만 미국을 가리키기도 합니다.

글로벌 화폐인 기축통화

> 환율을 투자의 대상으로 보고 의사결정을 하는 것은 매우 어려운 일이라는 것이다. 그래서 환차익을 노리고 투자를 하려는 투자자들을 말리고 싶다. 환차익보다는 달러라는 안전자산을 추가로 확보해서 이 기축통화를 어떻게 잘 운용할지 고민해보는 것이 바람직하다. 즉 초점을 환차익에 두기보다는 기축통화를 나의 자산 포트폴리오에 일정 부분 확보하고 이를 성공적으로 운용하는 방향으로 지향점을 다시 잡자는 것이다.
>
> [동아일보 2019. 5. 28.]

경기순환 측면에서 달러를 자산 포트폴리오로 관리하라는 내용을 담은 기사입니다. 단순히 환차익을 목적으로 하기보다는 원화와 달러를 둘 다 모아가면 위기가 닥쳤을 때 안전한 대비책이 될 수도 있기 때문이죠.

오늘날 무역의 교환수단인 화폐는 대부분 미국의 달러화입니다. '미국은 세계 최대의 경제대국이고 군사적 힘이 강해서 달러는 가장 안전한 화폐'라는 인식을 전 세계가 공유하고 있기 때문입니다.

또한 교역시 지불하는 수단뿐만 아니라 위기시를 대비해 준비해두는 기능으로도 달러가 가장 각광을 받습니다. 그래서 미국 달러를 기축통화(基軸通貨)라고 합니다.

달러가 기축통화가 된 이유

달러는 어떻게 전 세계에서 가장 많이 쓰이는 기축통화가 되었을까요? 처음부터 전 세계의 기축 통화가 달러인 것은 아니었습니다.

'금본위체제(gold standard)'라고 해서 금을 기준으로 각 나라의 환율을 계산하죠. 금은 인플레이션, 전쟁, 혁명 등 혼란상황에서도 가치 저장의 수단으로 적합했기 때문입니다. 18세기 산업혁명을 토대로 강대국이 된 영국의 파운드화가 19세기 기축통화 역할을 했으나, 1차 세계대전으로 유럽 각국의 경제가 혼란에 빠지자 상대적으로 안전한 미국이 강대국으로 부상했습니다.

세계대전이 끝날 무렵인 1944년 7월, 미국 브레튼우즈에서 연합국 대표들이 모여 전쟁 이후의 세계경제질서를 위한 회의를 열었습니다. '앞으로 어떤 통화로 교역할 것인지'가 이 회의의 가장 큰 주제였는데 당시 프랑스, 독일, 영국 등이 서로 상대방 나라의 통화를 믿을 수 없었기 때문입니다. 그때 미국이 "금 1온스를 미국 35달러로 고정시키면서 각 나라의 통화를 달러와 연동시키면 어떻겠냐"고 제안했습니다. 당시 미국은 전 세계 금의 70%을 보유하고 있었기 때문에 가능한 이야기였습니다. 그래서 2차 세계대전 이후 영국 중심의 세계경제가 미국으로 옮겨오며 금환본위체제(gold exchange standard)가 시작되었습니다. 브레튼우즈 체제에서는 달러만이 금으로 교환할 수 있는 수단입니다.

그래서 세계 각국은 달러를 함께 비축하기 시작했죠.

그러다가 1960년 베트남 전쟁이 시작됩니다. 미국은 금 보유량과 상관없이 막대한 달러를 찍어냈고, 세계 각국은 달러가치하락을 우려해 금으로 바꿔가려고 했죠. 그래서 1972년 미국의 닉슨 대통령은 더이상 달러를 금으로 바꿔주지 않겠다고 선언합니다. 이것을 '닉슨쇼크'라고 합니다. 그 이후로 달러의 위상은 잠시 흔들렸지만 '변동환율제'라는 지금의 외환시장의 모습이 갖춰지기 시작했습니다.

기축통화가 된 달러의 이득

그렇다면 달러가 기축통화가 되면 미국은 어떤 이득이 있을까요? 자국의 통화가 기축통화이기 때문에 부족하면 미국의 중앙은행인 연방준비은행(FRB)에서 더 찍어내면 됩니다. 실제 2008년 모기지론으로 인한 금융위기 이후 미국은 양적완화 정책으로 달러를 마구 찍어냈죠. 그래서 풍부해진 달러는 세계 각국으로 흘러갔고, 인플레이션을 만들었습니다.

그러면 미국이 좋은 점은 무엇일까요? 이미 발행한 미국 국채가 가볍게 느껴지는 것이죠. 외상값 탕감 효과라고도 할 수 있겠습니다. 만약 우리나라 원화가 기축통화였다면 달러 부족으로 IMF에 구제금융을 요청하지 않아도 됐겠죠. 전 세계에서 달러 수요는 많고, 미국은 언제든지 달러를 발행할 수 있습니다. 그래서 미국을 '달러 수출국'이라고 표현하기도 하지요.

세뇨리지(seignior) 효과란 화폐 주조차익이라고 해서 화폐를 발행할 때 액면가에서 발행비용을 뺀 차익을 말합니다. 그래서 미국은 달러를 수출하는 상품이라 생각해도 무방합니다. 달러가 기축통화이므로 세뇨리지 효과를 미국이 가장 많이 보고 있지요.

물론 미국 달러가 영원한 기축통화일 수는 없습니다. 2000년대에 들어서면서 미국 내 경상수지 및 재정 적자, 리먼 브라더스 사태 등으로 달러 안정성이 크게 떨어진 기간도 있었습니다.

IMF에선 이러한 미국의 부채가 계속 늘어날 경우 달러화의 기축통화 지위가 흔들릴 수 있다고 경고하기까지 했었습니다. 그러나 미국 연준의 양적완화 정책으로 경기가 좋아지고 트럼프의 자국 보호무역주의가 대두되면서 다시 달러는 기축통화로서의 위상을 지키고 있습니다.

중국 역시 경제성장에 힘입어 위안화를 기축통화로 만들려고 했지만 쉽게 되지는 못할 전망입니다. 중국은 GDP 성장을 이루어 EU만큼 강대국이 되었으나 중국 화폐를 쓰는 나라가 중국에 국한되어 있고, 금융시장의 선진화가 발달하지 못해 안전성이 떨어진다는 시각 때문입니다. 그러나 중국은 디지털 위안화 개발에 박차를 가하고 있고, 비트코인을 비롯해 페이스북의 리브라 등 전자화폐가 대두되고 있는 시점에서 달러의 기축통화 자리는 언제든지 위협받을 수 있다는 점도 주목해야 할 것입니다.

국제수지

국가 간의 무역거래 중에서 가장 대표적으로 다루는 것이 경상수지입니다. 국가 간 경상수지 불균형이 심해지면 문제가 일어날 수도 있습니다. 현재 중국과 미국이 이러한 이유로 치열하게 무역 전쟁을 벌이고 있는 중입니다.

가정에서는 소득과 지출을 관리하기 위해 가계부를 쓰고, 기업은 회계장부에 돈의 입출을 기록합니다. 국제수지는 쉽게 말하면 나라에서 쓰는 금전출납부입니다. 1년 동안 한 나라가 받은 외화와 지불한 외화의 차액을 뜻합니다. 그렇다면 수지(收支)는 무엇일까요? 쉽게 말해 수지는 수입과 지출을 줄인 말이죠.

국제수지를 구성하는 모든 수지들

수출 위주의 경제구조인 우리나라에서 국제수지표를 읽고 이해하는 일은 매우 중요합니다. 수지가 적자인지 흑자인지, 얼마나 오르고 내렸는지 확인하는 것이 바로 우리나라 경제의 건강을 체크하는 일과 같거든요.

그런데 국제수지는 어떻게 분류할까요? 국제수지는 크게 경상수지와 자본수지로 나눕니다. 다른 나라와 상품이나 서비스를 사고파는 경상거래를 경상수지라 하고, 돈을 빌리거나 빌려주는 자본 거래에 의한 것을 자본수지라 합니다.

● 국제수지

구분		내용
경상수지 (재화와 서비스의 거래)	상품수지	상품의 수출입
	서비스수지	여행, 의료, 연수, 운임료, 통신, 보험, 지식재산권 사용료 등
	본원소득수지	임금, 배당, 이자 등
	이전소득수지	기부금, 무상 원조, 개인 간 송금 등
자본수지	투자수지	직접투자, 증권투자 등
	금융계정	채무, 마케팅, 상표권 등

경상수지는 상품수지가 핵심

경상수지는 나라의 기초가 되는 실물 부문의 외국과의 거래를 말합니다. 현재 경상수지에서 상품수지가 차지하는 비중이 가장 크고, 그 다음이 서비스수지입니다. 상품수지는 지속 흑자를, 서비스 수지는 적자를, 경상수지는 경제위기를 제외하고는 통상 흑자를 유지하고 있습니다.

경상수지는 다시 상품수지, 서비스수지, 소득수지, 경상이전수지(기부금, 무상 원조, 국외 송금)의 4가지로 분류할 수 있습니다. 현재 경상수지에서 상품수지가 차지하는 비중이 가장 크고, 그 다음이 서비스수지입니다.

2019년 2분기 통계청 경상수지 발표 자료에 따르면 경상수지 48.2억 달러 중 상품수지는 84.7억 달러, 서비스수지는 −23.4억 달러, 소득수지는 −7.4억 달러, 경상이전수지는 −5.7억 달러를 나타내고 있습니다.

첫째, 상품수지는 상품무역으로 들어오고 나간 돈의 차이를 말합니다. 제조업 수출 위주의 우리나라 경제에서 경상수지 중 상품수지가 가장 큰 부분을 차지하고 있습니다. 거의 흑자 영역입니다. 우리나라 경상수지 그래프는 거의 상품수지를 따라간다고 해도 과언이 아닙니다.

둘째, 서비스수지는 여행, 의료, 연수, 운임료, 통신, 보험, 지식 재산권 사용료 등 다른 나라와 서비스 거래로 생긴 돈입니다. 우리나라의 서비스수지는 매년 적자입니다.

셋째, 소득수지는 본원소득수지라고도 합니다. 우리 근로자가 해외에서 일해 벌어들이는 급료 및 임금, 우리 자본을 해외에 투자해 벌어들인 배당, 이자와 같은 투자소득, 부채 등의 차이입니다. 우리나라의 소득수지는 거의 제로에 가까운데 약간 흑자를 보입니다.

넷째, 경상이전수지는 이전소득수지라고도 합니다. 우리나라와 다른 나라 사이에 대가없이 주고받은 돈의 차이를 말합니다. 유학자금이나 해외에 사는 친척과 주고받는 개인 간의 거래, 자선 단체나 국제기구를 통해 무상으로 원조하는 돈 등을 말합니다. 우리나라의 이전소득수지 역시 제로에 가까우나 약간 적자입니다.

흑자 위주의 균형 잡힌 수지가 중요

우리가 흔히 국제수지라고 말하는 것은 경상수지를 의미하는 경우가 많습니다. 그래서 "국제수지가 적자야, 흑자야?" 하는 것은 곧 경상수지를 말한다고 해석해도 무방합니다. 가끔 무역수지라는 표현도 볼 수 있는데, 무역수지는 통관 기준의 수출액과 수입액의 차이를 말합니다.

자원이 부족한 우리나라는 내수보다는 수출을 통한 성장을 이뤄왔습니다. 수출 위주의 경제구조를 가졌기 때문에 수입보다 수출이 많은 국제수지를 흑자로 유지하는 것이 매우 중요합니다. 국제수지가 흑자여야 외화가 많이 들어오고, 기업의 이윤이 높아지며 고용도 증대되고, 가계소득도 늘어나 경기가 좋아집니다. 반대로 수입이 늘면 수입분만큼 수요가 감소하기 때문에 국내 기업의 생산이 축소되고 급여와 일자리 역시 줄어들기 때문에 경기가 나빠진다고 해석할 수 있겠죠.

마냥 경상수지 흑자가 좋기만 한 것은 아닙니다. 경상 수지가 흑자이면 외화 유입이 증가해서 환율이 올라갈 수 있고, 국내 통화량이 늘어 통화정책이 필요합니다. 또한 교역 상대국에서는 우리나라 수출품에 대해 관세를 매기려 하는 등 무역 마찰을 초래할 가능성도 높아집니다. 중국과 일본이 대표적으로 지나치게 무역 흑자를 기록하는 나라입니다. 그래서 최근 미국이 중국과 일본을 견제하는 정책을 펼치고 있다고 보는 시각이 높습니다. 우리나라도 트럼프 정부의 압력으로 원유 수입과 무기 구입 등으로 대미무역 흑자폭이 매년 좁혀지고 있습니다.

자본수지

자본수지는 상품이나 서비스 없이 돈만 거래하고 그 차이를 계산하는 것을 말하며 투자수지, 금융계정으로 구분합니다. 투자수지는 우리 기업이 해외에 공장을 짓거나 투자를 하게 되면 돈이 나가고, 반대로 외국 기업이 우리나라에 회사를 차리거나 투자를 하면 돈이 들어온다는 의미입니다. 이러한 거래를 통해 생기는 돈의 차이를 투자수지라고 합니다.

한국은행의 준비 자산으로 외환보유고도 이에 속합니다. 금융계정은 해외 이주자금, 특허권, 저작권과 관련해서 돈이 들어오고 나가는 것을 말합니다.

1997년 외환위기 직전에 경상수지는 적자였고, 자본수지는 흑자였습니다. 즉 수출 부진으로 경상수지가 적자인 위기 상황에서 외화가 부족하자 해외자본 차입에 나서게 되어 자본수지는 흑자로 바뀐 것이었지요. 그러다가 자본을 갚을 수 없는 상황까지 외환보유고가 떨어지자 급격히 외국인들은 주식을 팔고 떠났고, 자본수지마저 적자로 돌아서는 상황이 와서 결국 IMF에 구제금융을 얻을 수밖에 없었던 것입니다.

• 흑자와 적자의 흥미로운 유래

계산을 할 때 통상적으로 남은 돈은 검은색으로 쓰고, 부족한 돈은 붉은 색으로 씁니다. 그래서 '(수출)수입'이라 벌어들인 돈이 많으면 흑자(黑字), 반대인 경우에는 적자(赤字)라고 하지요. 중세 유럽 교회 장부는 검은색 잉크로 작성했다고 합니다. 당시 잉크 값이 워낙 비싸서 평소에는 검은색 잉크를 썼지만, 잉크를 살 돈이 없을 정도로 재정이 나빠지면 동물의 피로 대신 적었다고 하네요. 그래서 재정상황이 나빠지면 붉은색으로 장부를 적을 수밖에 없어 자연스럽게 돈이 부족한 상태를 의미하는 뜻이 되었다고 합니다.

환율의 원리

일본발 경제보복과 미중 무역협상에 대한 불확실성이 좀처럼 해소되지 않으면서 원·달러 환율이 장중 1,200원을 돌파했다. 2017년 1월 9일 (종가 1,208.3원) 이후 2년 7개월 만이다. 5일 서울 외환시장에서 달러당 원화값은 전 거래일 종가(1,198.0원) 대비 5.6원 하락한 1,203.6원에 거래를 시작해 오전 10시 50분 현재 1,212.8원을 기록하며 하락세가 가팔라지고 있다. 일본의 한국에 대한 화이트리스트 배제 등 경제보복 조치가 본격화되면서 달러당 원화값이 계속 하락(원·달러 환율상승)하고 있다. 여기에 미중 무역협상이 좀처럼 돌파구를 찾지 못하면서 대외 불확실성이 확대, 투자심리도 위축시키고 있다.

[매일경제 2019. 8. 5.]

좀처럼 끝나지 않는 미중 무역 전쟁에 일본발 경제보복까지 겹치면서 우리나라 원화값이 가파르게 떨어지고 있습니다. 국민경제가 안정적으로 돌아가려면 적정 수준의 환율이 꾸준히 유지되어야 합니다.

환율은 한 나라와 다른 나라 돈 사이의 교환비율을 말합니다. '1달러에 몇 원' 이런 식으로 표현하는데 1달러가 1천 원이라면 미국 돈 1달러를 바꾸기 위해 원화로 1천 원이 필요하다는 뜻이죠. 결국은 물건을 구입하듯이 1달러를 사기 위해 1천 원을 지불해야 한다는 의미로 생각하면 좀 쉬울까요?

환율이 변하는 원리

경제기사를 읽을 때마다 환율, 원화값을 몰라 이해를 못했던 적이 있지 않나요? 환율상승과 하락, 원화값 하락과 급등, 원화약세와 강세, 평가절하와 절상 등등 같은 말인데 참 다르게도 표현해놨죠. 고정되어 있지 않고 달러 가격이 왜 오르락내리락하는지 쉽게 설명하겠습니다.

원래 우리나라는 고정환율제도를 썼습니다. 그러다가 수출입이 늘어났던 1990년 3월부터 1997년 12월 16일 이전까지는 하루 동안 환율변동 폭을 정부가 제한하는 변형된 변동환율제를 실시했습니다. 그러다가 외환위기로 IMF 체제가 들어서면서 완전한 변동환율제를 실시하게 되었죠. 이러한 변동환율제는 환율을 외환시장에서 수요와 공급에 따라 결정되는 원리를 말합니다.

달러를 기준으로 보자면 달러가 우리나라에 많이 들어왔을 (=외화 공급 증가) 경우 달러의 가치가 떨어지고 원화 가치가 올라 (=원화 교환수요 증가) '환율이 하락한다'고 이야기합니다. 환율이 상승하면 원화가치는 떨어집니다. 1달러를 비싼 값으로 사야 하니 이런 현상을 '환율상승' '원화값 하락' '원화약세' '평가절하'라고 이야기합니다. 반대의 경우는 1달러를 싼 값으로 살 수 있으니 '환율하락' '원화값 상승' '원화강세' 또는 '평가절상'이라고 이야기합니다.

수출입 기업이나 글로벌 투자의 경우는 환율 변동에 따라 수익의 등락이 심한 경우가 생깁니다. 이러한 위험에서 안정적으로 사업을 유지하기 위해 환헤지를 사용합니다. 환헤지란 돈을 의미하는 '환(換)'과 울타리라는 뜻의 '헤지(hedge)'의 결합어입니다. 환율 변동에 따른 환차손 위험을 없애기 위해 환율값을 현재 수준으로 고정시키는 것을 말합니다.

환율 변동은 글로벌 이슈 때문에

최근 들어 미중 무역 분쟁 기사가 지면에 자주 등장하고 있습니다. 국제사회에서 가장 막강한 경제력을 가진 두 나라가 서로 관세를 물리며 충돌하고 있으니 주변국에게도 엄청난 영향이 있을 수밖에 없겠죠.

특히 우리나라의 수출의존도가 중국 26.8%, 미국 12%로 1, 2위를 차지하고 있거든요. 이러한 무역 갈등이 장기화될수록 우리나라 경제에도 악영향을 줄 수 있다는 불안정한 심리가 깔려 있습니다. 그래서 원화가치는 자꾸 떨어지고, 안전자산으로 인식되는 달러와 엔화는 강세를 띄는 현상을 보이고 있습니다.

이처럼 통화의 가치도 각 나라별 경제와 정치적 변수에 따라 영향을 받습니다. 더군다나 국제적으로 쓰이는 통화인 달러를 잘 이해하기 위해서는 우리나라뿐만 아니라 글로벌 동향을 늘 주시해야 합니다.

정부가 환율 안정을 위해 취하는 조치

환율 변동은 자연스러운 것이나 단기간에 환율이 급등 또는 급락하면 경제에 큰 문제가 생깁니다. 주식시장에 주는 충격뿐만 아니라 수출입 기업들이 환율의 갑작스런 변화에 대응하기 어렵기 때문이죠. 그래서 정부는 환율을 안정시키기 위해 시장에 개입하기도 합니다.

처음에는 정부에서 구두로 경고를 줍니다. 외환시장이 급변할 때 관계자가 구두로 "환율 안정을 위해 시장을 주시하고 있다"라고 말해봅니다. 그래도 외환시장이 안정되지 않으면 직접개입 방식을 쓰죠. 직접개입은 외환시장에 달러를 대량 매도 또는 매수하는 방법이죠. 물론 직접개입을 아무도 모르게 해야 합니다. 자칫 소문났다가는 환율조작국으로 몰려 무역 보복을 당할지도 모르기 때문입니다.

이렇게 환율정책을 펼치기 위해 정부는 미리 달러를 비축합니다. 한국은행의 외환보유고를 활용하거나, 기획재정부에서 외평채를 발행하는 방법이 있습니다.

① 한국은행의 외환보유고 활용

한국은행의 외환보유고는 안정적인 환율을 유지하기 위해 중앙은행이 보유하는 외화준비 자산입니다. 언제든지 대외 지급에 사용할 수 있는 비상금과 비슷한 의미이기도 합니다. 갑자기 외국에 차입금을 상환해야 하거나 국제수지가 나빠졌을 때 대비할 수 있도록 적정 수준을 준비해둬야 합니다. 1997년 외환보유액이 약 300억 달러 수준밖에 되지 않아 IMF 구제금융을 받아야 했던 아픈 경험도 있었지만, 지금은 4,031억 달러(2019년 7월 기준)로 세계 9위의 달러 보유국입니다.

② 외국환평형기금채권 발행

외국환평형기금채권은 기획재정부가 발행하는 채권의 일종입니다. 줄여서 외평채라고 합니다. 달러표시 외평채는 환율이 급등할 때 시중에 달러를 공급하기 위해 쓰고, 원화표시 외평채는 반대로 환율이 급락할 때 시중의 달러를 끌어들이기 위해 발행합니다.

외평채도 결국은 채권이며, 돈을 빌리는 것이기 때문에 국가채무에 영향을 끼칩니다. 그래서 기획재정부 장관의 건의를 통해 국회 동의를 받고, 발행과 운용은 한국은행에서 담당하죠.

2019년 6월, 기획재정부는 미국 뉴욕에서 15억 달러 규모의 5년, 10년 만기 외평채를 발행했는데 발행금리와 가산금리 모두 역대 최저 수준이었지만 모두 성공했다고 합니다. 이를 통해 우리나라는 외환보유액을 안정적으로 확충할 수 있고, 국제 무역전쟁의 위기에 대응할 수 있는 여력이 그만큼 커졌다고 할 수 있습니다.

환율이 우리경제에 미치는 영향들

수출입 물가가 2%대로 상승했다. 원·달러 환율상승의 영향인 것으로 알려졌다. 14일 한국은행에 따르면 지난달 수출물가지수는 103.16으로 한달 전보다 2.6% 상승했다. 지난 2월 0.4%, 3월 0.2%, 4월 0.7%에서 큰 폭으로 오른 셈이다. 이같은 배경으로 4월 평균 1,140.95원이던 원·달러 환율이 5월 1,183.29원으로 오른 것이 꼽히고 있다. 세부적으로 컴퓨터·전자 및 광학기기(2.1%), 운송장비(3.4%), 농림수산품(3.4%), 모바일폰(3.7%), RV자동차(3.2%), 경유(3.1%)에서 상승세가 컸다.

[세계일보 2019. 6. 15.]

환율이 오르면 수출기업은 단기적으로 실적이 좋겠지만, 반대로 수입업체는 손해가 심각해집니다. 또한 우리나라가 100% 수입에 의존하는 석유값이 오르면 생활경제 전반의 물가가 올라갈 수밖에 없어 큰일이죠.

환율 변동은 우리경제에 어떤 영향을 미칠까요? 먼저 환율이 상승할 때는 수출기업, 수출기업 투자자, 외화예금 보유자들에게 유리합니다. 반대로 환율이 하락할 때는 수입기업, 수입기업 투자자, 해외여행 예정자들에게 유리하겠죠. 이외에도 금리와 물가, 자산에 미치는 영향에는 어떤 것들이 있는지 자세히 알아볼까요?

환율과 금리, 물가와의 관계

환율은 금리와 물가와 밀접한 관계가 있습니다. 어려워하지 말고 다음의 내용을 잘 따라와주시길 바랍니다.

우리나라 금리가 미국보다 높을 경우 미국 투자자들은 우리나라 채권이나 예금 등에 관심을 가집니다. 전문용어로는 캐리 트레이드(Carry Trade)라고 하는데, 금리에 따라 국가 간 자금이 이동하는 현상을 말하죠.

이 경우 국내로 들어온 달러는 원화로 바꿔야 투자가 가능하기 때문에 원화를 사려는 사람들이 많아집니다. 수요·공급의 원칙에 따라 원화 수요가 증가해서 원화가치가 올라가겠죠. 원화가치가 오르면 환율은 하락합니다.

이렇게 환율이 하락하면 우리는 해외여행을 계획하고, 수입업체들은 수입량을 늘리기 시작합니다. 다시 말해 달러 수요가 늘어난다는 뜻입니다. 다시 달러의 가치는 오르고 환율은 상승하며 순환이 발생합니다.

이렇게 환율이 오르면 수출기업은 호황이지만 수입원가가 올라 물건의 가격이 상승할 수밖에 없습니다. 또한 수출 호황으로 기업의 이윤은 다시 직원의 소득으로 넘어가 시중의 통화량이 증가합니다.

그래서 물가가 상승하게 되고, 이를 안정화시키기 위해 한국은행에서는 금리를 올려 시중에 풀린 돈을 불러들입니다. 국내 금리가 상승하면 외국인들의 국내 예금, 채권 등 투자를 위해 달러가 유입되고(=외화 공급 증가) 원화가치가 올라(=원화 교환수요 증가) 환율이 다시 하락합니다.

이렇게 계속 반복됩니다. 복잡해 보이지만 금리와 환율, 물가 변동의 인과관계를 이해해두면 경제기사를 읽을 때 훨씬 이해하기가 쉽습니다.

환율과 자산과의 관계

자산을 불리기 위해 꼭 살펴야 할 지표 중 환율도 포함됩니다. 해외 직접투자뿐만 아니라 국내에서만 자금을 굴리는 데도 왜 환율은 중요한 요소일까요? 앞서 살펴봤듯이 환율이 우리경제에 미치는 영향력이 크기 때문입니다.

대표적으로 국내 금리와 수출, 수출기업의 주가와 높은 상관관계를 가지고 있는데, 자세한 내용을 살펴보겠습니다.

달러가치는 어떨 때 오를까요? 미국이 금리를 올리면 세계적으로 분산되어 있던 달러투자가 미국으로 회귀합니다. 그래서 미국 연준의 금리 방침이 언제나 경제뉴스에서 탑에 오르는 이슈거리이죠. 세계가 불안정하거나 통상전쟁이라도 일어날 것 같으면 안전자산인 달러를 사려는 사람이 많아집니다. 그럴 때도 역시 달러가치가 급등하며 환율이 오릅니다.

반대로 달러가 내려가는 경우는 글로벌 경기가 좋아 신흥국이 생산과 수출을 많이 할 때입니다. 이러한 신흥국의 경제성장에 투자하면 수익률이 좋기 때문에 달러 자본의 투자가 활발해집니다. 이때는 다시 달러 환율이 떨어집니다.

① 환율과 주가

환율이 상승하면 국내 주식은 대개 떨어집니다. "환율이 상승한다"는 말은 미국 금리가 올랐다거나, 외국인이 투자한 나라의 경기가 좋지 않을 가능성이 있다는 뜻입니다. 그리고 환차익에 의해 달러가치가 높을 때 자본을 회수해가는 것도 외인투자자에게는 유리하기 때문입니다. 그렇게 되면 증시가 더 빠지는데, 그 이유는 외국인이 수익률을 보전하기 위해 주식을 팔고 나가기 때문입니다.

예를 들어 1,000원 하던 환율이 1,200원이 되었다고 합시다. 200원이 올랐죠? 외국인이 10만 원인 주식을 100주 가지고 있었다면 1천만 원(1만 달러)인데, 주가 변동이 전혀 없음에도 불구하고 8,300달러로 17% 줄어듭니다.

채권은 보통 환헤지 상품에 가입하고 거래하지만 주식은 쉽지가 않습니다. 그래서 환율 상승 가능성과 주가 상승 가능성을 따져 희망이 없을 때 더이상 보유하지 않고 매도합니다. 이렇게 외인 자본이 대량으로 매각하고 떠나기 때문에 주가는 추가 하락하게 됩니다.

그러나 환율상승이 완전히 나쁜 것만은 아닙니다. 단기적으로는 외국인 매도로 주가를 떨어뜨리지만 장기적으로는 자국의 수출을 유리하게 만들기 때문에 주가에 긍정적인 영향을 미칠 수 있습니다.

② 환율과 부동산

환율이 오르면 빠져나가는 외화자본을 막기 위해 기준금리를 올려야 합니다. 기준금리가 올라가면 코픽스에 연동된 대출금리도 자동으로 오릅니다. 대출금리가 올라가는 상황에서 쉽게 부동산 거래를 할 수는 없겠죠. 이자 부담으로 급매나 경매가 속출할 수 있고, 떨어지는 집값에 하우스푸어도 등장하고, 소비를 줄이려는 움직임에 경기도 나빠지게 됩니다.

그래서 환율과 부동산은 상반된 관계에 있다고 봅니다. 그래서 안정적인 자산 배분을 위해 달러와 부동산을 동시에 가지고 있으라고 추천합니다.

80일간의 세계일주에
얼마가 들었을까요?

고전문학을 읽다보면 화폐에 대한 감이 없어 이해하기 어려울 때가 많습니다. 특히 영국을 배경으로 한 소설은 파운드, 실링, 펜스, 거기에 팁으로 쓰였다는 기니 단위까지 한두 가지가 아니죠. 게다가 물가상승률을 감안했을 때 그 돈이 지금은 얼마쯤 되는지 모르는 채 그냥 읽곤 합니다.

그래서 쥘 베른의 소설 『80일간의 세계일주』에 나오는 모든 금액을 환산해보도록 하겠습니다. 이 소설은 필리어스 포그라는 신사가 1873년 10월 2일부터 12월 21일까지 전 세계를 80일 동안 여행하며 겪은 일들이 주요 내용입니다.

주인공이 영국 사람이었기 때문에 이 여행은 가능했습니다. 당시는 '대영국 시대'라 불릴 정도로 영국의 힘이 셌고, 파운드는 기축통화였기 때문에 어느 나라에서나 바로 사용할 수 있었습니다. 영국, 인도, 싱가포르, 홍콩, 상하이, 일본, 미국을 거쳐가는데 미국에서만 달러로 환전하죠.

이 소설의 주요 내용은 다음과 같습니다. 영국은행에서 5만 5천 달러 절도사건이 일어납니다. 영국의 어느 사교클럽에서는 "도둑이 영국을 떠나면 잡히지 않을 거"라며 "세상은 넓다"고 했습니다.

그러자 포그는 "세상은 좁아졌다"며 "철도와 항만을 이용하면 80일 만에도 세계일주가 가능하다"고 주장합니다. 그리고는 자신의 재산 절반인 2만 파운드를 걸고 하인 파스파루트와 함께 바로 여행에 나서죠. 가방에 여행 경비로 2만 파운드 지폐 뭉치를 가지고 갑니다.

포그를 은행 도둑이라고 착각한 픽스 형사가 영국령인 인도와 홍콩에서 그를 잡으려고 여행을 방해하죠. 인도에서 파스파르투가 힌두교 사원에 신발을 신고 들어가서(사원에 들어갈 때는 신발을 벗어야 합니다) 분노한 사제들이 고소를 해 보석금으로 2천 파운드를 쓰죠. 또한 인도 내륙철도가 미개통 상태라 코끼리를 2천 파운드에 사서 뭄바이까지 이동합니다.

또한 상하이행 탕가데르호 선주에게 550파운드를 쓰고, 미국에서 인디언구출 포상금으로 1천 파운드를 씁니다. 그 외에도 포그는 인도에서 구출한 아우다를 위한 비용도 지출하고, 요코하마의 서커스단에서 공연을 망친 파스타르투를 위해 배상금을 물어내기도 했습니다. 여기까지의 비용이 대략 7천 파운드입니다.

끝으로 리버풀행 여객선을 놓치고 화물선 헨리에타호에 8천 달러를 주고 승선합니다. 그러나 연료가 부족해 화물선을 6만 달러로 아예 사버려 목재부분을 뜯어 연료로 씁니다.

다행히 리버풀에 도착했지만 픽스 형사가 체포해서 감옥에 가두는 있는 바람에 기차를 놓치고 말았죠. 곧 누명을 풀었지만 5분 차이로 내기에서 지고 말았습니다. 그러나 아우다와 결혼식을 알리러 목사에게 간 파스파르투는 포그 일행이 사실 하루 일찍 도착했음을 알게 되었고, 결국 포그는 내기에서 승자가 되었습니다.

이 소설의 배경인 1800년대 초반의 1파운드는 5달러의 가치가 있었습니다. 그래서 그가 미국에서 달러로 썼던 6만 8천 달러는 1만 3,600파운드 정도입니다. 세계일주 비용은 다음과 같습니다. 7천 파운드와 1만 3,600파운드를 합쳐 약 2만 파운드의 세계일주 비용이 들었습니다.

그러면 이 금액을 현재 시점 원화로 환산해보죠. 화폐가치를 현재 화폐가치로 계산해주는 사이트(measuringworth.com)를 침조했을 때, 1873년의 2만 파운드는 2018년에는 174만 1천 파운드로 약 87배 늘어났습니다. 여기에 현재 환율 1파운드는 약 1,500원이므로 이를 곱해보면 한화로 약 26억 원입니다.

포그 씨의 원래 재산은 52억 원이고, 그 중 26억 원을 80일간 세계일주를 하며 썼습니다. 독신으로 사교클럽을 오가며 루틴한 삶을 살던 포그 씨는 이 여행을 통해 사랑하는 아내를 얻었고, 행복한 삶을 찾게 되었으니 나름 괜찮은 여행이었다고 할 수 있겠죠?

3부

경제지표와 경제용어
이해하기

지금까지 경제기사에 다가섰고, 경제상식을 알아왔습니다. 이제 마지막 코스입니다. 마치 경제기사와 연애하듯이 '다가서기, 알아가기, 이해하기'의 과정을 지나고 있네요. 지금부터 좀더 경제기사를 이해하기 위해 경제지표와 경제용어 읽는 법을 알려드릴게요. 그리고 정말 경제기사를 읽는 연습을 따라해볼 겁니다. 4주간의 완독 플래닝이 끝나가고 있어요. 그 다음은 60일 동안 습관으로 만들어볼까요? 아침에 눈을 뜨면 자연스럽게 경제기사를 찾고, 스스로 질문하고 대답하는 과정이 자연스러울 거라 확신합니다.

1장

경제지표
읽는 법

지표를 읽는 것, 그것이 경제기사에서 팩트를 확인하는 가장 쉬운 방법입니다. 경제지표는 경제의 각 부분에서 측정한 값으로 지금이 어떤 상태인지, 과거로부터 추이는 어떠한지, 미래에는 어떨지 전망할 수 있는 숫자를 의미하죠.

　그러나 도표와 그래프만 봐도 머리가 지끈거리고 회피하고 싶은 심정입니다. 숫자를 눈으로는 읽어도 머리로는 이해가 안 되기 때문이죠. 그나마 기자님이 친절하게 풀이를 해주고 각주도 달아주는 게 경제기사입니다. 통계청이나 한국은행에 들어가서 각종 지표를 실제로 보면 눈이 돌아가죠.

　숫자에 겁을 먹으면 경제기사를 놓게 됩니다. 더이상 물러설 곳이 없답니다. 이런 상황을 함께 돌파해볼까요?

지표를 읽기 위한 오리엔테이션

이날 Fed 내 '비둘기파'로 꼽히는 제임스 불러드 세인트루이스 연방은
행 총재도 0.5%포인트 금리인하론에 선을 그었다. 불러드 총재는 블룸
버그TV와의 인터뷰에서 "상황이 정말로 0.5%포인트 금리를 내려야할
정도라고 생각하지 않는다"며 일축했다. 불러드 총재는 6월 FOMC에
서 홀로 금리인하에 투표한 인물이다.

[한국경제 2019. 6. 26.]

기사 본문에 등장하는 %포인트에 대해 개념을 잘 이해해야 합니다. 60%에서 55%로 감소
하면 '5% 감소'라고 하면 안 됩니다. 결과값이 57%가 되기 때문이죠. 이럴 때는 '5%포인트'
또는 '5%p'로 표기해야 합니다.

본격적인 경제지표 읽기에 앞서 사전지식으로 딱 4개만 설명
드릴게요. 그것은 바로 지수, 변동률, 퍼센트 포인트, 그래프입니
다. 일단 기사에서 자주 쓰는 표현이기 때문에 이 4가지 개념을
이해하면 기사 읽기가 훨씬 수월할 겁니다.

지수를 알아보자

경제지표는 대부분 지수(指數, index)로 표현됩니다. 지수란 구
체적인 숫자 자체보다는 시간의 흐름에 따라 수량이나 가격 등
이 어떻게 변화되었는지를 상대적으로 쉽게 파악할 수 있게 만

든 것입니다. 통상 비교되는 시점을 100으로 해서 산출합니다. 그래서 100을 기준으로 '높다, 낮다'를 확인할 수 있고, 연속 자료를 본다면 '증가추이인지 감소추이인지' 파악할 수 있습니다. 경제는 흐름을 파악하는 게 중요한데, 특히 '지수'가 핵심입니다.

지수를 계산하기 위해서는 기준시점이 반드시 필요합니다. 기준시점은 지수를 작성하기 위한 기준이 되는 시점을 말하는데, 일정기간 또는 단일 시점을 기준시점으로 정합니다.

일정기간을 기준시점으로 한다면 1~12월 중 월별 지수를 산술평균한 값을 지수로 씁니다. 대표적으로 통계청에서 발표하는 '소비자물가지수(CPI ; Consumer Price Index)'가 있습니다.

소비자물가지수는 물가의 움직임을 한눈에 알아볼 수 있게 지수화한 지표입니다. 기준이 되는 시점(2015년)의 값을 100으로 놓고 비교시점의 물가수준이 얼마나 되는가를 상대적인 크기로 표시합니다. 예를 들어 2018년은 104.45이었고, 1997년은 60.61이었죠. 이러한 지표를 통해 2018년은 2015년에 비해 4.45% 상승했고, 20년 전에 비해 1.7배 가까이 뛰었다는 것을 알 수 있습니다. 참고로 덧붙이자면 통계청 지표의 기준시점은 2005년, 2010년, 2015년, 이렇게 보통 5년마다 변경해 이해하기 쉽게 조정하고 있습니다.

단일시점이 기준시점인 지수는 대표적으로 코스피(KOSPI ; Korea Composite Stock Price Index)가 있습니다. 1980년 1월 4일을 기준시점으로 해 이 날의 종합주가지수를 100으로 정하고,

개별종목의 주가에 상장주식수를 가중한 기준시점의 시가총액과 비교시점의 시가총액을 대비해 산출합니다. 즉 '종합주가지수=비교시점의 시가총액/기준시점의 시가총액×100'의 계산식으로 나타낼 수 있습니다.

위로 아래로 움직이는 변동률

변동률은 기준시점 대비 비교시점 값의 증감을 나타내는 비율을 말합니다. 보통 '전년 동기 대비, 전기 대비 증감률'이라는 표현을 많이 볼 수 있습니다. 또한 기준시점을 명확히 말하지 않고 '올해, 이달, 이번 분기'에 대한 지표라면 기준시점은 '전년, 지난달, 전 분기'를 의미한다는 것을 알고 해석하면 됩니다.

① 전년 동기 대비 증감률

현재 분기 경제지표가 1년 전 같은 기간에 비해 얼마나 증가 또는 감소했는지 나타냅니다. 전년도의 같은 기간에 대한 비교이기 때문에 계절변화나 명절, 연휴 등에 따른 '착시현상'을 피할 수 있다는 장점이 있지요.

만약 백화점 매출을 바로 전 분기와 비교한다면 여름휴가 등으로 비수기를 포함한 3분기 실적보다 명절 특수를 노리는 4분기 매출이 당연히 높게 나오기 때문입니다. 계절적 특수성을 무시하고 '지난 분기 대비 소비자 심리가 살아났다'라고 표현한다면 해석의 오류가 나타날 수밖에 없습니다. 그래서 백화점 매출 등은 전년 동기 대비 비교하는 경우가 많습니다.

② 전기 대비 증감률

현재 분기나 월의 경제지표가 직전 같은 기간에 비해 얼마나 증가 또는 감소했는지 나타냅니다. 앞서 말한 전년 동기간 대비 증감률이 비교시점이 1년 전이기 때문에 통계수치가 연속적이지 못하고, 경기 방향을 어림하기 어렵다는 단점이 있습니다. 그래서 경기가 단기적으로 어떠한 방향으로 가고 있는지 측정하기 위해서는 전기 대비 증감률을 이용합니다.

전기 대비 증감률은 계절과 상관없는 자동차 수출량 등의 비교에 적합합니다. 그러나 전기 대비 증감율은 계절적 요인 등을 무시하고 측정한 값이기 때문에 전년 동기 대비 증감율에 비해 상대적으로 기복이 크다는 것이 단점입니다.

혼동하기 쉬운 퍼센트 포인트

통계를 볼 때 쉽게 혼동하는 것이 바로 퍼센트(%)와 퍼센트 포인트(%p)입니다. 아니면 둘의 차이를 인지하지 못한 채 기사를 읽어왔을 수도 있습니다.

퍼센트는 전체 수량을 100으로 두고 그것에 대한 비교값을 백분율로 나타낸 단위입니다. 그에 반해 퍼센트 포인트는 백분율로 나타낸 수치가 이전 수치에 비해 증가하거나 감소한 양을 말합니다. 즉 퍼센트값 사이의 차이를 단순하게 연산한 값이죠. 이제 이해가 되나요?

예를 들면 '2018년도 어느 중학교 남학생의 비율이 40%였으나, 2019년도에는 남학생 비율이 60%로 증가했다'일 때 증가폭은 어떻게 표기하면 될까요? '남학생 비율은 20%p 증가했다, 또는 50% 증가했다'라고 쓰는 게 옳습니다. %p는 기준값에 대한 산술적 차이인 합연산이기 때문에 단순히 가감만 계산하면 되고, %는 기준값에 대한 곱연산이기 때문에 40%가 60%가 되기 위해 1.5를 곱해줘야 하니까 '50% 증가했다'고 표현하는 게 맞습니다.

좀더 쉽게 이해를 돕기 위해 퀴즈를 하나 내볼게요.

Q. 우리 회사 매출이 전 분기 10%에서 이번 분기 16%로 성장했다. 이를 바르게 해석하는 사람은 누구일까?

　a. 우리 회사 매출이 전분기 대비 6%p 성장했다.

　b. 우리 회사 매출이 전분기 대비 60% 성장했다.

　c. 우리 회사 매출이 전분기 대비 6% 성장했다.

정답은 a와 b입니다. 이제 확실히 이해가 되나요?

〈퍼센트와 퍼센트 포인트〉

2015학년도 수능영어 25번 문항입니다. 한국교육과정평가원은 ④번과 ⑤번을 모두 정답으로 인정했는데, 왜 그런 것일까요?

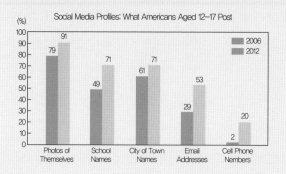

Q. 위 그래프는 2006년과 2012년에 미국 청소년(12-17세) 소셜미디어에 공개한 개인정보 유형의 비율을 보여준다.

① 2012년에는 모든 공개된 개인정보 카테고리에서 비율이 증가되었다.

② 미국 청소년들이 셀카사진을 공개한 비율이 두 개 연도에서 모두 높았다.

③ 2006년 도시의 이름을 공개한 비율은 학교의 이름을 올린 비율보다 높았다.

④ 2012년 이메일 주소를 공개한 비율은 2006년보다 3배 높았다.

⑤ 2012년에 휴대전화번호를 공개한 비율은 2006년보다 18퍼센트 증가했다.

위 문제는 그래프를 해석한 문장 중에서 틀린 문항을 찾는 것입니다. 정답은 ④번이었으나, 학생들은 ⑤번도 정답이라며 이의를 제기했습니다. ⑤번에서 '18퍼센트 포인트 증가했다'고 말하는 것이 옳은 표현이기 때문입니다. 만약 퍼센트로 표현하려고 했으면 18퍼센트가 아닌 '1,000퍼센트 증가했다'고 하는 게 맞는 표현입니다. 영어시험 출제자가 통계학 관련자의 검토를 받았으면 좋았을 텐데, 학생들도 아는 경제상식을 출제자는 몰랐던 어처구니없는 사건으로, 결국 시험성적 정정이라는 큰 혼란을 야기했었습니다.

데이터의 시각화, 그래프

많은 내용을 담아야 하는 기사는 가독성을 높이기 위해 그래프라는 장치를 사용합니다. 경제기사에서 그래프는 어떤 의미일까요? 첫째, 한눈에 주요 내용을 전달하기에 좋습니다. 둘째, 텍스트로 표현하면 지루한 연도별 추이나 분기별 추이를 한번에 전달할 수 있습니다. 셋째, 일러스트와 함께하는 그래프는 기사의 품격을 높여줍니다.

그러나 그래프를 읽을 때 주의해야 할 점이 있습니다. 실제 수치보다 과장해서 표현하는 경우가 왕왕 있기 때문이죠. 독자들의 이목을 끌기 위해 상승 또는 하강 부분의 비율을 조정해 데이터값은 그대로 적되, 막대 그래프나 꺾은선 그래프는 그리지 않고 강조하고 싶은 값만 삐죽 올라가 있는 그래프가 그런 것입니다. 기사를 꼼꼼히 읽지 않고 그래프의 기울기만 훑듯이 보고 지나가면 내용을 오해하기 쉽습니다.

잘못된 그래프는 진실을 숨깁니다. 그래서 기사의 의도대로 사람들은 믿게 되죠. 이런 잘못된 믿음 때문에 경기가 지나치게 나빠졌다고 불안해질 수도 있고, 지표가 좋아진 것으로 착각할 수도 있습니다. 결과적으로 사실을 왜곡한 자료이기 때문에 신빙성이 떨어지고, 그러한 언론사나 국가기관은 대중의 신뢰를 잃을 수도 있습니다.

꼭 알아야 할 주요 경제지표 9가지

5월 산업생산과 설비투자가 각각 0.5%, 8.2% 동반 하락하며 3달 만에 감소세로 돌아섰다. 소매판매액지수는 한 달 만에 다시 반등했다. 현행 경기흐름을 나타내는 동행지수 순환변동치는 0.2포인트 올라 14개월 만에 반등에 성공했다. 제조업의 경우 생산능력지수는 10개월 연속 하락해 1971년 이후 가장 긴 내림세를 보였고, 재고는 1998년 이후 가장 높은 수준을 기록했다. 28일 통계청이 발표한 산업활동동향 자료에 따르면 5월 전(全)산업생산지수는 전월보다 0.5% 감소했다. 전월 대비 전산업생산은 2월 2.7%로 감소한 데 이어 3월 1.2%, 4월 0.9%로 두 달 연속 증가했다가 다시 3개월 만에 감소했다.

[중앙일보 2019. 6. 28.]

숫자로 현상을 쭉 나열한 기사입니다. 그래서 언뜻 읽으면 눈에 잘 안 들어오겠지만, 그래도 자꾸 읽어봐야 합니다. 이런 문장은 주어와 서술어를 먼저 읽고 난 후에 수치를 보면 그 경중을 이해하기가 더 쉽습니다.

우리가 지금껏 지표를 보면서도 "그래서 이게 좋다는 거야, 나쁘다는 거야?"라며 의문을 풀지 못한 채 기사를 읽고 있습니다. 지표의 개요를 살피고 숫자의 경중과 유무의함 그리고 중심값을 이해할 수 있다면 경제기사가 훨씬 쉬운데 말입니다.

그래서 이번 장에서 그 방법을 하나씩 알아볼까 합니다. 언뜻 보면 어렵겠지만 쉽게 이해하는 방법은 있습니다.

통화지표

통화지표는 시중에 돌고 있는 화폐의 양, 즉 통화량이 얼마인지 측정한 값을 말합니다. 통상 경기가 좋으면 통화량이 늘고, 경기가 나쁘면 줄어듭니다. 그래서 중앙은행은 통화지표를 통해 금리를 조정하기 때문에 이 지표의 중요성은 매우 크겠죠?

한국은행에서 찍어낸 만큼 개인의 지갑에 있거나 은행 금고에 있는 거 아닌가요? 물론 더하기와 빼기만 생각하면 맞습니다. 그러나 통화량은 찍어낸 화폐 총량보다 훨씬 더 많답니다. 시중은행에서는 예금된 돈의 일부만 지급준비금으로 보유하고 더 많은 돈을 대출해주기 때문이죠.

여기서 통화승수에 대해 잠깐 알아보겠습니다. 통화승수는 본원통화에 대한 통화량을 의미합니다. 즉 신용으로 부풀려진 시중의 돈의 총량을 한국은행에서 찍어낸 돈의 총량으로 나눈 값이죠. 만약 시장 전체의 통화량이 10억 원이고 한국은행에서 찍어낸 돈이 1억 원이라면 통화승수는 10입니다.

경제규모가 커져서 통화량을 측정하는 범위도 다양화되었습니다. 범위를 좁혀 지폐와 주화만 통화라 할 수도 있고, 범위를 넓혀 지폐와 주화 외 예금까지 포함하기도 합니다.

통화지표는 M0(본원통화), M1(협의통화), M2(광의통화)로 구분하며, 유동성 지표로는 Lf(금융기관유동성), L(광의유동성)로 편제하고 있습니다. M0에서 L로 갈수록 현금화가 어렵습니다. 물론 당장 손해를 감수하고서라도 현금화할 수는 있습니다. 그렇기 때문에 M0이나 M1부터 돈을 쓴다는 의미로 유동성이 높다고 해석할 수 있습니다.

① M0

M0은 본원통화입니다. 한국은행에서 발행해 시중에 공급하고, 일부는 회수해 보관합니다. 개인의 지갑에 있거나 은행금고에 있는 돈이죠. 민간화폐보유액과 지급준비금, 은행 시재금의 합이 여기에 속합니다. 한국은행에서는 국공채를 매입할 때, 외환을 매입할 때, 은행에 대출해줄 때, 정부예금을 인출해줄 때 시장에 통화를 공급합니다. 또한 지급준비금 비율인 지급준비율을 통해 통화량을 조절하는 데 쓰기도 하지요.

② M1

M1은 좁은 의미의 협의통화를 말합니다. 언제든지 바로 현금화할 수 있죠. 시중에 유통되고 있는 현금과 입출금이 자유롭고 즉각 현금으로 교환 가능하다는 점에서 결제성 예금도 포함합니다. M1은 단기금융시장의 유동성 수준을 파악하는 데 사용합니다. 계산식은 'M1=현금+결제성예금'입니다.

③ M2

M2는 M1보다 넓은 영역으로 광의통화라고 합니다. 비교적 쉽

● 통화지표

M0	M1	M2	Lf	L
176조 1,494억 원	866조 3,162억 원	2,760조 4,066억 원	3,918조 523억 원	4,969조 3,720억 원

출처: KOSIS 통화금융통계, 2019년 4월 말 기준

게 현금화할 수 있는 상품까지입니다. M1은 당연히 포함되고 예금취급기관의 저축성예금, 시장형금융상품, 실적배당형금융상품, 금융채, 거주자 외화예금 등을 추가합니다. 이자만 포기하면 언제든지 현금으로 교환할 수 있는 범위의 상품까지인 셈이죠.

그래서 2년 이상의 장기상품은 유동성이 떨어지기 때문에 제외합니다. M2가 우리가 흔히 말하는 시중 통화량이며 각종 지표에 주로 쓰입니다. 계산식은 'M2=M1+2년 미만 금융상품+실적배당형금융상품, 금융채, 거주자외화예금'입니다.

④ Lf(Liquidity fund)

Lf는 금융기관 유동성이라 합니다. M2에 2년 이상 금융상품과 생명보험사의 보험계약준비금, 증권금융회사의 예수금까지 포함합니다. 사람들이 진짜 돈이 필요하면 보험도 깨고 그러잖아요. 엄밀히 말해 M(Money)이라고 하기 어려워 L(Liquidity)이라고 살짝 바꿔 부릅니다. 계산식은 'Lf=M2+2년 이상 금융상품+생명보험계약준비금, 증권사예수금'입니다.

⑤ L

L은 광의유동성이라 합니다. 모든 금융자산을 아울러서 한 나라의 경제가 보유하는 전체 유동성의 크기를 말합니다. 기업어음, 회사채, 국공채 등 유가증권까지 포함하는 개념입니다. 계산식은 'L=Lf+ 정부·기업발행 유동성 상품 등'입니다.

금리지표

금리는 국민경제에 미치는 영향이 광범위합니다. 한국은행은 금리정책을 통해 물가를 안정시키고 경제를 성장시키는 역할을 합니다. 기준금리를 조정해 시장금리의 변동을 유도합니다. 기준금리가 변동되면 단기 시장금리가 먼저 움직이고, 다음은 장기 시장금리와 여수신금리가 따라서 변합니다. 그 결과 물가는 안정되고 경제성장을 기대할 수 있습니다. 그래서 매월 한국은행 통화위원회에서 발표하는 기준금리지표는 매우 중요합니다. 꼭 봐야 하는 금리지표는 한국은행 기준금리 변동 추이, 국고채(3년), 국고채(5년), 국고채(10년), 코픽스(Cofix)에 관한 내용입니다.

증권

증권시장은 크게 주식시장과 채권시장으로 구분합니다. 주식시장과 관련된 지표로는 주가지수, 거래량, 거래대금 등이 있고

채권시장과 관련된 지표로는 채권수익률, 신용스프레드 등이 있습니다.

① 주가지수

개별 종목의 가격 변동을 종합해 전체적인 움직임을 보기 위한 것이 주가지수입니다. 총 시가총액을 기준시점 시가총액으로 나눈 뒤 100을 곱하는 게 산출공식입니다. 코스피(KOSPI)와 코스닥(KOSDAQ) 지수가 대표적입니다.

② 주식거래량, 거래대금

주식시장의 유동성을 판단하기 위해 주식거래량을 봅니다. 주식시장에서 매매된 주식의 수량이 주식거래량, 거래된 총액을 합산하면 거래대금이 됩니다. 주가 상승장에서는 주식을 사려고 하는 매수 세력이 늘어나 거래량이 증가하고, 반대인 약세장에서는 사겠다는 사람이 없어 거래량이 감소합니다.

③ 채권수익률

채권투자자가 채권 매매를 통해 얻을 수 있는 수익률입니다. 저축은 확정금리 외에 수익은 기대할 수 없지만 채권은 매입 당시 할인가로 구입할 수 있기 때문에 표면금리 이상의 수익을 기대할 수 있습니다. 또한 만기 전에도 대부분 분기별 이자를 받을 수 있어 현금흐름을 창출할 수 있다는 매력까지 있습니다.

④ 신용 스프레드

신용 스프레드(Credi spread)는 대출을 받기 위해 들어가는 이자율의 차이입니다. 현실에서는 주로 국고채와 회사채의 차이로 쓰이는데, 국고채의 경우 불이행 위험이 거의 없는 무위험 채권이고, 회사채는 등급에 따라 위험이 변화하는 채권으로 봅니다. 그렇기 때문에 국고채와 회사채 사이에 이자 차이가 있습니다.

보통 신용스프레드가 많이 나는 시기는 경기가 좋지 않아 투자자들이 위험한 회사채보다는 안전한 국고채로 옮기는 시점입니다. 주가지수도 몹시 떨어지고, 회사에서는 회사채를 통해서 자금을 끌어와야 하는 절박함 때문에 금리를 아주 높게까지 부릅니다. 그래서 국고채금리에 비해 회사채가 높아지게 됩니다. 거꾸로 본다면 신용스프레드는 경기가 안 좋아지거나, 주식이 떨어질 것을 예측할 수 있는 지표로 볼 수 있습니다.

경기지표

우리가 흔히 말하는 경기가 '좋다, 안 좋다'는 경제순환의 한 부분을 의미합니다. 장기적인 관점에서 바라볼 때 경제는 일정한 기울기로 성장하는 것이 아니라 구불구불 파도와 같은 곡선임을 알 수 있죠. 파동은 다시 3가지로 구분하고 있습니다.

장기 파동(콘트라티예프 파동)은 약 50년 주기로 오며 기술혁신이나 전쟁, 발명 등에 의한 파동입니다. 중기 파동(주글라 파동)은

● 경기순환

구 분	회복기	확장기	후퇴기	수축기
생산활동	증가	최고	감소	최저
고용 수준	증가	최고	감소	최저
(실업률)	(감소)	(최저)	(증가)	(최고)
투자·소비	증가	높음	감소	낮음
소득수준	상승	최고	감소	최저
물가수준	상승	최고	하락	최저
재고수준	감소	최소	증가	최대

약 10년 주기로 오며 기업의 설비나 투자의 변동이 주요 요인이 죠. 단기파동(키친 파동)은 3~4년 주기로 통화량이나 금리, 재고 등의 변동으로 오는 변동을 말합니다.

보편적으로 경기순환은 중기 파동으로 해석하며, '확장-후퇴-수축-회복'의 4단계를 계속 반복하며 장기 추세선을 따라 갑니다.

경기지표는 개별경제지표, 종합경기지표, 경제심리지표로 구분할 수 있습니다. 또한 GDP를 통해 거시적 현상을 파악할 수도 있죠. GDP는 한 나라 경제주체들의 모든 소비, 투자, 수출 등을 한눈에 살펴볼 수 있기 때문입니다. 단, GDP는 분기별로 작성되며 상당 시간이 지난 후 발표되기 때문에 단기적으로 신속하게 파악하기는 어렵습니다.

① 개별경제지표

개별경제지표는 현재의 경기를 판단해 향후 경기흐름을 예상하기 위해 작성한 각 부문별 지표를 말합니다. 생산, 소비, 건설

투자, 설비투자, 수출입 등 경기의 움직임을 잘 반영하는 요소들을 지속적으로 분석하고 있습니다. 대부분 월별로 작성하며 통계청에서 주관하지만 건설과 관계된 것은 국토교통부, 수출입과 관계된 것은 관세청에서 작성합니다.

② 종합경기지표

개별경제지표를 가공해 종합적으로 볼 수 있도록 만든 지표입니다. 통계청은 1983년 3월부터 생산, 투자, 소비, 고용, 금융, 무역, 기계 등의 지표를 가공해 매월 경기종합지수를 작성한 후 발표하는데, 경기의 변동방향과 변동폭을 확인하는 데 유용한 자료입니다. 선후행에 따라 선행종합지수, 동행종합지수, 후행종합지수로 나뉩니다.

비교적 쉽고 일반인도 이해하기 좋아 가장 많이 활용하는 지표가 선행종합지수입니다. 후행종합지수는 경기변동을 나중에 확인할 때 사용할 수 있습니다. 경기선행지수는 가까운 장래의 경기변화를 예측하는 데 활용되기 때문에 의사결정의 수단이 될 수 있습니다.

지수의 성격상 숫자에 예민해 하기보다는 큰 흐름과 추이를 관찰하는 데 활용하는 것이 좋습니다. 즉 전월, 전분기 대비 얼마나 증가 혹은 감소했는지 파악하고, 지금이 과연 경기순환의 어느 시점에 위치해 있는지 가늠해보는 것이 종합경기지표를 보는 이유입니다.

● 경기순환

경기선행지수(9개)	경기동행지수(7개)	경기후행지수(5개)
• 구인·구직비율 • 재고순환지표 • 소비자기대지수 • 기계류내수출하지수 • 건설수주액(실질) • 수출입물가비율 • 국제원자재가격지수(역계열) • 코스피지수 • 장단기금리 차	• 비농림어업 취업자수 • 광공업생산지수 • 서비스업생산지수 • 소매판매액지수 • 내수출하지수 • 건설기성액(실질) • 수입액(실질)	• 상용근로자수 • 생산자제품재고지수 • 도시가계소비지출(실질) • 소비재수입액(실질) • 회사채 유통수익률

③ 경제심리지표

경제주체들인 기업과 가계가 경기에 대해 느끼는 심리적인 부분들을 지수화한 것으로 기업경기실사지수(BSI), 소비자동향지수(CSI)가 있습니다. 심리지표는 경제지표와 비교적 비슷하게 움직이지만, 때로는 다소 괴리감이 있을 수도 있습니다. 그 이유는 통상 소비자심리지수(CSI)는 3~6개월간 시차를 두고 소비지표에 반영되기 때문이며, 내수와 수출에 대한 상관관계가 낮을 때도 괴리감이 나타날 수 있기 때문입니다.

고용지표

정부정책을 평가받는 바로미터가 고용과 실업통계입니다. 일자리를 갖고 싶어 하는 사람들이 일자리를 구하고 안정된 소득을 갖는다는 것은 국민의 가장 큰 소망이 아닐까요. 실업은 개인의 문제임에 앞서 국가적 차원에서도 심각하게 관리해야 할 지표임이 틀림없습니다. 결국 가계소득이 없으면 지출도 적어지고, 기업의 투자와 생산에도 문제가 나타나기 때문입니다. 민심을 잃으면 다음 정권을 잡는 데도 어려움이 많기 때문에 경기부양에서 가장 먼저 다루는 부분이 고용지표입니다.

가장 대표적인 고용통계는 통계청에서 매월 발표하는 고용동향입니다. 국내에서 노동이 가능한(군복무, 교도소 복역자 등 제외) 만 15세 이상자를 경제활동인구와 비경제활동인구로 나누고, 경제활동인구의 취업과 실업 데이터를 분석합니다.

· 경제활동 참가율(%) = 경제활동인구 / 만 15세 이상 인구 X 100

· 고용률(%) = 취업자 / 만15세 이상 인구 X 100

· 실업률(%) = 실업자 / 경제활동인구 X 100

우선 전체 고용률과 실업률을 살펴본 뒤, 세대별 및 산업별 고용률을 확인합니다. 전체 고용률 추이와 청년(15~29세) 취업률, 제조업 분야의 등하락을 중점적으로 보는 것이 좋습니다.

예전 세대에 비해 양질의 일자리 자체가 줄어들었기 때문에 청년 고용은 더욱 나라에서 신경을 써야 하는 부분입니다. 또한 기술혁신으로 인한 공장 자동화, 수출 경쟁력 감소 등으로 제조업이 무너지면 경제에 미칠 영향이 매우 큽니다. 그래서 이 2가지 부분에 대한 복합적인 지표 해석이 필요하며, 많은 정책적 지

● 고용지표

15세 이상 인구 4,446만 명 (+31만 9천 명)	경제활동인구 2,846만 8천 명 (+28만 3천 명)	취업자 2,732만 2천 명 (+25만 9천 명)	청년고용(15~29세) 43.6%(전년동월 대비+0.9%p) 제조업 고용 -7만 3천 명(-1.6%)
		실업자 114만 5천 명 (+2만 4천 명)	청년실업(15~29세) 9.9%(전년동월 대비 -0.6%p)
	비경제활동인구 1,599만 2천 명 (+3만 6천 명)		

출처 : 통계청 2019년 5월 고용동향 보도자료

원이 필요합니다.

　고용탄성치도 함께 활용하는 지표입니다. 이는 취업자 증가율을 GDP증가율로 나눠서 구한 값입니다. 경제성장에 따라 얼마나 고용이 증가했는가를 확인하는 지표입니다. 고용탄성치가 낮다면 경제성장에 비해 취업자수 증가가 따라가지 못했다는 뜻이고, 고용탄성치가 높다면 경제성장률에 비해 일자리가 많이 창출되었다는 것을 의미합니다.

재정지표

　국가의 살림살이를 재정(財政)이라 합니다. 공공정책 시행에 필요한 재산을 조달하고 관리하는 일체의 경제활동을 말합니다. 주 수입원은 세금과 기타 정부 보유 재산의 매각, 국공채 발행,

수수료 등이고, 주 지출은 국방, 외교, 치안과 경제개발과 복지 등의 분야에 나가는 돈입니다.

정부 재정정책의 목표는 무엇일까요? 경제안정화와 소득 재분배로 볼 수 있습니다. 즉 물가를 안정시키고, 국제수지 균형을 맞추는 것입니다. 또한 세금으로 사회복지 증진을 위한 집행을 늘리며 선진국형으로 가려 하고 있습니다.

그러나 상충되는 목표들 사이에서 균형을 맞추기란 쉽지 않습니다. 물가안정을 위해 긴축재정을 실시하면 실업이 늘어나 경기가 침체되고, 복지를 확충하면 가계는 좋아지겠지만 근로의욕이 떨어지고 기업의 생산성은 나빠지기 때문입니다.

재정과 관련된 지표는 통합재정이 있습니다. 통합재정의 수입과 지출 차이가 통합재정수지입니다. 여기에는 일반회계, 특별회계, 기금을 모두 포괄합니다. 정부의 수입이 지출보다 많으면 재정수지는 흑자이고, 반대가 되면 적자입니다. 적자가 지속되면 국가채무가 늘어나고 재정 안정성에 위협을 받겠죠. 수지가 0값에 가깝다면 균형재정인 상태입니다. 만약 경기가 좋지 않아 경기부양책을 써야 한다면 지출을 늘려 적자재정정책을 펼치기도 합니다.

다행히 2005년 이후 2009년 글로벌 경제위기를 제외하고는 흑자재정을 지켜오고 있습니다. 2019년도 역시 흑자가 목표인데, 2019년 1~4월 누적 통합재정수지가 25조 9천억 원 적자상태입니다. 세수 확보가 필요해 증세를 하자니 민간소비 위축이 걱정되고, 국채를 발행하자니 국가채무비율 40% 기준이 발목을 잡습니다. 이런 상황을 '재정의 딜레마'라고 하죠.

국민계정

일정기간 중의 생산, 자금흐름, 수출입 등 국민경제의 활동결과와 일정시점에서의 국민경제의 자산 및 부채상황을 나타낸 것으로 '국민경제의 종합재무제표'입니다.

① 산업연관표

일정기간 동안 특정상품을 생산하기 위해 어떤 상품이 얼마나 투입되었는지와 특정상품이 어떤 부문에서 중간수요 또는 최종수요로 팔렸는지 보여주는 통계입니다. 한마디로 국민경제의 제조원가명세서라고 할 수 있죠.

② 국민소득통계

일정기간 동안 경제주체들이 생산해 창출한 국민소득이 어떻게 분배되고 처분되는지 나타내는 통계입니다. 국민경제의 손익계산서라고도 합니다.

③ 자금순환표

일정기간 동안 국민경제안에서 발생한 금융활동 상호간의 관계를 기록해 체계적으로 정리한 통계입니다. 국민경제의 현금흐름표라고도 합니다.

④ 국제수지표

일정기간 동안 국가 간에 발생한 실물, 자금의 흐름을 기록한 것으로 외화수지계산서입니다.

⑤ 국민대차대조표

일정 시점에서 한 나라가 보유하고 있는 유형의 실물자산, 무형의 금융자산, 대내외 금융자산 및 부채를 모두 기록한 통계입니다. '국민경제의 대차대조표'라고도 합니다.

해외경제지표

무역과 환율에서 확인했듯이 우리나라는 수출입 경기에 영향을 많이 받는 구조입니다. 그래서 국제 원자재 가격이 오르면 수입 원자재 제품의 가격이 오르기 때문에 물가가 오릅니다. 또한 미국 주가지수는 다음 날 우리나라 주가에 직접적인 영향을 줄 정도로 막대한 영향을 끼칩니다.

그렇기 때문에 국내뿐만 아니라 대외여건을 꾸준히 살펴봐야겠죠? 대표적인 해외경제지표를 확인해보겠습니다.

① 국제 원자재지수

수입 원자재는 대표적으로 원유, 농산물, 금속 순입니다. 국제
원자재지수는 대표적으로 IMF에서 발표하는 원자재가격지수
(Indices of Primary Commodity Prices, 2005년=100), 로이터 상
품가격지수(1931년=100, 에너지를 제외한 소맥, 돼지, 옥수수, 구리
등의 선물가격), CRB지수(1967년=100, 에너지를 포함한 공업용원자
재, 농산물, 귀금속, 육류 등)가 있습니다.

② 세계주가지수

세계 주식시장 상황을 포괄적으로 나타내는 것을 세계주가지
수라고 합니다. 기관투자자나 펀드매니저들은 전 세계 투자 방
향을 결정지을 때 이러한 세계주가지수를 활용하는데 '벤치마크
지수'라고 하기도 하죠. 가장 대표적인 벤치마크 지수는 '모건스
탠리 캐피털인터내셔널지수(Morgan Stanley Capital International
Index ; MSCI)'와 '파이낸셜타임스 스톡익스체인지(Financial
Times Stock Exchange ; FTSE)지수'가 있습니다. 각 나라별로는
미국의 Dow Jones 산업평균지수와 NASDAQ지수, S&P500지
수, 중국 상해종합지수, 홍콩 항셍지수, 유럽 Euro stoxx지수, 일
본 Nikkei지수 등이 있습니다.

③ 경기선행지수(CLI ; Composite Leading Indicators)
각 나라마다 경기순환을 조기에 파악하기 위해 경기선행지수

를 작성하고 있습니다. 보통 3~6개월 후의 경기흐름을 알 수 있는 지표이고 제조업주문, 생산, 고용, 착공, 심리 등의 실물 지표와 주가지수, 장단기금리 차 등의 금융지표로 구성됩니다.

OECD는 보통 4단계로 구분하는데 CLI가 100을 상회하면서 상승하는 경우는 확장, CLI가 상회하면서 하락하는 경우는 후퇴, CLI가 100을 하회하면서 하락하는 경우는 수축, CLI가 100을 하회하면서 상승하는 경우는 회복으로 보고 있습니다.

부동산 판단 지표

주택을 구입하기에 앞서 지금이 정점인지 아닌지 확인하고 싶죠? 아파트 실거래가와 거래량 말고 좀더 거시적인 부동산 지표가 있습니다. 그래서 부동산 관련 기사에서 자주 사용하는 3가지 지표를 알려드릴게요.

① PIR(Price Income Ratio)

소득 대비 주택가격 비율입니다. 가구의 연평균 소득으로 주택을 사는 데 얼마나 시간이 걸리는지 측정하는 지표입니다. 예를 들어 PIR이 10이라면, 평균 소득가구가 특정지역의 평균적인 주택을 구입하기 위해 한 푼도 안 쓰고 모은다면 10년이 걸린다는 의미입니다. 주로 집값의 연도별 추이, 전국과 수도권의 차이, 다른 나라 도시 대비 서울 집값의 수준을 비교할 때 객관적 지표로 사용합니다. 단, 조사발표 기관이 여러 곳이기 때문에 KB국민은행, 한국주택금융공사, 국토연구원, 대외경제정책연구원의 수치가 다를 수 있으니 참고만 하면 됩니다.

② RIR(Rent to Income Ratio)

월 소득 대비 주택임대료 비율입니다. 무주택자를 기준으로 주거를 위해 쓰는 비용이 부담이 클수록 RIR값은 높게 나오지요. 국내 세입자 가구의 RIR 평균은 15.5로 전년 17.0%보다는 낮아진 반면, 청년층(만 20~34세)의 RIR은 20.1%로 전년(18.9%)보다 올랐습니다. 즉 청년들이 월 100만 원을 벌면 20만 1천 원을 임대료로 낸다는 의미이니 부담이 크지요(국토교통부, 〈2018 주거실태 조사결과〉).

③ K-HAI(Korea-Housing Affordability Index)

주택구입부담지수를 말합니다. 평균소득가구가 대출을 받아 평균가격주택을 구입했을 때 월 소득에 대한 상환금을 비율로 나타낸 것으로, 부채에 따른 부담이 어느 정도인지를 나타냅니다. 기준 지수100은 소득 중 25%를 원리금상환에 쓴다는 것을 의미합니다. 현재 2019년 1분기 서울은 129.9(전년 118.8), 광주 48.3(전년 48.1), 부산 61.3(전년 71.4), 인천 59.7(65.1), 대구 66.3(전년 72.3), 대전 50.0(전년 53.1)으로 전국에서 서울만 내집마련 부담이 커졌습니다.

숫자감을 키우는 방법

최근 케이블 구독자 수와 수익성 하락으로 새로운 사업 모델을 찾고 있는 디즈니가 선보인 서비스가 바로 디즈니+다. 디즈니+는 넷플릭스 최저요금제인 월 8.99달러보다 저렴한 6.99달러로 책정했다. 또 디즈니 콘텐츠를 독점 제공하겠다고 밝힌 바 있어 스트리밍 서비스 시장 판도에 변화를 불러일으킬 전망이다. 디즈니 측은 2024년 가입자가 6,000만~9,000만 명에 달할 것이라고 전망한다. 새로운 서비스 출시 기대감에 실적 전망이 밝다. 블룸버그에 따르면 올해 디즈니 매출액은 전년 대비 19.9% 증가한 712억 4,600만 달러, 영업이익은 5.3% 증가한 155억 8,800만 달러로 전망된다.

[매일경제 2019. 4. 16.]

디즈니가 넷플릭스와 같은 스트리밍 서비스 시장에 진출한다는 내용의 기사입니다. 매출액 단위가 높고 달러라서 읽어도 눈에 잘 안 들어오죠? 앞자리 숫자만 보고 원화로 환산해보죠. 712억 달러에 '0' 3개를 붙인 뒤 1.2를 곱하면 대략 85조 원입니다.

기사의 표면만 훑는 게 아니라 숫자가 머리에 남고, 그 의미를 파악해야 합니다. 어떻게 하면 숫자를 이해하고, 숫자가 있는 기사를 혼동 없이 빨리 읽어 내려갈 수 있을까요? 숫자감을 키울 수 있는 방법을 알려드리겠습니다.

쉼표 앞 단위를 미리 외워둡니다

경제기사의 내용은 대부분 큰돈과 관련된 내용이 많습니다. 그래서 단위가 몇 억, 몇 조 단위까지 쉽게 나옵니다. 그래서 숫자를 빨리 읽으려면 미리 쉼표 앞의 단위를 외워두는 게 좋습니다. 숫자가 커지면 커질수록 오른쪽 끝에서 3자리 단위로 쉼표를 찍어 가독성을 높여줍니다. 전 세계적으로 동일한 기준입니다. 쉼표 앞 단위가 '천, 백만, 십억, 조'입니다. 이 4가지는 일단 암기합니다. 그러면 가독성이 높아져서 단숨에 읽을 수 있을 겁니다.

1,000 [천]······ 1,500원 [1,500원]

1,000,000 [백만]······ 1,500,000원 [150만 원]

1,000,000,000 [십억]······ 1,500,000,000 [15억 원]

1,000,000,000,000 [조]······ 1,500,000,000,000 [1조 5천억 원]

달러를 원화로 환산합니다

경제기사를 보면 국가 간 비교자료나 미국 관련 기사에서 달러로 표시된 내용들이 많습니다. 친절하게 괄호로 원화도 표기해주기도 하나 그렇지 못할 때가 더 많죠. 우리나라의 화폐단위가 커서 달러의 크기를 작게 착각할 수도 있습니다. 예를 들어 애플 주식이 약 200달러(22만 원)인데 '2만 원쯤 되나 보다'라고 착각하는 것이 이런 경우입니다. 달러값에 '0'을 세 개 붙이고 그때 환율에 가깝게 1.1(환율 1,100원) 또는 1.2(환율 1,200원)를 곱해줍니다. 예를 들어 애플의 경우는 $200를 200,000원으로 '0'을 3개 붙여준 뒤 지금 환율에 맞게 1.2를 곱해주면 240,000원이 되는 거죠.

이번엔 좀더 큰 액수로 하나 더 살펴볼게요. 우리나라의 외환보유액은 2019년 7월을 기준으로 약 4천억 달러입니다. 이를 쉽게 원화로 환산해보겠습니다. 먼저 풀어서 써봅니다. 세 번째 쉼표 첫 자리가 10억 단위 자리니까 $400,000,000,000입니다. 이제는 달러를 원화로 바꿀 차례입니다. '0'을 3개 더 쓰고 1.2를 곱하면 480,000,000,000,000원이고 네 번째 쉼표 앞자리가 '조'이니까 480조 원이라고 읽습니다.

숫자가 커지니까 어렵죠? 규모가 큰 수는 아예 외워버리면 좋습니다. 1억 달러는 1,000억 원, 10억 달러는 1조 원, 이런 식이죠.

숫자를 단순화해 읽습니다

구체적으로 적힌 숫자만큼 읽는 데 시간을 많이 소요되는 것도 없습니다. 그래서 단순화해서 읽어버립니다. 어떤 단위까지 버리고 어디까지 남길지는 숫자의 크기에 따라 다를 수 있습니다.

기사에 상업용 부동산 거래량이 4월 2만 9,517건, 5월 3만 638건, 6월 3만 772건, 7월 3만 5,265건, 8월 2만 8,638건, 9월 2만 5,379건, 10월 3만 2,567건, 11월 2만 9,619건, 12월 2만 7,822건이라고 적혀 있다면, 만 단위까지만 읽고 나머지는 버리며 이렇게 파악합니다. '거래량이 2~3만 건으로 비슷하나 5월부터 7월까지 좀 좋았고, 10월에 반짝 좋다가 다시 평균치로 가는구나.' 이렇게 본인만의 언어로 정리해보면 쉽습니다.

상호관계를 비교해 어림해봅니다

종종 규모를 비교해야 하는 경우가 있습니다. 특히 큰 수가 나오면 자신도 모르게 점점 작아지는데, 두려워하지 말고 내가 아는 수를 기준으로 비슷한지 아니면 몇 배인지 생각하면 됩니다.

우리나라 외환보유액은 약 4천억 달러로 전 세계 외환보유액 규모면에서 중국, 일본, 스위스, 사우디아라비아, 러시아, 타이완, 홍콩, 인도에 이어 9위입니다.

2019년도 GDP로 배수 비교의 예로 들면 미국이 21조 4,800억 달러이고, 일본이 5조 2,200억 달러, 우리나라가 1조 7천억 달러입니다. 일본은 우리나라 경제규모보다 3.1배 크고, 미국은 12.6배나 큰 나라입니다. 만약 이렇게 숫자로 보지 않았더라면 일본은 우리보다 약간 큰 나라이고, 미국은 좀더 큰 나라라고 생각했을지 모릅니다. 그래서 배수로 어림해보고 머릿속에 둥근 공을 생각하며 대략 크기를 상상해보면 감이 확실히 올 것입니다.

과거부터의 추이를 보며 숫자의 경중을 판단합니다

과거에 비해 지금이 어떠한지 확인할 때 경제기사에서는 주로 그래프로 표현합니다. 시각적으로 한눈에 높고 낮음을 파악할 수 있죠. 만약 그래프가 없다면 데이터값을 보며 이해해야 합니다.

보통 지표의 추이는 지수나 %를 많이 사용합니다. 2가지 경우 모두 예를 들어보겠습니다.

코스피지수의 지난 1년(2018년 5월~2019년 5월) 동안의 변동은 등락폭이 컸던 편이었습니다. 2,400선 가까이 갔다가 1,900대까지 떨어졌고 다시 2,200선을 회복했다가 지금은 1,950선 아래로 떨어져 있습니다. 퍼센트로 바꿔보면 2,400일 때 대비 -20%까지 떨어졌다가 아직 -17% 상태에서 회복되지 못하고 있죠.

기준금리는 %를 사용합니다. 2011년 2월 3.25% 이후 지속적으로 내리다가 지난 2018년 11월 1.5%에서 1.75%로 0.25%P 인상했습니다. 0.25%라는 갭은 크게 느껴지지 않지요. 2008년에는 기준금리를 1%씩 떨어뜨리기도 했으니 이 정도는 큰 차이로 느껴지지 않습니다.

같은 개념으로 경제성장률도 1998년에는 −5.5%였고, 2009년에는 0.7%였다가 2012년부터는 2.3%에서 3.9% 사이에서 비슷하게 움직이고 있습니다. 따라서 2019년 경제성장률 예상치 2.5%도 크게 나쁜 수치는 아닙니다.

이렇게 과거의 숫자와 지금을 비교해보며 '좋은지 심각한지'를 판단해보세요. 그럴 수 있다면 기사의 논리에 휘둘리지 않고 비판적으로 볼 수 있습니다.

주요 수치에 대한 커닝 페이퍼를 만들어둡니다

직접 표를 만들어 그 해 주요 지표의 숫자를 적어둡니다. 다음 해는 다시 업데이트가 필요하겠죠? 이 표를 노트북이나 수첩에 붙여두면 경제기사를 읽을 때마다 꽤 도움이 됩니다.

세계를 움직이는
원유 이야기

경제지표에서 국제 원유가격은 매우 중요하게 다룹니다. 원유가격이 경제에 미치는 영향이 막대하기 때문이겠죠. 과연 원유가 무엇이기에 그럴까요? 원유는 땅속 깊은 곳에서 끌어올려 아직 가공하지 않은 석유를 의미합니다. 20세기 들어 석탄 중심 원료에서 석유 중심 산업으로 바뀌고, 국가 간 무역이 늘어났습니다. 항공, 선박, 자동차 등에 사용하는 모든 에너지가 석유입니다. 그래서 국제 유가의 가격은 경제와 밀접한 관계를 가질 수밖에 없답니다. 이러한 원유는 '산업의 혈액'으로 자리를 잡게 되었고, 원유를 통해 세계경제 패권이 좌지우지되고 있습니다. 지난 100년 동안 세계를 움직인 원유 이야기를 지금부터 해볼까 합니다.

오스만제국

오스만제국(1299~1922)은 13세기 말에 등장한 아시아, 아프리카, 유럽에 걸친 광대한 영토를 가진 나라였습니다. 주로 서구와 아시아 사이의 향료 무역을 독점해 세력을 키웠고, 600여 년간 독립을 유지해왔습니다. 그러나 1차 세계대전에 독일 측으로 참전했기에 패전국이 됩니다. 이를 계기로 오스만제국은 와해되어 러시아, 아프리카, 유럽에 땅을 뺏기고 이라크, 요르단, 시리아, 리비아, 팔레스타인 등 중동 여러 국가로 재탄생했죠.

유전의 발견

20세기 초 1, 2차 세계대전 사이에 중동 여러 나라에서 대규모 유전이 발견됩니다. 그리고 미국은 사우디아라비아 이븐 사우드 국왕과 군사협력을 맺고 원유 결제는 '달러'로 할 수 있게 만듭니다. 기축통화로서 달러가 다시 한 번 인정을 받은 셈이지요. 또한 이란의 레자 팔레비 국왕도 친미 성향으로 만들어 산유국 1, 2위인 두 나라와 밀접한 관계를 유지하며 안정적으로 석유를 공급받았죠.

1, 2차 오일 쇼크

주요 산유국들은 OPEC(석유수출국기구, 중동과 북아프리카, 인도네이사, 베네수엘라)을 만들고 석유가격 인상과 생산량 감산을 주장합니다. 실제 25% 감산으로 1973년 원유가격은 4배나 급등했고, 중동 내에서도 산유국과 아닌 나라 간의 경제적 수준 격차가 나타나기 시작하며 중동은 분열되기 시작합니다. 두 번째 오일쇼크는 1979년 이란 팔레비 국왕의 독재를 타도한 이란혁명 때문입니다. 호메이니가 주축이 되어 전통 이슬람 체제의 국가가 되었고, 이 과정에서 석유수출 중지로 석유값은 3배나 뛰어 올랐습니다.

미국의 셰일혁명

언제까지나 중동이 석유 권력을 가질 수는 없습니다. 미국에서 꾸준히 개발해오던 셰일가스가 기술의 진보로 2011년부터 상용화되었기 때문이죠. 셰일가스는 오랜 세월 동안 모래와 진흙에 쌓여 퇴적암(셰일) 층에 매장되어 있던 가스로 채굴이 어려웠으나, 수평시추법과 수압파쇄가 결합되면서 활발히 개발되었습니다. 2016년 말 OPEC 감산 합의로 배럴당 54.45달러까지 올랐던 국제유가(WTI 기준)가 50달러 밑으로 떨어졌죠. 전 세계에서 쓰는 석유 수요는 동일한데 셰일 오일로 공급이 늘었으니 석유가격이 하락하는 것은 당연한 이치겠죠. 이제 미국은 당당히 주요 산유국으로서 수출을 하기 시작합니다. 또한 미국은 자국의 일자리 보호를 명목으로 2017년 파리기후협약에서 탈퇴합니다. 텍사스는 셰일가스가 나오는 곳이고 트럼프가 속한 공화당의 주요 텃밭이기 때문이죠. 그리고 이 불똥은 베네수엘라, 이란으로 튑니다.

경제제재를 받는 베네수엘라

베네수엘라는 15세기 대항해시대에 콜럼버스에 의해 발견되어 스페인의 지배를 300년간 받아온 나라입니다. 석유매장량이 풍부해 국가 경제의 85%를 석유 수출에 의존하는 경제구조를 가지고 있죠. 그러다보니 자연스럽게 국내산업은 발전하지 못했고, 국영기업의 석유 수출로 벌어온 돈으로 포퓰리즘에 가까운 복지정책을 해왔습니다. 그러나 미국의 셰일오일 혁명으로 석유가격이 떨어지고, 반미 성향의 마두로가 대통령이 되면서 경제가 매우 어려워졌으며, 인플레이션이 연 800만%로 폭등이 일어나 국민들이 큰 고통을 받고 있는 실정입니다.

경제제재를 받는 이란

중동은 이슬람 종파를 기준으로 사우디아라비아 중심의 수니파와 이란 중심의 시아파로 나뉩니다. 수니파는 친서방 정책을 실시하며 미국으로부터 무기를 구입하고 원유를 수출합니다. 그러나 시아파는 이러한 수니파를 좋지 않게 생각하며 이슬람원리주의를 주장합니다. 그리고 이란은 이라크가 쿠웨이트를 침공하고 연합군에 의해 초토화되는 것을 보자 핵무기만이 미국을 이길 수 있다고 믿습니다. 2015년 오바마는 이란과 평화적 핵사용을 원칙으로 핵합의를 했으나 트럼프가 2018년 5월 핵합의 탈퇴를 일방적으로 선언했죠. 2019년 7월 이란 역시 핵합의 제한 농도(3.67%) 이상으로 우라늄을 농축하겠다며, 핵합의 탈퇴를 본격화하면서 위기를 고조시키고 있습니다.

세계 1위 산유국으로 등극한 미국

미국은 주요 산유국인 이란과 베네수엘라의 원유 수출을 막고, 중동의 석유 수송길인 호무르즈 해협의 긴장감을 고조시키며 미국산 석유를 수출하고 있습니다. 미국에너지청(EIA)에 따르면 2018년 미국은 하루 평균 원유생산량이 1천90만 배럴로 세계 1위의 산유국이 되었고, 2위는 러시아, 3위는 사우디아라비아 순이었습니다. 이제 세계 에너지시장은 OPEC보다 이들 '빅3국가'로 진행될 것으로 보입니다. 또한 미국은 기축통화, 군사력, 에너지를 모두 가진 지구상의 유일한 나라가 되었다는 점도 주목해야 할 것입니다.

2장

경제용어
암기법

경제기사에서 어려운 경제용어를 쓰는 이유는 신속하고 정확하게 의미를 전달할 수 있기 때문입니다. 바로 그것이 경제용어를 익혀야 하는 이유입니다. 또한 용어의 격차가 곧 경제기사 읽기 수준의 격차를 만들기도 합니다.

처음에는 모르는 용어가 나와도 그냥 넘어가고, 글의 맥락을 파악하는 것에 집중합시다. 다음에는 용어를 아무 생각 없이 무작정 외우지 말고, 이해하면서 배워야 합니다. 경제용어도 갑자기 툭 튀어나온 게 아니라 만들어진 이유가 있기 때문입니다.

이유를 알면 이해가 됩니다. 이해가 되면 쉽게 암기가 되죠. 어느새 경제용어가 내 머릿속에 자리 잡고 있는 놀라운 경험을 해보도록 합시다.

한자로 경제용어 따라잡기

경제, 특히 금융과 무역에 관련된 용어는 한자어가 많습니다. 경제관련 책 뒤에 있는 인덱스를 보면 가나다 순으로 무수히 많은 단어가 나오는데 80%가 한자어입니다. 그런데 이렇게 쭉 나열해서 보면 도통 모르겠습니다.

이해가 안 되면 단어를 기억하는 것은 불가능합니다. 이럴 때는 한자가 같은 단어끼리 묶어서 조직화해보면 쉽게 눈에 들어옵니다. 덩어리로 기억한다는 뜻으로 청크(chunk) 기억법이라고도 부릅니다.

한자가 같은 단어들을 묶어서 나눠보도록 하겠습니다. 한자 실력이 부족하다고요? 걱정하지 않아도 괜찮습니다. 몇 개만 익히면 한꺼번에 정리할 수 있는 용어가 대다수이니까요. 영어로 따지자면 중요한 어원급인 한자 몇 개만 추려보겠습니다.

① 환(換: 바꿀 환, 還: 돌아올 환)
· 환율(換率) : 자국 화폐와 다른 나라 화폐의 교환 비율
· 환차익(換差益) : 환율의 변동으로 인해 발생하는 이익. 반대말은 환차손
· 환매채(還買債) : 환매조건부 채권의 줄임말. 일정한 기간이 지난 후 재매입 조건으로 채권을 매도

② 공(空: 빌 공, 共: 한 가지 공, 公: 공평할 공)

· 공매도(空賣渡) : 주가하락에서 생기는 차익금을 노리고 실물 없이 주식을 파는 행위

· 공유지(共有地)의 비극 : 누구나 무료로 사용할 수 있는 공유 자원이 과다하게 사용되면 결국에는 개개인도 손해를 보게 되는 현상

· 공모(共謀) : 회사를 설립하거나 증자할 때 일반투자자들로부터 자금을 모집하는 것

· 공공재(公共財) : 모든 개인이 공동으로 이용할 수 있는 재화 또는 서비스

· 공적자금(公的資金) : 국내 금융 및 기업구조조정을 지원하기 위해 동원되는 자금

· 공매(公賣) : 공매는 국가가 가진 재산을 파는 것, 경매는 권리자의 신청에 의해 법원에서 동산이나 부동산을 파는 것

· 공모(公募) : 광범위하게 일반투자자를 응모대상으로 해 채권을 발행하는 것

③ 감(減 : 덜 감), 가(加 : 더할 가)

· 감가상각(減價償却) : 토지를 제외한 고정 자산의 가치 소모를 계산하는 회계상의 절차

· 감자(減資) : 주식금액 또는 주식수를 줄이는 방식으로 자본금을 줄이는 것. 반대말은 증자

·가산금리(加算金利) : 기준금리에 은행 수수료와 각종 리스크
를 반영해 정하는 것

④ 채(債 : 빚 채)

·국채(國債) : 나라가 가지고 있는 빚

·회사채(會社債) : 기업이 자금조달을 위해 직접 발행하는 채권

·지방채(地方債) : 지방공공단체가 지방재정법의 규정에 의해
발행하는 채무증권

⑤ 과(過 : 지날 과)

·과소비(過消費) : 필요 이상으로 돈이나 물품을 써버리는 일

·과당경쟁(過當競爭) : 시장점유율 확대를 위해 지나치게 생산
경쟁이나 판매 경쟁을 하는 상태

·과밀억제권역(過密抑制圈域) : 인구 및 산업의 과도한 집중화
가 우려되는 지역

⑥ 재(財 : 재물 재)

·경제재(經齊財) : 존재량의 희소성으로 일정한 대가를 지불해
야만 얻을 수 있는 재화

·자유재(自由財) : 무한으로 존재해 비용을 지불하지 않아도 사
용할 수 있는 재화

·단용재(單用財) : 한 번 쓰면 없어지는 일회성 재화

·내구재(耐久財) : 비교적 오래 거듭해 쓸 수 있는 재화로서 주택·기계 등

·대체재(代替財) : 같은 효용을 주는 서로 다른 재화로 쌀과 보리, 버터와 마아가린 등

·보완재(補完財) : 동시에 사용할 때 효용이 증가하는 재화로 펜과 잉크, 커피와 설탕 등

·독립재(獨立財) : 서로 연관이 없는 두 재화로 커피와 소금, 책과 설탕 등

·결합재(結合材) : 쇠고기와 쇠가죽 같이 서로 불가분의 관계에 있는 재화

·관계재(關係財) : 물질적 재화와 언제든지 바꿀 수 있는 화폐로 신용증권 등

·기펜재(Giffen財) : 가격이 하락하면 수요도 감소하는 재화로 하급재 마아가린과 상급재 버터 등

⑥ 수지(收支 : 거둘 수, 가를 지 : 수입과 지출)

·국제수지(國際收支) : 들어오고 나간 외화의 차액

·경상수지(經常收支) : 상품과 서비스의 국제 간의 거래

·자본수지(資本收支) : 자본의 국제 간의 거래

⑦ 승수(乘數 : 탈 승, 셈 수 : 곱수, 어떤 수에 곱하는 수)

·투자승수(投資乘數) : 투자 변화에 대한 총소득 변화의 비율

·통화승수(通貨乘數) : 통화량 M2를 본원통화로 나눈 값

·배당승수(配當乘數) : 주식가치가 주당순이익 및 배당의 몇 배
  에 해당하는지를 나타낸 것

영어로 경제용어 따라잡기

경제용어는 영어 그대로보다는 가능한 한글로 바꿔 쓰는 게 좋습니다. 예를 들어 deposit을 예금, unfair trade practices을 불공정 거래행위, 이렇게 말이죠. 하지만 영어로 표현하는 게 더 이해하기 좋거나 신조어일 경우에는 영어를 그대로 씁니다. 기본적인 영어 어근이나 어미를 활용해서 암기할 수도 있으니 쉽게 따라해볼까요?

· 리디노미네이션(redenomination)

re-de-nomin-ation(다시-아래로-이름을 지어-명사형 접미사)입니다. '디노이네이션'은 화폐에 이름을 적는다는 의미로 액면가를 말합니다. 여기에 re(다시)라는 접두사를 붙여줌으로써 화폐의 액면단위를 다시 바꾼다는 표현이 가능하죠. '리디노미네이션' 또는 '디노미네이션의 변경', '화폐단위 개혁'이라는 표현을 사용하는 것이 정확합니다.

·프로슈머

생산자(producer)와 소비자(consumer)의 합성어. 제품개발 시 소비자가 직·간접적으로 참여하는 방식을 말합니다.

·트윈슈머

쌍둥이(twins)와 소비자(consumer)의 합성어. 광고보다는 다른 소비자의 후기나 소감을 참고해 쌍둥이 같이 따라서 구매를 결정하는 사람들을 말합니다.

·트라이슈머

시도하다(try)와 소비자(consumer)의 합성어. 실패를 두려워하지 않고 모험적으로 소비활동을 하는 사람들을 말합니다.

·노블레스 오블리주(noblesse oblige)

프랑스어로 '귀족은 책임을 다한다'라는 뜻입니다. 14세기 백년전쟁에서 프랑스 도시 칼레가 영국군에게 포위를 당했습니다. 칼레의 시민들이 항복하자 에드워드 3세는 대표적으로 처형할 사람을 6명 데려오라고 했는데, 부자와 시장, 법률가 등 6명이 앞으로 나서자 이에 감복해 살려주었다는 이야기가 있습니다. 이러한 이야기가 노블레스 오블리주의 상징이 되었고, '칼레의 시민'이라는 6명의 동상이 세워지게 되었습니다.

·스튜어드십 코드

집사(Stewardship)의 방침 또는 규칙(Code)이라는 의미입니다. 의역하면 국민연금을 운용하는 기관투자자를 국민의 집사라고 생각하며 이들이 집사의 역할을 하기 위한 원칙이라고 해석할 수 있습니다. 연금을 적극적으로 관리하겠다는 점은 좋으나 기업의 경영에 정부가 인위적으로 개입한다는 점이 우려되기도 합니다.

·브렉시트

영국(Britain)이 유럽연합(EU)으로부터 탈퇴(Exit)한다는 뜻의 신조어입니다. 2016년 6월 영국은 국민투표로 유럽연합 탈퇴를 결정했는데, 이유는 경제적 이득이 별로 없다는 것과 난민의 유입을 막기 위해서입니다. 2019년 8월 현재까지 유럽연합 탈퇴를 위한 협의를 진행중입니다.

·블랙먼데이

'검은 월요일(Black Monday)'이라는 뜻으로 미국 주가가 폭락했던 1987년 10월 19일을 말합니다. 대공황의 발단이 되었던 주가 대폭락이었습니다. 1929년 10월 24일(목), 29일(화)을 검은 목요일, 검은 화요일이라 말한 데서 유래되었습니다. 안 좋은 일에는 블랙(Black)이라는 단어를 자주 붙입니다. 블랙 컨슈머(Black consumer)도 악성 민원을 고의적이고 상습적으로 제기하는 소비자를 말하고, 블랙 리스트(Black list)도 이러한 사람들의 명단을 말합니다.

·테이퍼링

점점 가늘어지다(taper-ing)라는 의미의 형용사인데, 양적완화를 축소시킨다는 의미로 사용하고 있습니다.

·디커플링

'함께한다'라는 뜻의 커플링(coupling)과 반대(de)의 접두사가 합쳐진 단어입니다. 즉 디커플링은 탈(脫독)동조화의 의미이며, 세계경제의 흐름과 달리 독자적인 경제흐름을 보여주는 것을 말합니다.

·체리 피킹

체리(Cherry)를 뽑아낸다(picking)는 뜻으로, 수확한 체리 중 좋은 것만 골라 유통시켜 자신들의 평판을 관리한다는 의미입니다. 지금은 자신의 성과 중에서 잘한 것만 내세운다거나, 기업의 입장에서 이점만 쏙쏙 뽑아가는 소비자를 비꼬는 의미로 쓰이고 있습니다.

친숙한 동물로 비유한 경제용어

동물들은 크기나 성격에서 각자의 특징이 뚜렷합니다. 그렇기 때문에 어려운 현상을 쉽게 설명하기 위해 동물에 빗댄 표현들을 많이 만들어내게 되었습니다.

경제용어도 동물과 관련된 것들이 상당히 많습니다. 경제학에서 자주 활용하는 동물과 관련된 용어들은 한번 이해하면 쉽게 기억할 수 있다는 장점이 있습니다. 또한 자주 경제기사를 통해 볼 수 있으니 정리해보도록 하겠습니다.

· 블랙스완

절대 일어날 것 같지 않은 일이 발생하는 경우를 말합니다. 1697년 네덜란드 탐험대는 호주에서 검은 백조를 발견했죠. 그전에는 무조건 흰색만 백조라고 생각했기 때문에 블랙스완은 충격이었습니다. 블랙스완이라는 말이 널리 퍼지게 된 것은 월스트리트 전문가 나신 니콜라스 탈레브가 2007년 펴낸『블랙스완』이라는 책 때문입니다.

· 나비효과

중국 베이징에 있는 나비가 날개짓을 하면 다음 달 뉴욕에서 폭풍을 일으킬 수 있다는 것을 의미합니다. 미국 기상학자 에드워드 로렌츠가 1961년 발표했습니다. 처음 시작했을 때는 별 의미 없어 보이는 행동이지만 나중에 큰 파장을 가지고 올 수 있다는 뜻입니다.

· 베어마켓

곰(bear)이 앞발로 찍어 내리는 모습에서 나온 말입니다. 베어마켓은 경기가 하강하거나 주가가 떨어지는 하락장의 모습을 말합니다.

· 불마켓

황소(bull)가 뿔이 달린 머리를 치켜 올리는 모습에서 나온 말입니다. 경기가 상승하거나 주가가 지속적으로 상승하는 상태를 의미합니다. 다들 상승장을 원하는 마음인지 뉴욕 증권거래소 앞에 가면 이 모습의 동상이 있습니다.

· 백로효과(스놉효과, snob effect)

한 마리의 우아한 백로처럼 자신만의 개성을 추구하는 소비를 말합니다. '까마귀 노는 곳에 백로야 가지 말라'와 일맥상통하죠. 남을 따라 소비하는 밴드웨건의 반대말입니다. 밴드웨건은 서커스나 행렬의 선두에 선 악대차를 의미합니다. 군중들은 별 생각 없이 덩달아 뒤를 졸졸 따르죠. 그래서 '시류에 영합하다, 편승하다'라는 의미가 되었습니다.

· 회색코뿔소

발생할 가능성이 높고 충격도 크겠지만 두려운 마음에 간과하거나 외면하는 잠재적 위협을 의미합니다. 블랙스완이 예상할 수 없었던 위험요인이라면, 회색 코뿔소는 예상하면서도 대처하지 못하는 위험요인이라는 점에서 차이가 있습니다.

· 치킨게임

치킨은 겁쟁이를 말합니다. 제임스 딘이 출연한 영화 〈이유 없는 반항〉에서 두 젊은이가 경쟁하듯 도로의 양쪽에서 차를 몰고 정면으로 돌진하다가 충돌 직전에 핸들을 꺾은 사람이 지는 게임에서 비롯된 말입니다. 국가 간의 군비경쟁이나 기업 간의 가격경쟁 등을 비꼬는 개념으로 쓰이고 있습니다.

· 방 안의 코끼리

방 안에 코끼리가 있다면 얼마나 답답할까요? 빼내야 하는데 쉽지도 않고 빼다가 다칠 수도 있으니 말입니다. 이것은 모두가 알고 있으나 누구도 말하지 않는 커다란 문제를 뜻합니다.

· 메기론

유럽 북해 연안에서 잡은 청어를 멀리까지 배송하기 위해 수조에 메기를 넣어 운반합니다. 메기를 피해 돌아다니느라 청어는 죽지 않고 살아서 신선하게 배송할 수 있었기 때문입니다. 기업의 경쟁력을 키우기 위해서는 적절한 자극이 필요하다는 말로 삼성전자 이건희 회장의 1993년 저서 『삼성 신경영』에 수록되기도 했습니다.

·삶은 개구리 이론

끓는 물에 집어넣은 개구리는 바로 뛰쳐나와 살지만, 물이 서서히 데워지는 물에 들어간 개구리는 위험을 인지하지 못해 결국 죽게 된다는 뜻입니다. 노벨 경제학상 수상자 폴 크루그먼 (Paul Krugman) 교수가 2007년 서브프라임 사태 이후 미국경제를 비유해서 유명해진 말입니다.

·언더독(Underdog)

싸움에서 진 개를 부르는 명칭으로 '패배자, 약자'를 의미합니다. 광고계에서는 이러한 마케팅으로 특정 브랜드를 띄우는데, 시작은 초라했으나 희망과 꿈을 통해 역경을 이겨낸다는 점을 강조합니다. 버락 오바마나 스티브 잡스가 활용했던 방법입니다.

·비둘기파

정책을 추진하는 성향이 부드러운 온건파를 말합니다. 경제분야에서는 성장과 경기부양을 중시해 금리인하를 지지하는 세력을 '비둘기파', 과열된 시장을 안정시키고자 금리인상을 주장하는 세력을 '매파'라고 합니다.

·골든 그레이(golden grey)

소비시장에 막대한 영향을 끼치는 구매력이 높은 장년층을 일컫는 말입니다. 나이나 관습, 돈, 시간에 얽매이지 않고 자신이 원하는 여유 있는 삶을 즐깁니다. 기업은 이들을 타깃으로 전화 주문이나 큰 글자 서비스 등을 내세웁니다.

·펭귄효과

다른 사람이 먼저 하면 따라 하는 것을 말합니다. 한 마리의 용기 있는 펭귄(first penguin)이 먼저 바다에 뛰어들면 다른 펭귄들도 잇달아 바다에 뛰어드는 습성에서 비롯된 용어입니다.

·보아뱀 전략

생텍쥐페리의 소설『어린 왕자(Le Petit Prince)』에 나온 코끼리를 삼킨 보아뱀에서 유래된 말입니다. 자산규모가 작은 회사도 큰 회사를 인수·합병할 수 있다는 것을 보여주죠.

·흑묘백묘론

검은 고양이든 흰 고양이든 쥐만 잘 잡으면 된다는 뜻으로 1980년대 중국의 경제정책을 대변하는 말입니다. 중국 덩샤오핑이 자본주의든 공산주의든 중국 인민이 잘 살게만 되면 제일이라는 뜻에서 펼친 경제노선입니다.

·파랑새 증후군

현실에 만족하지 못하고 새로운 이상만을 추구하는 병적인 증상입니다. 〈파랑새〉는 벨기에 작가 모리스 마테를링크가 100여 년 전에 쓴 동화극인데, 파랑새를 찾아 먼 길을 떠났던 어린 남매가 지쳐 집으로 돌아왔더니 집안 새장에 파랑새가 있었다는 줄거리입니다. 즉 행복과 이상은 멀리 있는 게 아니라 자기 안에 있다는 것을 의미하지요. 지금은 회사에서 적응을 못하고 이직을 시도하는 직장인을 뜻하는 말이기도 합니다.

학자 이름을 딴 경제용어

학문을 통해 새롭게 등장하는 용어는 대부분 그것을 발표하는 학자의 이름을 붙입니다. 경제학 역시 마찬가지로 학자의 이름을 딴 용어들이 많답니다.

·베블런 효과

과시소비를 일컫는 말입니다. 수요공급이론에 맞지 않게 비싼 가격일수록 잘 팔린다는 것으로, 미국의 경제학자 베블런이 처음으로 이런 소비 형태를 비판해 붙여진 용어입니다.

·피구효과

영국의 경제학자 아서 피구(Arthur Cecil Pigou)는 임금과 물가가 내리면 사람들이 가지고 있는 화폐적 자산의 실질가치는 올라가 소비를 증가시키는 원인이 될 수 있다고 한 '피구효과'를 저서 『실업의 이론』에서 말했습니다.

·그래셤의 법칙

"악화(惡化)는 양화(良貨)를 구축(驅逐)한다"는 이론을 주장한 것은 영국의 엘리자베스 1세 여왕의 재무관이었던 토머스 그레셤이었습니다. 예를 들어 같은 액면가의 동전을 하나는 동으로, 하나는 금으로 제조하면 사람들은 금으로 만든 동전(양화)은 보유하고, 동으로 만든 동전(악화)만 사용하게 되며, 시장에서 금으로 만든 동전은 사라진다(구축)는 의미입니다.

·토빈세

노벨 경제학상을 수상한 제임스 토빈(James Tobin)이 1978년에 발표한 이론입니다. '금융거래세'라고 불리기도 하는데, 한 국가의 금융시장을 붕괴시킬 수 있는 국제투기 자본의 유입과 철수를 억제하기 위한 수단으로 토빈세를 주창했습니다. 토빈세로 인해 자국의 산업을 보호할 수도 있지만 외국인이 투자를 주저할 수도 있다는 이유로 선호하지 않기도 합니다.

·콘드라티예프 파동

러시아 경제학자였던 니콜라이 콘드라티예프(Nikolai Kondratiev)가 발표한 경기순환이론입니다. 1920년대에 영국, 미국, 독일, 이탈리아의 도매물가지수, 이자율과 생산량을 통해 54년 주기로 경제가 순환한다는 것을 분석해냈습니다.

·세이의 법칙

19세기 초반 프랑스 경제학자 세이(Jean-Baptiste Say)의 주장입니다. 공급은 스스로 수요를 창출한다는 법칙인데, 갑자기 공급이 많아져 수요를 넘는 일시적 초과 공급 상황에서도 가격이 낮아져서 수요를 늘리기 때문에 만성적인 초과 공급은 존재하지 않는다는 내용입니다. 그러나 미국 대공황시대(20세기 초반)를 겪은 케인즈는 정면으로 세이의 법칙을 비판하고 총수요의 크기가 총공급을 결정한다는 '유효수요의 원리'를 주장하기도 했습니다.

·로렌츠 곡선

소득의 불평등한 분포를 나타내는 곡선으로 미국의 통계학자인 로렌츠(Lorenz, M. O.)가 고안한 그래프입니다. 가로축에 소득액 순으로 소득인원수의 누적 백분비를 나타내고, 세로축에 소득금액의 누적 백분비를 넣으면 얻어지는 곡선이며, 이 곡선이 대각선에 가까워질수록 소득의 분배가 균등하게 이루어지고 있음을 의미합니다.

· 지니계수

이탈리아 출신 통계학자 지니(Gini's coefficient)가 만든 소득 분배 불평등도를 나타낸 수치입니다. 지니계수는 0과 1 사이의 값을 가지며 이 수치가 0에 가까울수록 소득분배가 균등하다는 뜻이 됩니다. 일반적으로 지니계수가 0.4를 넘으면 상당히 불평 등하다고 해석합니다.

경제용어 암기용 문장 56

학창시절 영어단어를 외울 때 문장을 통째로 외우라고 했습니다. 통째로 문장을 이해하다 보면 문장 속에서 그 경제용어가 하는 역할을 쉽게 이해할 수 있기 때문이죠.

앞에서 공부한 내용을 토대로 56문장을 뽑아봤습니다. 문장의 뉘앙스를 기억하며 다시 한 번 읊조리다 보면 머릿속에서 다시 정리가 될 거예요.

1장 경제기사의 50%는 금리가 관통한다

예문1) 빚 먼저 갚아야지. 예금이자 받아봤자 은행 예대마진 생각하면 본전이 안 돼.

예문2) 금리가 오를(내릴) 전망이니 주택담보대출을 고정(변동)금리 30년으로 할까?

예문3) 미국금리가 국내금리를 역전했어. 외국인 자본들이 다 빠져나갈 텐데 우리나라 증시가 괜찮을까?

예문4) 10년 만기 미국 국채가 2년 만기보다 금리가 낮아졌어. 경기가 장기적으로 침체에 빠질 것 같아.

예문5) 예금금리가 10%만 돼도 돈 불리기 좋았는데. 그땐 저축만 해도 잘 살 수 있었잖아.

예문6) 제1금융권, 제2금융권에 돈을 맡기기 전에 우대금리, 세금우대를 고려한 수익률을 따져야 해.

예문7) 물가상승 인플레이션, 하락 디플레이션, 경기침체 속 물가상승은 스테그플레션.

예문8) 총수요·통화 증가, 원자재가 상승, 임금인상, 환율상승으로 인플레이션이 생겨.

예문9) 공개시장 조작 정책: 국공채 매입 → 통화량↑, 국공채 매각 → 통화량↓

예문10) 재할인율 정책

재할인율↑ → 예금은행의 대(對) 중앙은행 차입↓ → 통화량↓

재할인율↓ → 예금은행의 대(對) 중앙은행 차입↑ → 통화량↑

예문11) 지급준비율 정책: 지급준비율↑ → 통화량↓, 지급준 비율↓ → 통화량↑

2장 돈의 흐름인 금융을 알면 돈이 모인다

예문12) 고객님은 신용이 좋으셔서 우대금리를 더 해드릴 수 있어요.

예문13) 금융기관은 계속 신규 자금을 유입하려고 새로운 상 품을 만들어. ELS, ELD, ELF 등.

예문14) 은행도 수익구조를 바꿔야지. 예대마진만 믿고 있으 니 수익이 악화되는 거야.

예문15) 금리가 계속 떨어질 것 같아. 신용도가 높은 회사채를 사둬야겠어.

예문16) P2P 통해서 돈을 빌려줬더니 이자율이 8%나 되네. 은행보다는 낫잖아.

예문17) 스마트폰에서 6개 숫자로 결제하니 너무 편해. 그치 만 쉬워서 돈을 너무 쓰게 되긴 하네.

예문18) ELS, ELD, ELF… 뭐가 뭔지 하나도 모르겠지? 잘 모 르는 파생상품은 정확히 알고 나서 투자하는 게 맞아.

예문19) 우체국은 우리나라에서 가장 지점망이 많은 금융기 관이고 예금자보호 한도가 없어.

예문20) 새로 나온 금융상품이라 관심도 높고 혜택도 많아. 얼리어덥터가 되어볼까 하는데.

예문21) 투자자문사라고 무조건 믿으면 안 돼. 인가 여부와 최근 수익률은 어떤지 확인해.

3장 산업의 핵심인 주식을 재정의하다

예문22) 그 주식, 지금 퍼(PER)가 몇 배야? 뭐, 5배? 그럼 저평가 상태네.

예문23) 무슨 ROE가 은행 이자만도 못하냐. 성장 가능성도 없으니 그냥 매도해야지.

예문24) 경제침체기일수록 PBR이 1을 넘는지 꼭 확인해. 청산가치보다 떨어지면 위험하지.

예문25) 또 올빼미 공시야? 이 회사는 맨날 나쁜 소식은 장 끝나고 발표하는 걸까?

예문26) 오늘이 파생상품들 만기가 겹치네. 세 마녀의 날이라고. 주가 변동폭이 클 거야.

예문27) 이 회사는 배당률이 40%에 가까워. 시장 전망도 좋으니 오래 보유해야겠어.

예문28) 주식은 1년 이상 두고 볼 여유가 필요해. 작은 이슈나 소문에도 변동이 크거든.

예문29) 기업에 대해 나쁜 말 쓰는 투자의견은 없어. 그래서 리포트는 무작정 믿지 말고 잘 찾아봐.

예문30) 그 어떤 리포트나 전망도 참고용이지. 결국 투자 판단은 본인이 책임지는 거니까.

예문31) 증시가 안 좋을수록 성장주가 먼저 빠지지. 사업이 본궤도에 못 오를 수도 있잖아.

4장 부동산, 어떻게 투자할 것인가?

예문32) 미분양 아파트를 서울에 갖다 놓으면 잘 팔릴텐데. 하지만 땅은 위치 불변이라 안타까워.

예문33) 리츠를 통해 부동산 간접투자를 하면 언제든지 현금화할 수 있잖아.

예문34) 재건축이 경기를 많이 타는 이유는 대출 비중이 높고 사업기간이 길어서 그래.

예문35) 신문에 나오는 분양광고는 반만 믿어. 직접 가보고, 평당가도 주변과 꼭 비교해봐.

예문36) 입지가 좋은 아파트는 희소성의 원리가 적용되거든. 그래서 강남, 강남 그러는거야.

예문37) 오를 때는 빨리, 내릴 때는 천천히 내리는 아파트를 사야지.

예문38) 사람들이 오래 살고 싶어 하는 곳이 좋아. 팔고 나갈 생각을 하는 데 말고.

예문39) 지하철 발표, 착공, 준공 등 단계별로 집값은 뛰잖아. 전철과 철도 관련 기사는 꼭 봐.

예문40) 재건축은 안전진단, 추진위, 조합, 관리처분 등 단계별로 집값이 뛰지.

예문41) 결국엔 아파트도 공급과 수요야. 수요가 몰리는 지역이 투자가치가 높아.

예문42) DSR 때문에 더 대출을 받을 수가 없어. 이번에 차를 안 바꿀 걸 그랬어.

5장 세계 속의 한국, 무역과 환율로 말하다

예문43) 수지 맞는 장사를 해야지.

예문44) 그래서 국제수지가 적자야, 흑자야 하는 것은 곧 경상수지를 말해.

예문45) 국제수지가 적자야. 이제 해외여행 좀 줄이고 명품도 그만 사.

예문46) 수출이 늘어서 경상수지 흑자폭이 커졌어.

예문47) 베트남 GDP성장률이 최근 5년간 6% 이상을 유지하고 있네. 우리나라는 2.5%인데.

예문48) 파출부의 가사서비스는 GDP에 포함되지만, 가정주
부의 가사서비스는 해당 없어.

예문49) 국민소득 3만 달러 시대잖아. 투자법도 이제 선진국
형으로 바꿔야지.

예문50) 달러 환율이 1,200을 넘을 거 같으니까 외화예금을
좀더 넣어야겠다.

예문51) 경제성장률이 2.5%에서 2.2%로 0.3%p 떨어졌어.

예문52) 국내 총생산(GDP)은 한 나라 안에서 1년 동안 새로
생산한 재화와 용역의 합이야.

예문53) GDP = 최종 생산물의 총량 = 총 생산물 - 중간 생산
물 = 각 단계별 부가가치의 합.

예문54) GDP는 '경제성장률'의 중심지표이고, 1인당 GNI는
'1인당 국민총소득'의 중심지표야.

예문55) 미국금리와 환율은 정방향이고, 국내 부동산과 주식
은 환율과 역방향이야.

예문56) 우리나라 경제는 정부 주도로 외자를 도입해 수출지
향 산업으로 성장했어. 그래서 내수시장이 약한 게 참
안타까워.

흥청망청은
연산군으로부터

'돈을 흥청망청 쓴다'는 이야기를 한 번쯤 들어봤죠? 돈이나 물건 따위를 아끼지 않고 마구 쓰고 다니는 모양을 흥청망청(興淸亡淸)이라 합니다. 이 말은 조선시대 연산군 때 생긴 '흥청'이라는 기녀제도에서 유래되었다는 설이 있습니다. 어떤 이야기일까요?

연산군은 사치가 심하고 나랏일을 돌보지 않았으며 패륜적인 행동을 했다는 내용이 〈조선왕조실록〉의 '연산군 일기'에 상세히 기록되어 있습니다. 경회루에서 매일 유흥을 즐기기만 하던 연산군은 기생을 뽑아 올리라고 채홍사에게 명하죠. 채홍사는 조선 팔도에 파견되어 각 고을의 기생부터 양갓집 부녀자까지 강제로 뽑아갔다고 합니다.

그렇게 전국에서 아름답고, 음악을 잘 하는 여성들을 선발해 '운평(運平)'이라는 기생을 만들었습니다. 여기서 다시 선발되어 궁궐로 들어온 기생을 '흥청(興淸)'이라고 했습니다.

결국 연산국은 방탕한 생활을 하다가 중종반정 때 왕위에서 쫓겨납

니다. 백성들은 흥청이 때문에 나라가 망하게 생겼다고 '흥청망국'이
라 부르다가, 흥청의 '청'과 운율상 대조를 이루기 위해 '흥청망청'이
라 불리게 되었습니다. 이렇듯 연산군은 폭군이면서 '흥청망청'이라
는 말을 역사에 남겼습니다. 흥청망청 때문에 몰락했던 연산군을 떠
올리며 낭비를 줄여보는 것이 어떨까요?

3장

실전 경제기사 독해

이제 본격적으로 경제기사를 읽어보겠습니다. 경제기사의 홍수 속에서 영양가 없는 기사도 있고, 한쪽으로 치우친 기사도 많이 있습니다. 그래서 더욱 우리는 적극적으로 제대로 된 기사를 찾아서 뽑아봐야 합니다.

내 기준에 맞게 하루에 10개 정도 주요 기사를 정해봅시다. 그리고 이 기사들에 물음표를 달고 생각을 해봅니다. 중요한 점은 사실과 의견을 구분해 본인이 가진 지식과 융합해 비판적으로 읽는 것입니다. 그래야 전반적으로 경제기사의 흐름이 눈에 들어오고, 경제를 보는 안목을 높일 수 있으니까요. 그리고 본인의 생각을 담아 3~5줄 정도로 요약해봅시다.

지난 1년간 경제기사에 실렸던 주요 기사의 부분을 예문으로 어떻게 해석할지 알아보겠습니다(출처는 모두 〈매일경제〉입니다).

예문 #1 (금융, 2018. 08. 15)

적절한 투자처를 찾지 못하고 주요 은행에 몰리는 대기성 자금이 크게 늘고 있다. 연이자율 0.1% 수준에 불과한 수시입출금식 예금이나 만기 1년 미만의 정기예금에 자금이 몰리는 것이다. 경기 사이클 변동에 대한 시장의 불안감과 은행의 유동성·수익성 관리가 맞물린 결과다.

☞ 해석 : 대출규제와 다주택자 양도세, 종합부동산세 증가, 재건축 초과이익 환수제 등의 부동산규제가 심해지면 투기수요가 꺾입니다. 그래서 때를 기다리자는 심정으로 낮은 이율일지라도 은행에 맡기는 대기성 자금이 늘어나게 되는 것이죠. 돈이 갈 데가 없다는 말이 최근 심심치 않게 들리고 있습니다.

예문 #2 (국제와 환율, 2018. 08. 27)

소비·투자·심리·고용 등 여러 지표가 나쁘다. 구조조정이 미진하고, 수출도 반도체에 쏠려 있다. 경제가 어려우니 정부가 회복하기 위해 재정을 풀고 있다. 한마디로 '회색 코뿔소' 상황이다. 터키처럼 심각한 상황은 아니지만 위기가 상존해 있는 가운데 어느 하나라도 터지면 굉장히 어려워지는 상황에 있다

☞ 해석 : 2018년 8월 터키는 환율 급등, 리라화 급락을 겪었습니다. 그 이유는 미국이 관세폭탄으로 신흥국의 화폐가치를 떨

어뜨렸기 때문입니다. 회색 코뿔소는 지속적인 경고가 나와서 충분히 예상할 수 있는데도 쉽게 간과하는 위험요인을 뜻합니다. 기타 개발도상국도 똑같이 당할 수 있는 사안인데, 우리는 이를 애써 외면하고 오히려 터키 여행이나 해외 직구, 면세점 쇼핑을 하기도 했었죠.

예문 #3 (금리, 2018. 08. 31)

문제는 이번 금리동결 결정에 따라 한미 금리 격차가 더 확대된다는 점에 있다. 미국 중앙은행은 9월 말 금리를 0.25%포인트 인상하겠다고 예고한 바 있다. 이때 한미 금리 격차는 현 0.5%포인트에서 0.75%포인트로 확대된다. 미국이 12월에도 금리를 한 차례 더 인상하고 우리나라가 금리를 올리지 못하면 양국 금리 격차는 1%포인트까지 벌어진다. 1%포인트는 많은 외환 전문가들이 자본 유출이 본격화할 수 있는 마지노선으로 꼽는 격차다.

☞ 해석 : 한미 간 금리 격차가 위험한 이유는 미국 자본의 본국 회귀 우려 때문입니다. 주식과 채권을 팔아 달러가 국외로 나가게 되면 주가가 폭락하고, 환율이 급등하는 등의 문제가 발생합니다. 그러나 한국은행도 물가가 오르지 않는 상황에서 금리를 올리면 고용이나 실물경기가 추락할 수 있어 쉽게 금리를 인상하기는 어렵습니다.

예문 #4 (부동산, 2018. 09. 02)

2일 금융위원회가 "임대업이자상환비율(RTI)을 지금보다 강화하고, 임대사업자에게도 주택담보대출비율(LTV) 규제를 새롭게 적용하는 방안을 검토하고 있다"고 밝혔다. 이번 규제 강화는 그동안 규제 사각지대에 놓여 있던 임대사업자를 직접 겨냥했다는 점에서 의미가 크다.

☞ 해석 : 임대사업자의 대출이 갭투자용으로 흘러들어가는 것을 막기 위한 조치입니다. 갭(gap)투자는 전세가와 매매가 차이를 이용해 주택을 구입하는 투자 방법입니다. 그러나 실거주자의 매수 기회 박탈은 물론 주택가격이 하락할 때 전세금 상환이 어려워 경매로 넘어가면 세입자도 위험해지기 때문에 규제 정책이 나오고 있습니다.

예문 #5 (경제지표, 2018. 09. 03)

통계청에 따르면 올해 들어 7월까지 제조업 평균 가동률은 72.2%로 글로벌 금융위기를 겪던 2008년 평균 공장 가동률(77.4%)보다 5.2%포인트 낮다. 외환위기 직후 1998년 공장 가동률이 평균 67.6%로 최저점을 찍었던 것을 고려하면, 최근 20년 동안 가장 심각한 수준까지 떨어진 셈이다.

☞ 해석 : 제조업이 공장 가동률을 낮추는 이유는 제조원가 대

비 수익률이 낮거나, 만들어도 팔리지 않을 것 같기 때문입니다. 국민들의 체감경기가 나빠지면 이러한 지표로 나타나며 경기선행지표로 인식할 수 있습니다.

예문 #6 (경제지표, 2018. 09. 16)

한국은행 실질국내총생산(GDP) 자료와 통계청 경제활동인구 조사 자료를 활용해 고용탄성치를 확인한 결과 올 2분기 고용탄성치가 0.132로 나타났다. 2010년 1분기 0.074를 기록한 이래 8년 3개월 만에 가장 낮은 수치다.

☞ 해석 : 고용탄성치는 경제성장에 따른 고용의 흡수력을 나타내는 지표로 낮을수록 경제성장에 비해 취업자 증가가 더디고, 높을수록 경제성장에 비해 일자리가 많아진다는 의미입니다. 구하는 방법은 '취업자 증가율/경제성장률'입니다.

예문 #7 (국제와 환율, 2018. 09. 24)

도널드 트럼프 미국정부가 24일(현지시간) 2,000억 달러(약 224조 원) 규모의 중국산 수입품에 대한 10% 추가 관세 부과를 시작했다. 앞서 미국 정부는 지난 17일 2,000억 달러 규모의 중국산 수입품 5,745개 품목에 대해 24일부터 10%의 관세를 물리고 내년 1월 1일부터는 세율을 25%로 인상한다는 계획을 발표했었다.

☞ 해석 : G2 국가 간의 무역 전쟁이 드디어 선포되었다는 내용의 기사입니다. 자국산업 보호를 위해 관세정책을 이용하는데, 특히 미국과 중국 간의 무역수지 불균형은 심한 편입니다. 이러한 조치는 자유로운 무역을 방해하므로 경기가 위축될 수 있다는 것이 문제입니다.

예문 #8 (주식, 2018. 10. 07)

7일 한국거래소에 따르면 지난 1일부터 5일 장 마감까지 개인은 유가증권시장에서 1조 2,157억 원을 순매수했다. 같은 기간 외국인과 기관은 각각 1조 1,590억 원, 1,207억 원을 순매도했지만 개인은 이 달 꾸준히 순매수 행보를 이어가고 있다. 그러나 이 기간 개인 투자자들이 사들인 상위 10개 종목은 모두 마이너스 수익률을 기록한 것으로 집계됐다.

☞ 해석 : 보통 기관과 외국인의 주식투자 흐름은 개인과 다른 모습을 보입니다. 그들은 대부분 글로벌 경기과 통상무역에 대한 이해를 바탕으로 나라별 투자를 하는 반면, 개인은 주가차트에 따라 투자하는 경향이 높기 때문이죠. 코스피가 떨어지면 추가 매수에 들어가고, 상승에 돌입하면 매도하는 모습을 대표적으로 보입니다. 그래서 기관과 외국인을 따라해야 돈을 번다는 말도 있습니다.

예문 #9 (금융, 2018. 10. 15)

서울 강남 등 소위 부자동네에 사는 전업주부들이 국민연금을 불안한 노후의 보완수단으로 적극 활용하고 있어 주목받고 있다. 먼저 국민연금 '임의가입제도'가 부유층 주부들의 노후준비 통로로 활용되고 있다. 최근 국민연금공단에 따르면 임의가입자는 2018년 8월 말 현재 34만 2,032명이다. 임의가입자는 18세 이상 60세 미만 국민 중 소득이 없어 국민연금 의무가입 대상에서는 빠지지만 자발적으로 국민연금에 가입하는 사람들이다.

☞ 해석 : 국민연금에 대한 불신은 여전하지만, 물가상승률을 반영해주는 연금구조로 1%대 저금리시대에 다시 각광받고 있습니다. 특히 일시납이 가능한 제도 때문에 미처 내지 못한 부분까지 한 번에 만회할 수 있다는 것이 장점입니다.

예문 #10 (주식, 2018. 10. 29)

외국인의 '셀코리아'에 코스피 2000선이 붕괴됐다. 미국과 중국 간 무역 전쟁과 전날 급락한 미국증시, 국내 반기업·시장정책 등이 맞물리며, 국내 주식시장이 22개월 만에 가장 낮은 수준으로 떨어져 투자자들의 불만이 커지고 있다. 29일 한국거래소에 따르면 이 날 코스피(유가증권시장)는 전거래일보다 1.53% 하락한 1996.05에 마감했다.

☞ 해석 : 미중 간의 무역 분쟁으로 인한 경기침체 우려, 미국 금리인상 압박으로 인한 외인 투자금 회수 등이 코스피 지표로 나타났습니다. 심리적 지지선이었던 2000선이 붕괴되면서 한국 증시는 패닉에 빠지게 되었죠. 기업의 실적에 아무 문제가 없어도 이러한 대외적 요인으로 주가는 결정되기도 합니다.

예문 #11 (주식, 2018. 11. 05)

5일 에프앤가이드에 따르면 올해 코스피 배당수익률 추정치는 2.45%다. 글로벌 금융위기로 인해 주가가 폭락했던 2008년 말 이후 10년 만에 최고 수준이다. 미국과 비교한 상대 배당수익률도 사상 최고 수준으로 올라갔다. 최근의 코스피 배당수익률은 채권수익률과 비교해도 높은 수준이다. 금융투자협회에 따르면 이날 20년 만기 국고채금리는 2.23%로 마감했다. 주식 배당을 통해 기대할 수 있는 수익률이 약 0.22%p 높은 셈이다.

☞ 해석 : 연말이 다가오면 배당주에 관한 기사가 등장합니다. 보통 12월에 결산하는 기업이 많기 때문에 배당기준일은 연말이 많습니다. 배당기준일에만 주식을 보유하고 있으면 배당을 받을 수 있기 때문에 연말로 갈수록 배당주의 인기는 더해지죠. 배당기준일이 지나면 투자자금은 빠져나가 '배당락'이라고 불릴 정도로 주가가 떨어집니다. 한편 배당락을 노리고 투자에 들어가는 경우도 있습니다.

예문 #12 (부동산, 2018. 12. 23)

남양주·하남·과천·인천 계양 등 정부가 발표한 3기 신도시 분양가에 광역교통개선부담금이 가구당 최소 4,000만 원 이상 포함될 전망이다. 주민들이 낼 부담금 총액이 5조 원에 달할 것으로 추산된다. 국토교통부는 2기 신도시 입주 후 교통 인프라스트럭처가 늦게 깔려 주민들이 수년간 '교통지옥'을 겪었던 전철을 밟지 않기 위해 '더 많이 걸어 더 빨리 깔겠다'는 의지를 보이고 있다.

☞ 해석 : 부동산 급등에 따른 대책으로 정부는 3기 신도시를 발표했습니다. 서울 출퇴근이 편할 수 있도록 교통대책도 함께 나왔고, 빠른 착공을 위해 교통분담금을 분양금에 포함하는 방식으로 진행되고 있습니다. 그럼에도 불구하고 2기 신도시 교통이 해결되지 않은 상황이라 신뢰를 잃었다고 볼 수 있습니다. 따라서 3기 신도시 성공 여부는 교통망 확충이 먼저 전제되어야 할 것입니다.

예문 #13 (금융, 2019. 01. 06)

2009년 1월 3일 처음 채굴돼 10주년을 맞은 비트코인에 대한 대표적인 상반된 시선이다. 6일 오후 2시 국내 가상화폐거래소 빗썸에 따르면 1비트코인은 428만 원에 거래됐다. 정확히 1년 전에 같은 거래소에서 최고 2,598만 원에 거래됐던 것과 비교하면 84%가량 가격이 폭락한 셈이다. 대표적인 가상화폐인 비트코인은 2008년 글로벌 금융위기로 달러가치가 하락하자 이에 대한 대안화폐로 주목받기 시작했다.

☞ 해석 : 미중 무역 전쟁과 신흥국 화폐가치 하락 등으로 세계 경기침체가 예상되자 안전자산에 대한 쏠림이 높아지고 있습니다. 역사적으로 가장 안전한 자산은 금이었고, 지금도 마찬가지입니다. 그러나 가상화폐도 글로벌 통용력을 갖췄다는 이유로 다시 주목받고 있는 상황입니다. 물론 가상화폐는 가치 등락 편차가 너무 커서 투기적 요소가 아직 남아 있기는 합니다.

예문 #14 (금융, 2019. 02. 04)

올해 1월 외국인이 주요 신흥국 중 한국의 주식을 가장 많이 사들인 것으로 나타났다. 4일 유안타증권에 따르면 외국인은 올해 들어 1월 25일까지 한국증시에서 24억 9,600만 달러어치를 순매수했다. 이 기간 외국인의 주식 순매수 규모는 한국이 대만(15억 600만 달러), 브라질(8억 8,300만 달러), 인도네시아(7억 6,300만 달러), 필리핀(2억 6,600만 달러), 태국(1억 4,800만 달러), 베트남(4,700만 달러), 파키스탄(800만 달러) 등 주요 신흥국들보다 훨씬 많았다.

☞ 해석 : 외국인 자본이 다시 증시로 돌아온 이유는 미국에서 금리인상을 보류하겠다는 방침이 나와서입니다. 그래서 다시 신

흥국으로 달러자본이 돌아왔고, 미중 무역 분쟁으로 가장 많은 달러가 빠져나갔던 한국과 대만을 중심으로 외국인이 다시 주식을 사들인 것이죠.

예문 #15 (금융, 2019. 02. 10)

집값·전셋값의 동반 하락에 750조 원으로 추정되는 '전세부채' 우려가 커지고 있다. 전셋값이 하락하면서 세입자에게 보증금을 제대로 돌려주지 못하는 '역전세난'이 곳곳에서 현실화하는 것이다. 일부 지역에선 집을 팔아도 보증금에 모자란 '깡통전세'마저 나타났다. 10일 금융권에 따르면 전국 아파트 전셋값은 국민은행 조사 기준으로 13주 연속 하락했다.

☞ 해석 : 부동산 갭투자의 전제조건은 '집값은 항상 상승하고 그에 따라 전세값도 오른다'입니다. 그러나 둘 다 하락한다면? 집주인은 전세값을 내줄 돈이 없고, 세입자는 전세자금대출을 갚지 못하는 경우가 발생해 깡통전세가 등장하고, 신용등급 하락이 발생하게 되지요. 그래서 동탄과 창원에 갭투자에 의한 세입자 피해가 속출하고 있는 형국입니다.

예문 #16 (부동산, 2019. 03. 24)

윤종원 청와대 경제수석은 24일 현재 주택시장 가격과 관련해 "서민 중산층의 주거안정을 위해 하향 안정기조가 지속될 필요가 있다"며 "경기 여건상 어려움이 있더라도 주택시장을 경기부양 수단으로 사용하는 일은 없을 것"이라고 말했다.

☞ 해석 : 정부는 주택시장을 경기부양의 수단으로 사용하지 않겠다는 방침이 확고합니다. 대신 경기부양을 위한 SOC와 일자리, 복지사업 등에 예산을 편성하고 추진할 것이라고 하니 부동산시장 옥죄기는 지속될 것으로 예상합니다.

예문 #17 (금리, 2019. 05. 03)

뉴욕증시에서 주요 지수는 연방준비제도(Fed·연준)의 금리인하에 대한 기대가 차단된 영향이 지속하면서 이틀째 하락했다. 2일(미국시간) 뉴욕증권거래소(NYSE)에서 다우존스30 산업평균지수는 전장보다 122.35포인트(0.46%) 내린 2만 6,307.79에 거래를 마쳤다. 스탠더드앤드푸어스(S&P)500지수는 전장보다 6.21포인트(0.21%) 내린 2,917.52에, 기술주 중심의 나스닥지수는 12.87포인트(0.16%) 하락한 8,036.77에 장을 각각 마감했다.

☞ 해석 : 미국 연방준비제도(Fed·연준) 의장은 저물가를 고려한 트럼프의 금리인하 압력에도 불구하고 금리를 동결시켰습니다. 이에 금리인하로 인한 추가적 주가 상승을 기대했던 증권가에서는 실망 매물이 쏟아져 나와 지수가 떨어지게 되는 현상을 보였습니다.

예문 #18 (금리, 2019. 05. 12)

'저축은행 개인사업자 대출 연체율 현황'에 따르면 올 1분기 저축은행 자영업대출 연체율이 4.4%인 것으로 나타났다. 지난해 말 2.93%에서 불과 3개월 만에 1.47%포인트 치솟은 것이다. 2016년 5.13%를 기점으로 2017년 3.78%, 지난해 2.93%로 떨어지며 안정화 모습을 보였던 저축은행 자영업대출 연체율이 불과 2년 만에 상승세로 반전됐다. 이는 제1금융권인 시중은행과 비교하면 10배 이상 높은 수치다. 신한, KB국민 등 5개 시중은행의 올 1분기 자영업자 대출 연체율은 0.3% 수준이다. 은행권 차주의 신용도가 저축은행에 비해 상대적으로 높은 것을 감안하면, 한계 차주부터 부실이 시작되고 있다는 분석이 가능하다

☞ 해석 : 저신용자들이 이용하는 제2금융권인 저축은행은 고금리이지만, 자영업자들이 많이 이용합니다. 그러나 이러한 저축은행 대출 연체율이 높아지고 있다는 내용은 경기하락 상태에 진입했다는 의미에서 시사하는 바가 큽니다. 비용이 오르고 소비자들이 지갑을 열지 않기 때문에 자영업이 어려워지고 있기 때문입니다.

예문 #19 (금융, 2019. 05. 13)

"국민들이 '리디노미네이션'에 대한 이해가 부족하다. 리디노미네이션이라는 어려운 말 대신 '화폐단위 변경'이라는 말을 쓰

는 것이 더 적합하다고 생각한다."박승 전(前) 한국은행 총재는 13일 국회 '리디노미네이션' 관련 토론회에 참여해 "화폐단위 변경에 대해서 꾸준히 이야기가 나오고 있지만 사실 공론화가 부족하다"며 이같이 밝혔다.

☞ 해석 : 리디노미네이션이 한국은행 총재로부터 발언이 나왔고, 관련 토론회도 진행되고 있습니다. 연이어 한국은행에서는 리디노미네이션을 검토하지 않겠다고 밝혔으나 국민들이 쉽게 믿지 못하는 분위기입니다. 잘 모르면 공포감을 가지기 때문에 국민에게 제대로 설명하고, 만약 추진하게 된다면 온건적으로 해야 한다는 것을 알 수 있습니다.

예문 #20 (경제지표, 2019. 05. 15)

지난달 신규 취업자수가 17만 1,000명을 기록하며 세 달 만에 20만 명대 아래로 내려왔다. 실업률은 19년 만에 최고치를 기록했고, 실업자는 124만 4,000명으로 통계 작성 이래 가장 많았다. 특히 15~29세 청년층 체감실업률이 2개월 연속 25%를 웃돌면서 2015년 통계 작성 이후 최고치를 기록했다. 17시간 미만 초단시간 취업자가 급증하고, 한국경제의 허리 역할을 하는 30·40대와 제조업 등 주력산업 취업자 감소세가 장기화하면서 고용의 질 역시 악화되고 있다는 평가다.

☞ 해석 : 청년체감실업률이 25%라 함은 4명 중 1명이 일자리를 갖지 못했다는 의미입니다. 또한 경기하강에 진입해 건설업과 제조업의 일자리도 줄어들기 때문에 중장년층의 실업률도 높아질 것이라 예상합니다.

예문 #21 (국제와 환율, 2019. 05. 17)

미국 달러당 원화값이 4주째 급락하며 달러당 1,200원이 눈앞에 다가왔다. 달러당 1,200원대 환율은 2년 6개월 만에 처음이다. 외환시장 전문가들은 "1,200원 돌파에 의문을 갖는 사람은 거의 없는 것 같다"며 "지금보다 원화값이 더 떨어진다(환율이 더 오른다)는 심리가 팽배해 과열 현상이 지속되고 있다"고 입을 모았다. 17일 서울 외환시장에서 달러당 원화값은 전날 종가보다 4.2원 하락한 1,195.7원에 장을 마감했다.

☞ 해석 : 국내에 달러가 부족하면 '원화값이 떨어졌다' '환율이 올랐다'라고 표현합니다. 최근에 급격하게 오르는 환율은 미중 무역 분쟁이 장기화될 것이라는 예상 아래 안전자산에 대한 수요가 오르고 수출물량이 줄어들어 국내로 유입되는 달러양이 줄어든 것, 외국인 투자자의 배당금 환전 유출 등이 주요 요인으로 보입니다. 이에 당국은 구두개입으로 '환율을 각별히 지켜보고 있다'고 했습니다.

예문 #22 (국제와 환율, 2019. 06. 09)

코트라(KOTRA)가 2018년 발간한 〈인도 반도체 시장동향〉 보고서에 따르면 인도 반도체 소비 상위 5개 제품 중 1위가 스마트폰이다. 보고서는 "인도는 반도체 웨이퍼 칩 제조공장이 없고 100% 수입에 의존하고 있다"면서 "인도와 협력을 통해 상생할 기회가 많다"고 분석했다. 한국무역협회에 따르면 지난 2009년부터 2017년까지 인도의 반도체 수입 증가율은 연평균 4%에 불과했지만, 한국의 대(對)인도 반도체 수출은 연평균 39.2%씩 증가했다.

☞ 해석 : 인도의 소비시장이 커지고 있습니다. 미중 무역 분쟁 장기화를 우려한 중국 공장들의 적극적인 인도행과 더불어 인도 자체 발전으로 국민들의 소비력이 좋아졌기 때문이죠. 4차산업 발전이 빠른 인도와 우리나라 역시 더욱더 협력관계를 모색해야 할 때입니다.

예문#23 (금리, 2019. 06. 28)

주택담보대출금리가 7개월 연속으로 떨어졌다. 한국은행은 28일 '5월중 금융기관 가중평균금리'를 발표하며 지난달 신규 취급액 기준 주택담보대출금리가 전월 대비 0.05%포인트 떨어진 2.93%를 기록했다고 밝혔다. 이 결과는 7개월째 하락세이자 2016년 10월(2.89%) 이후 최저 수준이다. 이에 대해 한국은행

관계자는 "주 지표금리인 은행채 AAA등급 1년물과 5년물 금리가 같은 기간 각각 0.05%포인트, 0.06%포인트씩 하락한 영향"이라고 설명했다. 경기둔화로 인한 한국은행 금융통화위원회의 기준금리 인하 기대감도 주택담보대출금리 인하에 영향을 미친 것으로 풀이된다.

☞ 해석 : 기준금리에 연동되는 게 은행 대출금리입니다. 기준금리는 낮아질 것으로 예상되며, 시중의 주택담보대출 조건을 강화하기 때문에 대출 수요는 낮아질 것입니다. 그래서 더 대출금리는 떨어질 것입니다.

저축의 역설,
박제가와 케인즈

조선 후기 실학자 박제가는 청나라의 발달된 모습을 보고 상업의 중
요성을 주장했습니다. 성리학이 지배하는 조선사회에서 참 획기적인
생각이죠?

그는 생산력을 증대해 상업을 우선 활성화시키자고 했습니다. 파이
를 크게 키우면 나눠 먹을 수 있는 게 많아진다고 주장했죠. 동시에
지나친 절약은 악이라고 했습니다. 적당히 소비해야 생산자도 물건
을 만들 수 있으니까요. 시장에 돈이 돌고 돌아야 세금도 걷을 수 있
겠죠? 박제가는 이미 조선시대에 자본주의 마인드를 갖춘 사람이었
습니다.

1920년대 미국의 케인즈도 박제가와 비슷한 주장을 했습니다. 그는
저축의 역설(paradox of thrift)이라 해서 저축을 증가하면 총 수요가
감소해 생산활동이 위축된다고 했습니다. 결국 국민소득이 감소해
결국 다시 저축이 감소하는 현상이 생긴다는 것을 설명했죠.

선진국일수록 저축의 역설은 성립됩니다. 단, 신흥개발국은 이 말이 통하지 않습니다. 왜냐하면 국가개발을 위해 투자자원이 모자라기 때문에 저축을 장려해 재원을 모집하기 때문입니다.

우리나라도 1970~1980년대에 근로소득에서 저축을 장려하고, 금리를 10% 이상 주었던 이유가 다시 기업에 대출을 해주기 위해서였죠. 기업은 대출받은 자금으로 공장을 짓고 설비를 늘려 생산량을 확대하고 수출하며 외화를 벌어들였습니다.

지금은 우리가 국민소득 3만 달러 시대이기 때문에 무작정 저축만을 주장하기는 어렵습니다. 개인의 소득 내에서 적당한 소비는 미덕인 시대라고 할 수 있습니다.

그런 의미에서 바람직한 소비란 무엇일까요? 자신의 소비가 다른 사람들, 경제 전반에 미칠 수 있는 이익을 고려하는 소비가 아닐까요? 물론 자원을 낭비하지 않고, 환경을 보호하면 더욱 좋겠죠.

연예인 걱정 말고 경제기사 읽을까요?

어느 날, 운전중에 라디오를 켰다가 정말 깔깔 크게 웃었습니다. 평소에도 재밌고 유쾌한 에너지로 낮 시간대 라디오를 책임지고 있는 DJ 김신영 씨 때문이었죠. 그녀는 우리나라 U20 축구 대표팀의 준결승 진출 소식에 기쁨을 전하며, 흥분한 채로 말했습니다.

"U20 준결승, 우리가 이러고 있을 때가 아닙니다. 지금이라도 바로 비행기 타고 폴란드 다녀와야 합니다."

게스트들이 "너무 피곤하시지 않을까요? 시차도 다르고"라고 하자 역시 김신영은 재치 있게 이렇게 말합니다.

"연예인 걱정은 하시는 거 아니에요~."

물론 중의적 표현이지만, 우리는 정말 연예인 걱정을 많이 하고 삽니다. 하루 종일 네이버 검색어 1위를 장식하는 게 대부분 연예인 소식이니까요.

연예인 이야기가 우리 삶에 미치는 영향이 커서 주목을 많이 받는 것은 아닐 겁니다. 복잡하고 어려운 현실을 보고 싶지 않아 하는 우리의 마음이 검색어 순위에서 나타나죠.

우리가 먹고 숨 쉬고 살아가는 모든 것이 경제인데, 경제는 복잡하고 어렵다보니 몰라도 살 수 있다고 생각합니다. 그러나 최근 미국과 중국의 무역 분쟁, 브렉시트, 일본의 화이트리스트 배제 등 각국의 보호무역주의와 글로벌 경제사이클에 대한 우려, 미국 연준의 통화정책, 4차산업 기업들의 주가 상승 등을 접하면서 어떤 생각이 드세요?

단편적으로 띄엄띄엄 듣는 경제뉴스로는 그 맥락을 이해하기가 참 어렵습니다. 하나의 경제기사라는 부분 안에 경제 전체가 녹아들어 있으며, 경제 전체는 작은 부분들에 의해 또 다른 방향으로 흘러가기 때문이죠.

그래서 경제를 쉽게 이해하기 위해 경제기사를 매일 읽었으면 좋겠습니다. 쉬워야 재밌고, 재밌으면 계속 보며, 계속 보다 보면 맥락을 잡아낼 수 있거든요.

저도 어렵게 느꼈던 경제가 어느 순간 친근하게 다가왔듯이 여러분도 그런 경험을 하실 수 있길 바랍니다. 이 책이 경제기사와 친구가 되는 데 좋은 길잡이가 되었으면 하는 바람입니다.

이 책의 출간을 위해 그간 힘써주신 메이트북스 분들께 감사 인사를 전합니다.

내 모든 시간을 주어도 아깝지 않은 사랑하는 딸 주하와 남편, 기도로 항상 보듬어주시는 부모님들께 미안한 마음과 감사를 함께 전하고 싶습니다.

그리고 언제나 제 책을 기다려주시는 독자 여러분께 마음속 깊이 감사 인사를 드립니다. 그만 쓸까 하는 순간에도 다시 달릴 수 있었던 것은 여러분들의 소중한 응원 덕분입니다. 이 책이 독자 분들께 작은 변화라도 줄 수 있다면 더없이 행복해하며 또 글을 쓰겠습니다. 함께 고민하고 함께 나아가요. 읽어주셔서 감사합니다.

박지수

주요 거시경제 연간 지표

항목	기준금리	소비자물가지수	생산자물가지수	실업률	경상수지	명목GDP	실질GDP	경제성장률	1인당GNI
단위	연%	2015=100	2015=100	%	백만달러	조 원	조 원	%	달러
2000년	5.25	66.6	78.4	4.4	10,181	652	821	8.9	12,179
2001년	4.00	69.3	78.0	4.0	2,165	707	858	4.9	11,484
2002년	4.25	71.2	77.8	3.3	4,066	785	922	7.7	13,115
2003년	3.75	73.7	79.5	3.6	11,308	837	949	3.1	14,618
2004년	3.25	76.3	84.3	3.7	29,290	908	995	5.2	16,477
2005년	3.75	78.4	86.1	3.7	12,209	957	1,034	4.3	19,262
2006년	4.50	80.2	86.9	3.5	2,095	1,006	1,088	5.3	21,664
2007년	5.00	82.2	88.1	3.2	10,473	1,090	1,147	5.8	24,027
2008년	3.00	86.1	95.6	3.2	1,753	1,154	1,180	3.0	21,345
2009년	2.00	88.5	95.4	3.6	33,088	1,205	1,188	0.8	19,122
2010년	2.50	91.1	99.1	3.7	27,951	1,323	1,265	6.8	23,118
2011년	3.25	94.7	105.7	3.4	16,638	1,389	1,312	3.7	25,256
2012년	2.75	96.8	106.4	3.2	48,791	1,440	1,342	2.4	25,724
2013년	2.50	98.0	104.7	3.1	77,259	1,501	1,381	3.2	27,351
2014년	2.00	99.3	104.2	3.5	83,030	1,563	1,427	3.2	29,384
2015년	1.50	100.0	100.0	3.6	105,119	1,658	1,467	2.8	28,814
2016년	1.25	101.0	98.2	3.7	97,924	1,741	1,510	2.9	29,394
2017년	1.50	102.9	101.6	3.7	75,231	1,836	1,556	3.2	31,734
2018년	1.75	104.5	103.5	3.8	76,409	1,893	1,598	2.7	33,434

항목	외환보유액	원달러 환율	M2	Lf	KOSPI		KOSDAQ	
단위	백만 달러	연평균, 원	평잔, 조 원	평잔, 조 원	연평균	연말	연평균	연말
2000년	96,198	1,131.1	691	883	734.22	504.62	525.8	525.8
2001년	102,821	1,291.0	739	967	572.83	693.70	722.1	722.1
2002년	121,413	1,250.7	824	1,092	756.98	627.55	443.6	443.6
2003년	155,352	1,191.9	889	1,188	679.83	810.71	458.38	448.70
2004년	199,066	1,143.7	930	1,261	832.92	895.92	394.88	380.33
2005년	210,391	1,024.1	994	1,349	1,073.58	1,379.37	528.11	701.79
2006년	238,956	955.1	1,077	1,455	1,352.22	1,434.46	621.98	606.15
2007년	262,224	929.2	1,197	1,604	1,712.46	1,897.13	718.46	704.23
2008년	201,223	1,103.4	1,368	1,795	1,529.49	1,124.47	525.62	332.05
2009년	269,995	1,276.4	1,509	1,937	1,429.04	1,682.77	473.64	513.57
2010년	291,571	1,156.0	1,640	2,097	1,764.99	2,051.00	503.59	510.69
2011년	306,402	1,108.0	1,709	2,208	1,983.42	1,825.74	498.34	500.18
2012년	326,968	1,126.8	1,799	2,380	1,930.37	1,997.05	502.38	496.32
2013년	346,460	1,095.0	1,886	2,543	1,960.50	2,011.34	531.02	499.99
2014년	363,593	1,053.1	2,010	2,722	1,982.16	1,915.59	545.41	542.97
2015년	367,962	1,131.5	2,183	2,987	2,011.85	1,961.31	674.52	682.35
2016년	371,102	1,160.4	2,343	3,230	1,987.00	2,026.46	669.74	631.44
2017년	389,267	1,130.5	2,471	3,446	2,311.36	2,467.49	662.21	798.42
2018년	403,694	1,100.6	2,627	3,686	2,325.01	2,041.04	806.79	675.65

우리 가족의 안정된 삶을 위한 진짜 공부
엄마를 위한 심플한 경제 공부, 돈 공부

박지수 지음 | 값 15,000원

반복되는 금융 위기와 저성장 속에서 살아남으려면 가계의 중심이 되는 엄마가 최소한의 경제와 돈은 알아야 한다. 이 책은 '몰라서, 바빠서' 등의 이유로 돈에 대한 스위치가 꺼져 있는 엄마들을 위해 심플하게 본질과 핵심만 소개한다. 이 책을 통해 경제를 읽고 내 재무제표에 따라 자산 계획을 실천해가며 기초 체력을 키우다보면 엄마인 당신이 가정경제의 꽃을 활짝 피울 수 있을 것이다.

무극선생 이승조의 주식시장을 읽는 법
시장근본주의자는 주식시장을 이렇게 읽는다

이승조 지음 | 값 25,000원

무극선생 이승조의 35년 투자 노하우를 담은 책이다. 저자는 현명한 투자를 하려면 미래에 일어날 일을 생각하는 훈련을 통해 직관을 얻고, 그 생각을 바탕으로 시장을 동태적으로 추적하는 과정이 필요하다고 말한다. 시장의 움직임에 대해 자세히 설명하고 있는 이 책이 넘쳐나는 주식정보 시장에서 투자자들이 오래도록 생존하는 데 큰 도움을 줄 것이다.

금융시장이 어려운 사람들을 위한 입문서
금융을 모르는 그대에게

정선영 지음 | 값 17,000원

10년 이상 외환시장을 비롯한 금융시장을 취재하면서 항상 시장을 관찰하고 이해하기 위해 노력해온 저자가 금융을 알지 못하는 사람들인 '금알못'들을 위해 펴낸 입문서다. 오랜 기간 시장의 다양한 움직임을 경험한 저자가 금융시장을 너무나도 알기 쉽게 설명한 이 책을 통해 금융시장의 개념과 메커니즘을 명쾌하게 이해할 수 있을 것이다. 특히 금융을 잘 알지 못하는, 금융시장이 너무나 어려운 초보자들에게 일독을 권한다.

회계가 이렇게 쉽고 재미있는 것이었다니!
회계 공부는 난생 처음입니다만

김범석 지음 | 16,000원

20여 년 동안 회계감사와 컨설팅 등 다양한 회계 관련 업무를 해온 저자가 '회계의 대중화'를 위해 작심하고 집필한 회계 입문서이다. 회계 이론이 실생활에서 어떻게 적용되는지를 알기 쉽게 다양한 사례를 싣고 있어 이 책으로 쉽게 회계를 이해할 수 있다. 재무제표의 세계와 친해져야 할 개인사업자와 직장인, 취업준비생과 투자자 등이 이 책 한 권만 잘 읽는다면 회계를 잘 몰라 어려움을 겪는 일은 생기지 않을 것이다.

왜 트럼프는 그렇게 생각하고 행동하는가?
세계 경제의 99%는 트럼프에 달려 있다
곽수종 지음 | 17,000원

세계경제를 쥐고 흔드는 트럼프 미국 대통령의 속내를 집중 분석한 책이다. 이 책에서는
트럼프의 다양한 입장과 해석들을 심도 있게 정리했다. 트럼프가 생각하는 21세기 글로
벌 신질서 패권과 보호무역주의, 미·중 무역 분쟁의 속내와 겉내를 각각 냉철하게 살펴볼
필요가 있다. 이 책을 통해 세계경제의 역동적인 흐름을 한눈에 정리할 수 있으며, 그 한
복판에 서있는 트럼프 미국 대통령의 속내를 엿볼 수 있을 것이다.

금융지식을 조금만 더 일찍 공부했더라면!
금융지식이 이렇게 쓸모 있을 줄이야
김현섭·민병혁·이호용·홍은미 지음 | 값 16,000원

KB WM스타자문의 내로라하는 스타급 PB들이 일반인들의 눈높이에 맞춰 집필한 금융
교양서다. 금융지식의 기본인 금리지식부터 다양한 투자상품, 절세지식까지 금융에 대
한 모든 것이 이 책 한 권에 담겨있다. 금융투자에 앞서 금융지식을 탄탄히 쌓고 싶다면
이 책이 최고의 길잡이가 될 것이다. 이 책을 통해 금융지식도 쌓고, '돈 모으는 재미'가
'돈 쓰는 재미'보다 더 쏠쏠하다는 경험을 할 수 있을 것이다.

모든 재산 굴리기의 기본은 금리다
금리지식이 이렇게 쓸모 있을 줄이야
장태민 지음 | 값 16,000원

이 책은 투자와 재테크에 관심이 많지만 금리지식이 부족한 일반인들에게 도움이 되기
위해 쓰여졌다. 주식시장, 채권시장, 외환시장 모두 금리의 영향을 받는다. 그렇기에 금
리를 모르고 투자에 무작정 나서 엉뚱한 투자로 돈을 날리고 싶지 않다면 반드시 금리
를 알아야 한다. 이 책을 통해 금리지식을 쌓고 주식, 부동산, 채권 등의 가격 상황을 비
교하는 연습을 한다면 재산을 굴리는 데 큰 도움이 될 것이다.

모든 경제는 환율로 시작해 환율로 끝난다
경제의 99%는 환율이다
백석현 지음 | 값 15,000원

환율을 보면 글로벌 경제와 금융시장 흐름을 알 수 있고 환율에는 한 국가의 총체적 경
제력이 투영된다. 때문에 '모든 경제는 환율로 시작해 환율로 끝난다'라는 표현이 있다.
환율의 모든 것을 알려주는 나침반 역할을 하는 이 책은 한국인에게 가장 적합한 환율
교양서라고 해도 과언이 아니다. 환율의 기초 이론부터 역사와 심리, 국제정치까지 아
우르는 통찰력을 담아낸 이 책 한 권이면 환율 완전정복은 충분하다.

■ 독자 여러분의 소중한 원고를 기다립니다

메이트북스는 독자 여러분의 소중한 원고를 기다리고 있습니다. 집필을 끝냈거나 집필중인 원고가 있으신 분은 khg0109@hanmail.net으로 원고의 간단한 기획의도와 개요, 연락처 등과 함께 보내주시면 최대한 빨리 검토한 후에 연락드리겠습니다. 머뭇거리지 마시고 언제라도 메이트북스의 문을 두드리시면 반갑게 맞이하겠습니다.

■ 메이트북스 SNS는 보물창고입니다

메이트북스 홈페이지 www.matebooks.co.kr

책에 대한 칼럼 및 신간정보, 베스트셀러 및 스테디셀러 정보뿐만 아니라 저자의 인터뷰 및 책 소개 동영상을 보실 수 있습니다.

메이트북스 유튜브 bit.ly/2qXrcUb

활발하게 업로드되는 저자의 인터뷰, 책 소개 동영상을 통해 책에서는 접할 수 없었던 입체적인 정보들을 경험하실 수 있습니다.

메이트북스 블로그 blog.naver.com/1n1media

1분 전문가 칼럼, 화제의 책, 화제의 동영상 등 독자 여러분을 위해 다양한 콘텐츠를 매일 올리고 있습니다.

메이트북스 네이버 포스트 post.naver.com/1n1media

도서 내용을 재구성해 만든 블로그형, 카드뉴스형 포스트를 통해 유익하고 통찰력 있는 정보들을 경험하실 수 있습니다.

STEP 1. 네이버 검색창 옆의 카메라 모양 아이콘을 누르세요.   STEP 2. 스마트렌즈를 통해 각 QR코드를 스캔하시면 됩니다.
STEP 3. 팝업창을 누르시면 메이트북스의 SNS가 나옵니다.